KB267459

우리의 삶은 제조된다

우리의 삶은 제조된다

상품을 제조하고, 배송하고, 소비하기까지

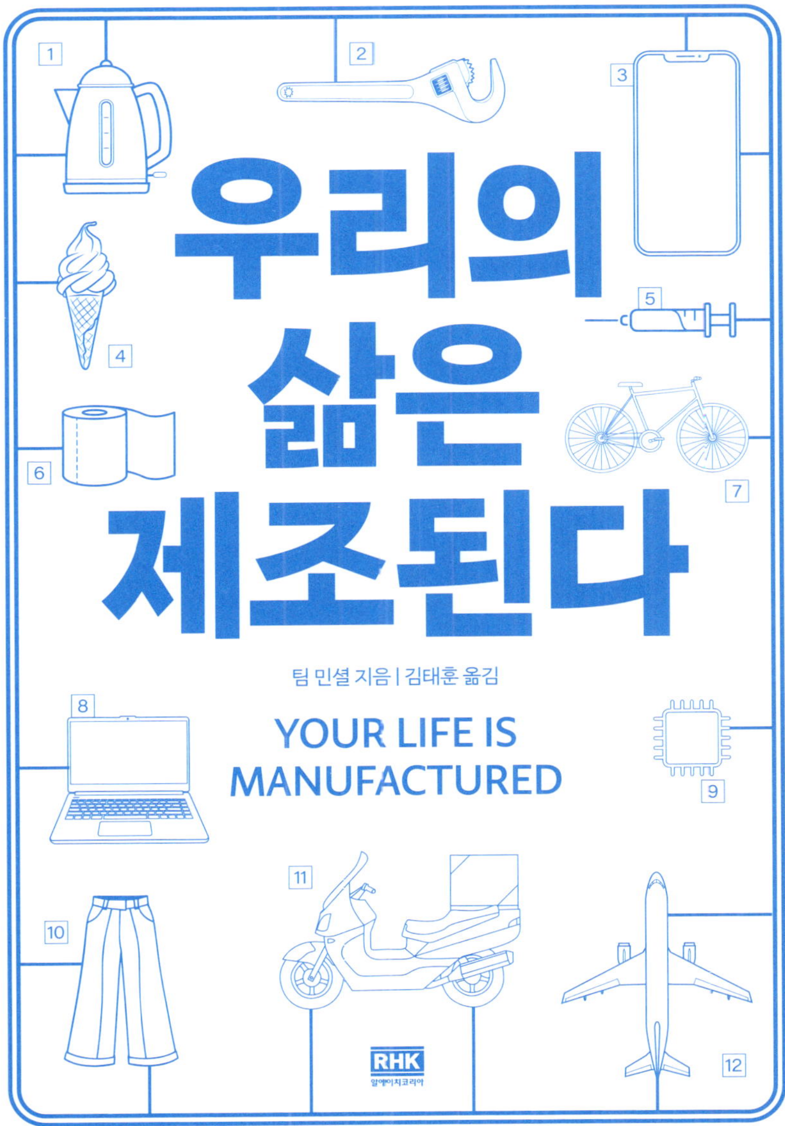

우리의
삶은
제조된다
팀 민셜 지음 | 김태훈 옮김
YOUR LIFE IS
MANUFACTURED
RHK
알에이치코리아

나의 가족

그리고 더 나은 세상을 만드는 데

도움을 주는 모두에게

이 책을 바칩니다.

일러두기

1. 본문의 각주는 지은이가 달았습니다. 옮긴이 주는 괄호로 묶어 따로 표기했으며
   그 외의 괄호 안 설명은 모두 지은이의 것입니다.
2. 단행본은 『 』, 논문은 「 」, 신문이나 정기간행물은 《 》, 방송이나 영화, 그림 등은
   〈 〉로 표시했습니다.
3. 외래어 표기는 국립국어원 외래어 표기법을 따랐으며, 일부 관례로 굳어진 것은
   예외를 두었습니다.

일이 계획대로 진행되지 않았다. 누군가가 다치지 않고 이 상황이 끝날 길은 없었다. 나는 "부탁해요"라고 간청했다. 하지만 내 목소리는 "모두에게 충분한 양이 있어요! 조심해요. 날카로운 물건도 있어요! 한 번에 하나씩 가져가요!"라는 고함에 묻혀 거의 들리지 않았다. 상황이 좋지 않았다. 노트북 키보드는 폭발한 듯했고, 전선은 개인용 컴퓨터(PC) 뒤에 난 구멍으로부터 축 늘어져 있었다. 게다가 미스터 인크레더블Mr. Incredible은 분명 치료가 필요해 보였다.

일주일 전, 나는 사무실에 앉아 있다가 지역 초등학교 교사로부터

걸려 온 전화를 받았다. 그녀는 '과학 주간' 행사의 하나로 누군가가 강연해 주기를 바랐다. 나는 내가 과학자가 아니라 제조공학자라는 사실을 설명하려 애썼다. 그녀의 반응은 이랬다. "잘됐네요. 9~10세 아이들이 60명 정도 들을 거고, 시간은 45분이에요. 다음 주 월요일 9시 30분, 괜찮으세요? 몇 분 전에 오시면 강연장을 보여드릴게요. 감사합니다!" '딸깍'.

나는 수화기를 내려놓고 볼을 긁적거렸다. 대체 무슨 이야기를 하지? 강연까지 아직 시간이 일주일이나 남아 있어서 크게 걱정하지는 않았다. 6일 후, 나는 강연 준비에 돌입했다. 방해받지 않으려고 일요일 아침 일찍 일어났다. 프린터에서 빳빳한 A4 용지를 뽑아 들고, 책상 위에 놓인 금 간 머그잔에서 기분 좋게 날이 선 연필을 집어 든 다음 자리에 앉아 바로 작업에 들어갔다.

백지가 나를 노려보았다. 나는 백지를 살살 밀어서 책상 모서리에 깔끔하게 맞춘 후 공장과 배 그림을 끄적이기 시작했다. 그런 다음 종이 한복판에 "물건들은 어떻게 만들어지고 여러분에게 전달되는가?"라고 조심스레 썼다. 미간을 찌푸리고 혀끝을 내민 채 그 종이를 잠시 바라보다가 질문 주위로 깔끔한 구름을 천천히 그렸다. 각 단어에도 밑줄을 두 번씩 그었다. 그리고 연필 끝을 초조하게 씹으며 치미는 당혹감을 억누르려 애썼다.

어떻게 해야 아이들에게 제조업을 흥미롭게 알려줄 수 있을까?

그때 영감이 번뜩였다. 나는 연필을 집어던지고 창고로 걸어갔다. 거미줄로 덮인 어두운 창고 바닥에 널브러진 낡은 자전거 부품들 사이에 오래전 망가진 컴퓨터들이 있었다. 나는 그것들을 테이블 위로 올린 다음, 드라이버를 들고 분해하기 시작했다. 회로판, 디스크 드라이브, 바싹 마른 거미 사체, 전선과 커넥터 뭉치를 덜어내니 내가 찾던 것이 눈에 들어왔다. 다양한 케이블과 부품 위에 작고 깔끔한 라벨이나 고르지 않은 점들로 직접 인쇄된 문구가 보였다. "말레이시아에서 제조됨", "멕시코 제품", "미국에서 조립됨", 아주 가끔 "영국에서 제조됨" 그리고 대부분은 "중국에서 제조됨"이라는 문구였다.

나는 강연 계획을 구상하여 책상으로 돌아갔다.

우리는 제조된 세상에서 산다

사방에 온라인, 가상, 클라우드 기반, 앱 작동 제품이 퍼져 있다. 하지만 우리는 공장에서 제조된 실체적·물리적 제품 없이는 생존할 수 없다.• 지금 주위를 둘러보라. 식물, 바위, 사람과 다른 동물을 제외하고 당신의 눈에 보이는 모든 것은 누군가에 의해 제조되어 이곳으로 운송된 물건이다. 알몸으로 공중에 떠다니는 게 아니라면, 당신은 지금 복수의 공산품과 직접 접촉하고 있다. 평생 당신은 매일 공산품을 입고 소비하고, 공산품으로 이동하거나 주거하거나 의사

• 거기에는 온라인, 가상, 클라우드 기반, 앱 작동 제품도 포함된다. 이 모든 것은 컴퓨터, 케이블, 위성으로 구성된 네트워크를 통해 실현된다. 누군가는 방대한 '시스템들의 시스템'을 설계하고 제작하고 유지해야 한다.

소통하거나 건강을 회복한다.

하지만 이런 물건들이 우리의 삶에 등장하는 과정은 대다수 사람에게 거의 눈에 보이지 않는다. 이는 몇 가지 우려스러운 결과를 낳는다.

상황이 항상 이렇지는 않았다. 불과 3세기만 거슬러 올라가도 당신은 자신에게 필요한 물건을 만든 사람과 가깝거나 심지어 개인적인 관계를 맺었을 가능성이 높다. 재단사, 도공, 도축사, 제빵사, 대장장이, 목수 같은 사람들 말이다. 순진하게도 이전의 삶을 장밋빛으로 그리려는 의도는 아니다. 하지만 생산과 소비 사이의 거리가 짧으면 몇 가지 이점이 생긴다. 지역에서 물건이 만들어지면 그 과정에서 생기는 폐기물이나 오염이 지역사회에 드러난다. 부실한 작업 여건도 같은 마을이나 지역 사람이 견디고 있기에 알려지게 된다. 우리가 물건을 사는 데 쓰는 돈이 이웃의 가족을 부양한다는 사실도 깨닫게 된다.

시간이 흘러, 소비주의와 세계화의 부상으로 물건을 만드는 사람과 사는 사람의 연결고리가 거의 보이지 않는 지경까지 늘어났다. 나는 지금 이 글을 작성하는 노트북을 만드는 과정에 참여한 사람들과 아무 관계가 없다. 몇 년 전, 한 웹사이트에서 보고 버튼을 두어 번 클릭했더니 며칠 후 이 공학의 기적이 커다란 상자에 담겨 우리 집 문 앞에 도착했다.

나의 펜, 의자, 커피잔을 만든 사람들과의 관계도 비슷하게 멀다.

내가 입고 있는 옷, 오늘 내린 소나기를 피하게 해준 집, 바깥에 세워 둔 자동차와 자전거, 냉장고에 들어 있는 음식을 만든 사람들과의 관계도 마찬가지다. 이제 내가 무슨 말을 하려는지 감을 잡았을 것이다. 제조업은 하수처리 시스템처럼 변질되어 우리의 삶에 꼭 필요하지만 일이 잘못되기 전에는 인식되지 않는다.

그리고 근래에 많은 일이 잘못되었다.

제조업이 나빠질 때

우리는 모두 물건이 필요하고 물건을 원한다. 이런 이유로 물건이 만들어진다. 우리는 필요하거나 원하는 제품을 산다. 그 결과로 제조업체는 사업이 번창하고, 노동자에게 일자리를 제공하며, 소유주에게 투자 수익을 안기는 데 필요한 수입을 올린다. (때로는 제조업체가 물건을 만든 다음 광고를 통해 욕구를 창출하기도 한다.) 하지만 지구의 지속가능성에 초점을 맞춰야 한다는 뒤늦은 깨달음이 모든 것을 바꾸고 있다. 제조업체들은 로고에 녹색을 끼얹거나, 포장용기에 나무나 돌고래 그림을 붙이는 것만으로는 안 된다는 사실을 안다. 소비자인 우리와 우리를 위해 물건을 만드는 사람들은 이제 (대부분의 경우) 세상을 손상하거나 파괴할 가능성이 훨씬 낮은 방식을 추구한다는 공통의 가치를 공유한다.

지금까지 거대한 변화가 빠르게 일어났다. 전기차 판매 급증, 일

회용 플라스틱에 대한 태도 변화, 2050년·2040년·2030년까지 •
'넷제로net zero'를 달성하겠다는 기업과 국가 들의 치열한 경쟁에서
그런 변화를 엿볼 수 있다.

제조와 소비 그리고 우리가 사는 세상의 존립 사이의 연관성이
뚜렷해지면서 태도 변화가 일어났다. 이런 맥락에서 몇몇 사람들은
제조업을 '고쳐야 할 문제'로 본다(제조 활동이 전 세계 이산화탄소 배출
량에서 큰 비중을 차지한다는 사실을 고려할 때, 이는 상당히 합리적인 시각이
다).[1] 하지만 제조업은 해결책의 핵심 요소이기도 하다. 제조업체들
은 재생 에너지에 대한 폭넓은 접근을 돕는 기계를 제조하고, 지속
가능한 식량 공급원을 보장하고, 친환경 교통수단을 제공할 것이다.
그러면 우리는 모든 제조업을 진정으로 지속가능하게 만들 수 있을
까? 거기에 더하여 우리는 개인으로서 뭐라도 도움이 되는 일을 할
수 있을까?

이 두 질문에 대한 답은 "그렇다"이다. 지금부터 그 방법을 설명할
것이다.

제조업은 근본적으로 물건을 만들어서(제조) 필요한 곳으로 옮기
는(물류) 것이 핵심 활동이다.

우리가 구매하거나 사용하는 모든 것은 제조된 곳에서 사용되는
곳으로 옮겨져야 한다. 내 책상 그리고 펜과 포스트잇, 노트북, 휴대

• 해당되지 않는 연도는 삭제할 것.

전화 초기화용 클립, 스탠드, 틴틴Tintin 피규어 등 그 위에 흩어져 있는 모든 것은 제조된 후 대부분 수백수천 킬로미터씩 옮겨진다.

우리는 평소 이런 이동 과정의 일부를 잠깐 엿보게 된다. 가령 트럭 위에 실린 컨테이너, 어디에나 있는 흰색 배송 차량, 가끔 머리 위로 날아가는 화물기와 수평선 위에 떠 있는 화물선을 본다.** 이처럼 우리는 제품들의 여정 중 일부를 엿볼 수 있지만, 그 규모와 복잡성을 제대로 이해하지 못한다. 그리고 실제 제조 과정을 보는 일은 거의 없다.

이는 마치 2개의 세계가 있는 것과 같다. 하나는 눈에 보이는 우리의 '일반적인 세계'이다. 이 세계는 우리의 집과 일, 공부, 쇼핑, 여가, 의료를 위한 공간들로 구성된다. 다른 하나는 소수의 사람 눈에만 보이는 '제조업의 세계'이다. 이 세계는 일반적인 세계에 필요한 것을 제공하는 광산, 농장, 공장, 가공 공장, 창고, 건설 현장, 발전소로 구성된다. 이 두 번째 세계의 일부는 겉으로 너무나 분명하게 드러나 있다. 자동차 공장이나 아마존 창고 또는 정유소를 숨기기는 매우 어렵다. 반면 이 세계의 맞은편에 있어서 완전히 눈에 보이지 않는 부문도 있다. 하지만 소수의 사람은 그 속을 들여다보고, 제조업의 세계에 속한 '제조' 부문의 내부에서 어떤 일이 일어나는지를 이해할 수 있다.

●● 덕후가 되고 싶다면 www.flightradar24.com과 www.marinetraffic.com 같은 앱을 통해 이 모든 비행기와 선박이 어디서 오고 어디로 가는지를 알 수 있다.

흐린 월요일 아침에 케임브리지 지역 초등학생들을 대상으로 한 나의 강연은 거의 재난에 가까웠다. 하지만 그것은 이 두 세계 사이에 다리를 놓기 위한 나의 초기 탐사적 시도 중 하나였다.

노트북이 바닥에 떨어지면서 키보드가 박살 난 것이 강연의 분위기를 바꾼 전환점이 되었다. 진행자가 나보다 훨씬 탁월한 군중 통제 능력을 발휘했다.

"그만! 다들 자리로 돌아가요."

나는 서둘러 내 자리를 찾다가 이내 내게 한 말이 아님을 깨달았다. 아이들이 키득대며 느릿하게 자리로 돌아가 앉는 사이, 나의 맥박은 150 아래로 내려갔다. 나는 폭동의 여파를 살폈다.

놀랍게도 그 결과는 내가 바라던 것과 비슷했다. 비록 그 과정은 의도했던 것보다 약간 더 혼란스러웠지만 말이다. 교실 앞에 놓인 테이블 위에는 커다란 세계지도가 펼쳐져 있었다. 여러 나라 위로 분해된 컴퓨터, 휴대전화, 장난감 부품들이 그럭저럭 깔끔하게 쌓여 있었다. 가장 큰 무더기는 중국 위에 놓여 있었다. 회로판과 마이크로칩 위에 미스터 인크레더블 피규어가 앉아 있었다. 그는 머리가 끔찍하게 비틀어진 상태로 아무 말 없이 나를 응시했다. 아이들은 무대 위에서 연출된 듯한 파괴 행위를 통해 단순하고 가시적인 공급망 모델을 만들어냈다. 그것은 당신에게 물건을 배송하기 위해 전 세계에 걸쳐 조율되고 연결되어야 하는 제조 및 배송 시스템을 보여주었다.

나는 이 책에서 그 실습의 더 깊고 폭넓은 버전을 (선생님의 고함과 야단 없이) 당신에게 제공하고자 한다. 집필을 시작할 무렵, 전 세계에 걸쳐 비극적인 사건들이 일어났다. 이 사건들은 우리 모두가 제조업의 세계에서 일어나는 일을 더 잘 이해해야 할 이유를 분명하게 말해주었다.

제조 시스템의 놀라운 취약성

2020년에 잘사는 나라의 소비자들은 텅 빈 마트 진열대를 믿기지 않는다는 듯 바라보았다. 그들은 갑자기 온라인 유통업체들이 무엇이든 원하는 물건을 24시간 이내에 배송하지 못하게 되었다는 사실에 깜짝 놀랐다.

이전에 컨테이너 비용과 중국 공장의 인력 부족에 대한 이야기는 《운송 및 통상 저널*Journal of Shipping and Trade*》 같은 전문지에만 실리거나, 《파이낸셜타임스》 기사 속에 묻혀 있었다. 하지만 이제는 일반 뉴스에도 나타나기 시작했다. 많은 사람은 때로 이해하기 어려운 제조업 용어들을 처음으로 접하게 되었다. 제조업의 세계는 가공하고 처리하고 연마한 부품들을 약어(BOM, ECN, SPC)로 표현되는 절차를 통해 조립한다. 거기에 물류와 관련된 용어도 가세한다. 물류 부문은 (사용 빈도별로 구분된 부품들이 슬램SLAM으로 제어되는 AGV로 이동하는) 공장 내부와, (SKU에 따라 적절한 완충재를 사용하여 TEU 단위로 제품이 포장되고, 체선료를 피하기 위해 합의된 인코텀즈Incoterms를 따르는) 공장 외부로 나누어진다.•

팬데믹으로 인한 혼란이 제조업의 세계를 덮쳤을 때, 논평가와 정치인 들은 상황을 이해하고 알리고 대응하는 일에 급히 나섰다. 모임에서 일 이야기를 일절 하지 않던 나의 동료들도 갑자기 관심의 대상이 되었다(최소한 일부 파티에서는 그랬다). 총리나 대통령 들은 프롬프터를 읽으면서 '공급', '망', '회복탄력성' 같은 단어를 자신 있게 조합했다. 그 모습을 보고 나의 동료들은 바야흐로 자신들이 주목받는 시대가 왔음을 알았다. "무슨 일이 벌어지고 있는 겁니까?", "왜 그 물건들을 그냥 여기서 만들지 못하는 거죠?" 같은 외침은 어색한 기자회견으로 이어졌다. 그 자리에서 많은 정치인은 마스크, 고무장갑, 인공호흡기 같은 물건들의 현지 생산을 즉시 시작하거나 확대하지 못하는 이유를 설명하느라 애를 먹었다.

이처럼 제조업의 세계는 우리의 지구를 파괴할 뿐 아니라 자신도 파괴하기 쉽다. 그 결과 우리는 코로나19 팬데믹이나 이후 다른 많은 위기에서 드러난 것처럼 어려운 시기에 물자 부족 문제를 겪을 위험에 처해 있다.

• 겁먹지 마라. 이 책은 제조업의 세계를 탐구하는 데 필요한 모든 용어에 대한 설명을 제공한다. 이 책의 웹사이트에도 게재되어 있다.

그 '다른 세계'의 실상은 어떨까

이 책은 근래의 사건들이 '일반적인 세계'와 '제조업의 세계' 사이 존재하는 장벽에 낸 균열을 더 넓히고자 한다. 다만 이 책을 통해 그 다른 세계로 당신을 인도하기 위해서는 하나의 문제를 해결해야 한다. 나는 이 책의 내용을 기획하면서 제조업의 특정 부문에 대한 지식이 크게 부족하다는 사실을 깨달았다. 그것은 부분적으로 우리 모두에게 영향을 미치는 요인 때문에 생긴 결과였다. 그 요인의 이름은 '지식의 깊이에 대한 착각the illusions of explanatory depth'이다.[2] 이게 무슨 의미일까? 대다수 사람은 어떤 문제에 대해 스스로 믿거나 인정하는 수준보다 훨씬 더 조금 안다. 우리는 어떤 문제에 대한 질문을 받으면 잘 설명할 수 있다고 확신하지만, 조금이라도 자세히 묘사해야 하는 경우 애를 먹기 시작한다.[3]

나는 여러 곳의 공장을 방문하고, 여러 명의 아주 똑똑한 사람의 이야기를 듣고, 여러 권의 책과 영상을 본 다음 내가 배운 모든 것을 엮어냈다. 운 좋게도 케임브리지대학의 제조업연구소Institute for Manufacturing라는 곳에서 일하는 덕분에, 내게 도움을 줄 만한(그리고 친절하게도 도와준) 폭넓은 인맥에 접근할 수 있었다. 거기에는 다양한 규모의 제조업체에서 일하는 사람부터 제조업을 지원하기 위한 정부 정책을 설계하는 사람, 제조업체를 홍보하거나 그들에게 투자하는 전문가, 첨단 제조 기술을 연구하는 학자에 이르기까지 다양한 사람들이 포함되었다.

　다음으로 나는 본업이 제공하는 또 다른 도구를 활용했다. 그것은 우리 연구소의 훌륭한 연구생들이었다. 아주 똑똑한 연구생들의 공부를 돕다 보면, 제조업의 모든 핵심 측면과 그것들이 맞물리는 양상을 잘 이해하게 된다. 연구생들을 가르치는 일은 당연히 어렵다. 하지만 쉴 새 없이 질문을 퍼붓는 초등학생들을 가르치는 일에 비하면 아무것도 아니다. 우리 연구소는 지역 학교에서 강연하는 프로그램을 운영한다. 덕분에 나는 가장 어려운 청중들을 상대로 강연의 질을 검증할 수 있었다.[4] 이 책을 읽는 당신은 내가 수년 동안 케임브리지대학 연구생들을 가르치면서 거듭 시달렸던 지적 수난과 수백 명의 아이들을 상대한 여러 '인격 수양' 강연의 혜택을 누리게 될 것이다.

　이 책의 구조 역시 제조업의 세계에 대한 나의 이해가 변화한 양상을 반영한다. 열여덟 살 무렵까지 나는 물건들이 어떻게 이 세상에 나오는지에 대해 거의 관심이 없었다. 내가 아는 거의 모든 영국의 시골 출신들도 마찬가지였다. 이후 대단히 비선형적인 경력을 거치면서 제조업은 점차 내 직업적 삶의 핵심이 되었다. 하지만 제조업을 이해하고 인정할수록 수많은, 박식하고 똑똑한 사람들이 이 다른 세계의 내부에서 일어나는 일을 거의 모른다는(또는 솔직히 신경 쓰지 않는다는) 사실이 나를 더욱 심란하게 했다. 우리가 이미 확인한 대로, 기후변화와 근래의 사태들이 미친 영향은 마땅한 관심을 기울이지 않는 데 따르는 위험한 결과를 극명하게 드러냈다.

　나는 당신이 나보다 훨씬 빠르게 그 깨달음에 이르도록 돕고 싶다. 하지만 약 8만 자 분량의 책으로는 절대 모든 것을 다룰 수 없다. 유혹적이지만 우리가 뛰어들 수 없는 토끼 굴이 너무나 많다. 이런 이유로 더 많은 것을 알고 싶은 사람들을 위해 이 책과 관련된 내용을 담은 웹사이트를 만들었다.[•] 이 웹사이트에는 지금부터 다룰 주제들의 여러 측면을 탐구하는 '추천 도서 목록'부터 여러 동영상과 기타 자료들이 수록돼 있다.

이 책이 당신에게 해줄 것들

본격적으로 이야기를 시작하기 전에 당신을 안심시킬 공지사항을 전달하고 싶다. 이 책은 설교를 목적으로 쓴 책이 아니다. 나는 '물건들', 특히 전자기기나 자동차, 비행기를 좋아한다. 또한 해외여행을 아주 좋아하며, 그 가치를 높이 평가한다. 나는 어떤 물건을 살 때마다 혼란스러운 윤리적 판단을 하고 싶은 마음이 전혀 없다. 가능하다면 클릭과 택배의 삶을 계속 살아갈 것이다. 한편으로 나는 제조업의 고충과 지구적 생존에 미치는 영향이 모두 다른 사람의 문제이며, 어떻게든 상황이 나아질 거라고 믿고 싶다. 하지만 뭔가가 바뀌지 않으면, 그것도 '지금' 바뀌지 않으면 그런 일은 일어나지 않을 것이다. 현실적으로 당신과 나는 구입하는 물건과 방식을 바꿔야

한다. 우리가 제조업의 세계에서 어떤 일이 일어나고, 그것이 삶의 모든 측면과 어떻게 얽히는지를 더 잘 이해한다면 가족, 지역사회, 지구를 위해 더 나은 선택을 할 수 있다.

이는 약간 과장된 말일지도 모른다. 하지만 이 책을 다 읽고 나면 당신은 놀라운 초능력을 새로 얻게 될 것이다. 다음에 당신의 손가락이나 마우스 커서가 '지금 구매' 버튼 위에 있을 때, 또는 꽉 찬 마트 진열대를 보거나 쇼핑몰을 돌아다닐 때, 각 제품이 어떻게 만들어져서 당신에게 제공되는지를 이해하게 될 것이다. 당신의 구매 결정에 따라 어떤 일련의 사건들이 진행되는지도 이해하게 될 것이다. 호들갑스럽고 진부하게 들릴 위험을 감수하고 말하자면, 이 힘에는 실로 커다란 책임이 따른다. 이 힘을 활용하면 우리가 자연에 초래하는 피해를 줄이고(심지어 되돌리고) 미래 세대의 삶을 개선하는 데 도움을 줄 수 있다.

그러니 부담 갖지 마시길.

당신이 이 초능력을 얻도록 도우려면 다음 두 가지 중대한 질문의 답을 찾는 여정에 나서야 한다. 왜 현대 제조업의 세계는 너무나 취약하고, 지구에 너무나 큰 피해를 줄까? 제조업의 세계가 취약성을 줄이고 피해를 덜 주게 만들려면 어떤 일을 할 수 있을까?

두 질문의 답을 찾으려면 이 다른 세계의 내부로 파고들어야 한다. 우리가 왜 지금과 같은 방식으로 물건을 제조하고 운송하고 소비하는지를 알아야 한다. 그런 다음 어떻게 상황이 개선되고 있는지 그리고 변화를 가속하기 위해 당신과 내가 무엇을 할 수 있는지를 살펴야 한다.

이제 나와 함께 그 여정의 첫발을 떼어보자. 먼저 굉장히 부드러우면서도 질기며, 흡수성 좋은 제품을 만드는 대단히 복잡한 과정부터 탐구해 보자.

2부

제조업의 세계는
어떻게 변화하고 있는가

PART 1

제조업의 세계는 어떻게 돌아가는가

YOUR LIFE IS MANUFACTURED

1장 마법

아주 단순한 물건을 만드는
놀랍도록 복잡한 과정

2020년 3월의 어느 월요일이었다. 밖은 아직 어두운 아침 6시 30분, 나는 침대 시트 밑에서 손을 뻗어 휴대전화 알람을 껐다. 그러고는 침대 시트를 얼굴까지 끌어 올렸다. 그 사이 엄지손가락이 저절로 BBC 뉴스 앱으로 향했다. 눈을 가늘게 뜨고 휴대전화를 바라보았다. 잠이 아직 덜 깬 나의 뇌는 기사 제목을 이해하느라 애를 먹었다.

코로나바이러스: 화장지 대란의 이면에서는 어떤 일이 벌어지고 있을까?[1]

지금 키보드로 입력하다 보니, '화장지 대란'이라는 단어가 다소 웃기게 느껴진다. 일부 언론사는 우스꽝스러운 지경까지 나아갔다.

"호주의 한 신문사는 화장지 품귀 현상을 해결하는 데 도움을 주기 위해 여분의 페이지를 찍어냈다."[2] 다른 언론사들은 화장지를 사재기하는 사람들을 자사 소셜 미디어로 비웃었다(그러면서 자신들도 몰래 주문 버튼을 눌렀다). 코로나 관련 지역 봉쇄 조치가 일상생활에 미치는 여파가 분명하게 드러났다. 마트 위생용품 코너의 텅 빈 진열대는 훨씬 크고 우려스러운 문제를 단적으로 보여주었다.

2020년대 초반에 전 세계적으로 발생한 팬데믹은 식품이나 세면용품 같은 생필품을 생산·유통·판매하는 모든 기업과 사람을 연결하는 시스템이 얼마나 허약한지를 드러냈다. 우리는 이 시스템이 잘 돌아갈 때는 그것이 당연하다고 여긴 반면, 삐걱거리거나 멈춰서면 충격과 분노에 휩싸였다. 왜 우리의 일상생활에 필수적인 시스템은 조금만 문제가 생겨도 쉽게 무너지는 걸까?

'화장지 대란'은 그 이유를 이해하는 데 유용한 사례다. 팬데믹이 연출한 이 사이코드라마를 자세히 파헤치기 전에, 먼저 평상시에 어떻게 부드러운 종이 뭉치가 우리의 화장실과 욕실에 들어오게 되는지부터 알아보자.

화장지 만드는 법

2020년, 당시 나는 화장지 제조 과정에 대해 아는 것이 별로 없었다. 나무와 압연기가 필요하다는 사실은 알았지만, 그 둘 사이에 일어나는 일은 다소 흐릿했다.● 그래서 나는 이 특정한 상산 시스템이 전체적으로 어떻게 돌아가는지를 파악하러 나섰다.

내가 알게 된 사실을 설명하기에 앞서, 당신은 약간의 실습을 해야 한다. 가능하다면 이 책 조는 기기를 내려놓고 화장지를 찾아라. 그런 다음 한 장을 떼서 잘 살펴보라. 아마 가로 약 10센티미터에 세로 약 12센티미터의 직사각형 형태로, 표면에 패턴이나 레터링이 들어가 있을 것이다. 짧은 던의 가장자리에는 성긴 보풀도 붙어 있을 것이다. 이는 정확하게 계산된 힘으로 옆 칸에서 떼어낼 수 있도록 해주는 천공 작업의 잔여물이다. 화장지 표면이 우툴두툴하거나 약간 주름져 있다는 사실도 알게 될 것이다. 이는 흡수율을 높이기 위해 제조 과정에서 추가된 속성이다.

화장지 가장자리를 살짝 잡아당기면 2개나 3개, 4개, 또는 (당신이 상류층이라면) 5개의 층(또는 '겹')으로 분리할 수 있다. 그 작업에 성공했다면 각 층의 표면을 손가락으로 훑어보라. 층마다 질감이 미세하게 다르다는 사실을 감지할 수 있는데, 이는 부분적으로 각 층을 붙이는 데 쓰이는 접착제 때문이다. 이는 강도와 부드러움이 최적의 균형을 이루도록 보장하는, 각 층 안에 쌓인 섬유의 길이가 다름을 의미하기도 한다. 다시 말해 한 층에 스칸디나비아산 나무(강도에 좋음)로 만든 펄프와 남미산 나무(부드러움에 좋음)로 만든 펄프가 혼합될 수 있다.

● 이런 '지식의 깊이에 대한 착각'게 대해서는 앞서 명확한 사례를 제시했다.

공학자와 과학자 들이 수십 년 동안 연구한 결과가 지금 당신의 손에서 부분적으로 해체된 화장지다. 수많은 사람이 이 가장 기본적인 제품을 설계하고 제조하며 당신의 예산과 선호에 맞는 적절한 가격과 품질로 제공하는 과정에 참여했다. 화장지가 흔히 쓰이는 나라의 경우,● 소비자들은 1년에 평균 100여 개의 롤을 쓴다.[3] 그 한장 한장의 종이는 놀라운 여정을 거쳐 당신의 손에 당도한다. 지금부터 그 여정이 시작되는 출발지 중 하나를 보여주는 날벌레가 들끓는 곳으로 당신을 안내하고자 한다.

나무에서 펄프로●●

나는 지금 스코틀랜드 하이랜드Highlands의 한 호숫가에 서서 약간의 자기연민에 빠져 있다. 하루의 시작은 좋았다. 이른 아침 비탈진 풀밭에 앉아 맑은 하늘을 바라보며 커피를 마셨다. 지저귀는 새소리가 들리고, 햇빛을 받아 따뜻해진 고사리 냄새가 풍겼다. 하지만 지금은 후텁지근하고 습한 언덕 위에서 땀에 젖은 채 피를 흘리

● 세계 인구의 약 70퍼센트는 다른 수단을 활용한다. 정말로 인간 배설물을 더 깊이 파고들어 보고 싶다면(비유하자면) 로즈 조지Rose George의 책이 훌륭한 출발점이 되어 줄 것이다. Rose George(2008). *The Big Necessity*. Portfolio.

●● 이 내용은 재활용지로 만든 펄프가 아니라 순수 펄프가 사용되는 경우를 가정한다. 재활용지는 갈수록 사용량이 늘고 있기는 하지만 여전히 그 비중은 작다.

며 지쳐 있다. 나는 스코틀랜드를 아주 좋아하지만, 여름이 되면 두 종류의 곤충 때문에 아름다운 풍경을 즐기지 못한다. 그 곤충들 중 하나는 성가시게 떼 지어 몰려들어 살갗에 달라붙는 작은 날벌레이고, 다른 하나는 어리석게도 자신들 앞에 모습을 드러낸 살점이라면 가리지 않고 달려드는 끈질긴 등에다.

한참 벌레를 쫓고 욕하다가 문득 고개를 들어보니, 눈앞에 멋진 풍경이 펼쳐져 있었다. 벌레가 들끓는 호수 주위로 눈길이 닿는 곳까지 구릉지가 보였다. 빽빽하게 들어차 어두운 숲을 이룬 수백만 그루의 동일한 나무들이 구릉지를 덮고 있었다. 그곳은 잎이 무성한 오래된 숲이 아니었다. 건설과 에너지 그리고 제지 산업에서 원자재로 쓰기 위해 작물처럼 키우는 산업적 침엽수 재배지였다.

영국에서는 2만여 명이 나무를 심고 자르는 일에 종사한다. 제재, 펄프 가공, 제지 그리고 나무로 만든 모든 제품의 제조까지 벌목 이후 목재로 만들어지는 다양한 작업에 참여하는 모든 인원을 더하면 그 수는 약 14만 명으로 불어난다. 그들은 전체적으로 약 80억 파운드의 가치를 영국 경제에 더한다. 전 세계적으로 임업 부문은 직접적으로 2천만 명 이상, 간접적으로 4,500만 명을 고용하여 각각 0.5조 달러와 1.3조 달러의 가치를 창출한다. 요컨대 임업은 거대 산업이다.[4]

나무들은 빠르게 자라기를 완강히 거부한다. 그래서 임업은 생산 주기가 긴 산업으로 식목부터 벌목까지 수십 년이 걸린다. 구체적으로는 나무의 종류와 용도에 따라 40년에서 150년이 소요된다.

목재 생산 주기는 4단계로 이루어진다. 가장 먼저 씨앗을 묘목으로 키우는 준비 단계다. 다음은 각 묘목을 손으로 일일이 흙더미에 심는 식목 단계다. 뒤이어 솎아내기 단계가 진행된다. 묘목은 성장 초기에 외부 환경으로부터 보호하기 위해 아주 촘촘히 심어지므로, 십 대 시절까지 살아남은 것들은 완전히 자라기 전에 일부를 솎아내야 한다. 마지막으로 적절한 시간이 지난 후에 수확이 시작된다.[5] 곡물을 수확하기 위해 흙먼지를 일으키며 황금빛 밀밭을 말끔하게 밀고 가는 거대한 콤바인과 같은 정교한 기술이 개발되었다. 마찬가지로 임업의 세계도 무시무시해 보이는 기계들이 수확 과정에 동원된다.

'나무 수확' 기계 또는 '벌목' 기계와 관련된 것은 거의 모두 인상적이다. 임업의 세계에서 도끼나 기계톱을 휘두르는 벌목꾼들은 오래전에 사라졌다. 대신 일본 애니메이션 스타일의 트랜스포머처럼 생겼지만, 고마쓰Komatsu 931XC-2020이나 존디어John Deere 1470G처럼 따분한 이름이 붙은 수십만 달러짜리 기계들이 동원된다. 이 기계들은 카페인을 과다 섭취한 엔지니어들이 농기계 공장의 남는 부품들로 거대한 벌목용 로봇을 만들라는 지시를 받고 고안한 것처럼 생겼다. 가파른 비포장길을 다닐 수 있도록 해주는 커다란 바퀴나 궤도, 동력장치, 조종간과 스크린 그리고 말도 안 되게 많은

●　이 책의 웹사이트에 벌목 기계가 작동하는 모습을 보여주는 링크를 몇 개 넣어두었다. 아직 본 적이 없다면 감탄할 준비를 하고 클릭해 보시라.

버튼으로 가득한 운전실을 갖추고 있다. 톱니바퀴, 기계톱, 날, 센서들이 약간 정신 나간 조합으로 부착된 긴 관절식 팔도 달려 있다. 이처럼 매우 아날로그적인 기계의 작동은 디지털의 마술로 이루어진다. 운전자는 군사 작전 수준으로 정확하게 전체 벌목 과정을 계획하고 관리할 수 있다.

첫 나무를 베기 전에 벌목의 각 단계에 대한 계획이 세워진다. 가령 원목을 적재할 장소가 정해지고, 아직 931XC-2020이나 1470G의 거친 손길을 받을 준비가 되지 않은 나무들은 그대로 남겨진다.

벌목 속도는 터무니없을 정도로 빠르다. 벌목기의 팔 끝에 달린 장치가 집게를 벌려서 나무 밑동을 움켜잡는다. 내장된 기계톱이 나무줄기를 절단하면, 나무는 밑동이 여전히 붙잡힌 채 수평으로 눕는다. 뒤이어 센서가 나무의 지름과 높이를 측정하고, 벌목기에 탑재된 컴퓨터가 폐기물을 최소화하면서 나무를 자를 최적의 방법을 계산한다. 산출된 정보를 바탕으로 톱니바퀴가 돌아가고 날이 윙윙거리면서 나뭇조각들이 날아다닌다. 벌목기가 나무를 눕힌 상태에서 집게로 밀어 넣는다. 모든 잔가지가 제거된 후 나무줄기가 정확한 위치에 놓이면, 기계톱이 용도에 따라 적절한 길이로 자른다. 뒤이어 잘린 나무줄기와 가느다란 윗가지들은 수거를 위해 깔끔하게 쌓인다.

그렇게 수십 년 동안 자란 나무가 60초 만에 사라진다.

벌목용 트랜스포머들이 잔혹한 임무를 완수하고 나면, 나무의 각 부분이 트럭에 실려 제재소로 운송된다. 그 뒤에 남는 것은 장기간의 포격으로 파괴된 듯한 풍경이다. 나무의 거의 모든 부분은 일정한 용도로 사용되고, 뿌리와 잔가지는 썩어가도록 의도적으로 남겨진다. 벌목꾼의 자녀 또는 손주가 넘어뜨릴 차세대 나무들을 위해 토질을 좋게 해주기 때문이다.

제재소에서는 나무줄기의 껍질을 벗기고 들보, 널빤지, 판재로 절단한다. 이 목재들은 신축 가옥의 지붕 골조, 대형 가구, 화물용 팔레트가 된다. 나무껍질과 다른 잔여 부분은 놀이터나 정원에 사용된다. 심지어 톱밥과 나뭇조각조차 동물용 깔개로 팔리거나 연료용 펠릿으로 압축된다. 굵은 가지와 윗부분은 다듬어서 울타리 기둥으로 쓰거나, (또 다른 무시무시한 회전식 절단기로) 조각낸 다음 압축하여 바닥이나 지붕 패널 또는 우리가 애용하는 조립식 가구를 만든다.

나뭇조각 중 일부는 펄프 공장으로 보내진다. 거기서 바라건대 당신이 여전히 근처에 둔 화장지로 만들기 위한 단계가 진행된다. 열과 화학물질로 혹독하게 처리하여 나무의 세 가지 주요 성분인 리그닌lignin과 헤미셀룰로스hemicellulose 그리고 화장지의 핵심 재료인 셀룰로스cellulose로 분리하는 것이다.[6] 분리된 셀룰로스는 '펄프 제조기'에 투입된다. 이 기계는 섬유질을 풀어서 정돈하고 수분을 제거한 다음 2밀리미터 두께에 빳빳한 포스터 크기의 마른 펄프지를 뽑아낸다. 이 펄프지들은 여행가방 크기의 뭉치로 묶여서 대개 수백 킬로미터 떨어져 있으며, 다른 나라에 있는 경우가 많은 압연 공장으로 운송된다.

펄프에서 종이로

여행가방 크기의 마른 펄프지 뭉치는 압연 공장에서 낱개로 풀려서 거대한 세탁기 같은 기계로 투입된다. 이 기계는 물과 함께 펄프지를 휘젓는다.[•] 그 결과물인 묽은 펄프는 뒤이어 빠르게 움직이는 5미터 너비의 철망 위로 겹겹이 분사된다. 이 철망은 시속 60킬로미터가 넘는 속도로 여러 번의 건조 단계를 거쳐 운반된다. 이 모든 공정이 끝나면 펄프는 거대한 강철 롤에 감기고, 부드럽고 따뜻한 종이가 거대한 면도날로 긁어져 감개에 말린다.

이 공정의 속도와 규모는 어느 정도일까? 매분 5미터 너비의 화장지 1킬로미터 분량이 생산되어 거대한 '마더 롤mother roll'에 감긴다.[••] 여러 '마더 롤'에서 풀려나온 겹들은 엠보싱 처리되고 서로 접착된 뒤, 앞서 당신의 손에 들려 있던 화장지의 넓이로 절단된다. 그렇게 매시간 1만 4천 롤의 화장지가 생산된다.

최종 단계는 여러 개의 롤을 함께 포장하여 (아마도 스코틀랜드의 숲에서 벌목한 나무로 만들었을지도 모르는) 팔레트에 쌓은 다음 트럭에 싣는 것이다. 트럭 한 대에 5만 롤의 화장지가 실린다. 이제 당신의 화장실을 향한 긴 여정의 다음 부분이 시작된다.

[•] 맞다. 펄프 공장에서 수많은 시간과 에너지를 투입하여 수분을 제거한 후 다시 물이 추가된다. 그 이유가 무엇일까? 수분을 제거하면 펄프의 무게가 줄어들어 운송비를 낮출 수 있기 때문이다.

[••] 어떤 기계는 그보다 2배나 속도가 빠르다.

배송과 소매

어디서 샀든 모든 화장지는 배송센터 또는 물류센터라 부르는, 외관상 별다른 특징이 없는 거대한 건물에서 일정 시간을 보내게 된다. 이 거대하고 창문 없는 창고들은 '전략적 입지', 즉 다른 많은 곳으로 배송하기 쉬운 곳에 한데 모여 있는 경향을 보인다. 당신도 자동차나 기차에서 주름진 외벽을 가진 대형 창고들이 기업 단지나 산업단지에 한데 몰려 있는 모습을 본 적이 있을 것이다. 이곳들은 물건을 대량으로 배송받은 다음 분류하고 보관하다가 외부로 내보낸다. 작은 단위로 다른 창고나 공장, 매장, 가정으로 보내는 과정은 항공관제 수준으로 정확하게 이루어진다.

마트는 1950년대에 우리 경제에 일반적인 요소가 되었다. 대다수 사람은 모든 생필품이 한 곳에 구비되어 있는 것에 익숙해졌다. 수백만 개의 기업이 우리가 마트 진열대에 당연히 있을 거라고 기대하는 모든 제품을 제조하고 운송한다. 그들의 활동이 빈틈없이 통합되지 않으면, 마트는 제 기능을 다하지 못한다. 다시 말해 마트는 대중이 접근할 수 있는 다른 어떤 장소보다 더 많은 공급망의 가시적인 종착점에 해당한다.

영국 최대 유통업체가 운영하는 대형 마트에서 관리자로 일하는 내 친구 빌Bill은 이렇게 말한다. "우리가 하는 일은 일종의 마술 쇼야. 고객들이 원하는 물건은 항상 그 자리에 있어. 그들은 그 물건이 어떻게 그 자리에 오게 되었는지 몰라. 그저 당연히 거기 있을 거로 생각하지. 모든 과정이 놀라울 정도로 잘 돌아가.”

주방에서 저녁을 준비하던 그의 동거인이 “헛소리하지 마! 저번에 당신 매장에 가서 뭘 찾으려 했는데…”라고 소리친다. 뒤이어 사려던 물건이 없었다는 둥, 다른 진열대로 옮겨졌다는 둥, 물건 찾는 일을 도와줄 직원이 없었다는 둥 불평을 쏟아낸다.

빌은 한숨을 내쉰다. 그는 이런 말에 익숙하며, 동거인한테서만 듣는 것도 아니다. 그는 아침 7시에 매장에 출근한다. 가장 먼저 하는 일은 ‘야간 진열 작업’이 제대로 완료되었는지를 확인하는 것이다. 이 작업이 끝나야 비로소 고객을 맞을 수 있다. 뒤이어 그는 하루 중 중요한 시간대에 사무실에서 내려와 직원들과 ‘진열대 정돈’ 작업을 한다. 고객들이 쉽게 찾고 집을 수 있도록 물건을 진열대 앞으로 옮기는 일이다. 그는 고객들이 곧바로 살 수 있도록 핵심 제품들을 하루 종일 충분하게 갖춰둬야 한다는 사실을 안다. 그렇지 않으면 고객들은 투덜대면서 다음에는 경쟁업체로 갈 것이다.

그중 하나가 화장지다.

빌의 동거인이 불평하기는 했지만, 대개 모든 마트의 진열대에 화장지가 충분히 놓여 있다는 사실은 실로 일종의 마법과도 같다. 판매되는 화장지의 종류를 생각하면 더욱 그렇다.

그 수치를 잠깐 훑어볼 필요가 있다. 앞서 당신이 한 칸을 뜯어낸 화장지가 들어 있던 묶음을 마트에서는 ‘재고 관리 단위Stock Keeping Unit(SKU)’라 부른다. 모든 SKU에는 코드 번호가 붙어 있어, 마트 관리자들은 매장을 드나드는 모든 물건을 추적할 수 있다. 가령 세인즈버리Sainsbury의 '슈퍼 소프트 쿠션Super Soft Cushioned' 4롤 묶음이나 테스코의 '럭셔리 소프트Tesco Luxury Soft' 12롤 묶음은 각각 하나의 SKU에 해당한다. 동일 제품이라도 같이 포장되는 제품 수가 더 많거나 적으면 SKU가 달라진다.

내가 매우 인상적이라고 생각하는 수치가 있는데, 바로 3만이다.

3만은 영국의 일반적인 마트 진열대에 놓이는 SKU의 수다.[7] 이것은 빵이나 샴푸 같은 개별 제품의 수가 아니라 각각 나름의 바코드를 가진 제품 유형의 수다. 마트에서 팔리는 개별 제품의 총수는 수십만 개일 것이다. 각각의 제품은 제조와 배송을 거쳐 빌과 동료들에 의해 진열대에 놓인다. 이 수에 영국 전역에 있는 6천여 개나 되는 마트의 수를 곱해 보라. 그러면 빌과 동료들이(그리고 유통 물류 부문에서 일하는 모든 사람이) 매장 단위에서 매일 해내는 마술의 규모가 더욱 인상적으로 다가온다. 수백만 개의 제품이 각각 제조되어 제때 정해진 매장에 도착하고, 정해진 판매대에 올려져 당신이 필요한 때와 장소에서 손을 뻗어 집을 수 있게 된다.

당신은 포장된 화장지를 들고 계산대를 지나 집까지 간다. 이는 숲에서 화장실까지 이어지는 놀라운 생산 시스템의 공급망에서 최종 연결고리 역할을 한다.

• 마트보다 규모가 작은 4만 3천 개의 편의점이나 7천 개의 부속 매장은 포함하지 않았다(2019, 식료품유통연구소Institute of Grocery Distribution).

이 모든 노력이 굉장하지 않은가

앞서 내가 뜯어낸 한 장의 화장지가 책상 위에 놓여 있다. 나는 그 것을 화살표로 가득한 지도 옆에 놓고 바라본다. 이 지도는 겉보기 에는 단순한 이 제품이 거친 말도 안 되게 복잡한 여정을 간단히 그 린 것이다.

화장지가 매장과 창고로 보내지기까지 수백만 그루의 나무가 심 어지고 솎아지고 잘리고 갈라진다. 이 나무들은 여러 호수의 물과 여러 발전소의 전력을 소비하여 단 하나의 원료를 뽑아내는 시스템 으로 투입된다. 이 제품을 만드는 전체 시스템에는 수천 명에 달하 는 노동자의 지식과 체력, 수백만 달러 규모의 투자, 수천 킬로미터 에 걸친 원자재 및 반제품의 이동이 필요하다. 제조 과정에는 거대 한 기계들을 설계하고 운송하고 설치하고 가동하고 유지하는 작업 이 필요하다. 수많은 선박, 트럭, 열차, 밴을 이곳저곳으로 보내서 필 요한 모든 것이 제때 적절한 장소에 있어야 한다. 이처럼 인간의 가 장 기본적인 필요를 충족하는 기본적인 제품을 우리의 생활에 들여 오기까지 너무나 많은 노력과 자원이 소요된다.

상호 연관된 수많은 활동을 조율하는 일은 대단히 어렵다. 이 점 을 감안하면 코로나19 팬데믹이라는 전 세계적 규모의 위기가 닥쳤 을 때, 생산 시스템이 흔들리는 것은 전혀 놀랍지 않다.

'화장지 대란'은 왜 일어났을까

팬데믹 동안 수많은 생필품이 일시적으로 동났지만, 그중에서도 화장지는 일간지 헤드라인을 장식하기에 적합했다. 너무나 기본적인 제품이기 때문이었다. 사재기 열풍을 초래한 주된 요인은 팬데믹이라는 위협 그리고 연구 결과에 따르면 개인의 성격적 특성이었다.[8] 하지만 소비자들은 상당히 합리적으로 행동했다고 볼 수 있다. 모든 사람이 집에만 있어야 한다면, 화장지가 더 많이 필요한 것은 당연한 일이었다. 게다가 화장지는 정말로 없어서는 안 될 물건이었다. 그 결과 2020년에 지역 봉쇄 조치가 발표되었을 때, 화장지 판매량은 전년 대비 700퍼센트 넘게 급증했다.[9] 화장지 수요는 대개 매우 안정적이어서 매장은 2, 3주 치 재고만 보유한다. 아무리 유연한 생산 시스템이라고 해도 갑자기 7배나 늘어난 수요를 감당할 수는 없다.

게다가 제조업체들은 이 수요 급증의 특이한 성격 때문에 애를 먹었다. 화장지 산업에는 상업용 고객(오피스 빌딩, 공공 시설 등)과 가정용 소비자라는 두 가지 상이한 시장이 있다. 소비자용 화장지는 롤의 크기가 작고, 대개 천연 펄프를 사용하며, 브랜드가 들어간 포장지를 쓴다. 반면 상업용 화장지는 더 두껍고, 재생 펄프를 더 많이 쓰며, 대량 묶음으로 포장된다. 이 두 가지 유형의 제품은 흔히 별도 공장에서 생산된다. 지역 봉쇄 조치로 인해 사람들이 집에서 보내는 시간이 늘어나고 공공장소나 사무실에서 보내는 시간이 줄어들거나 아예 없어지면서 소비자용 화장지 수요가 증가했다.

이론적으로 보면 상업용 화장지를 만드는 공장이 일부 물량을 소비자용 시장으로 전환할 수도 있다. 그러나 제품을 다른 소비자층을 대상으로 전환하는 것은 스위치를 켜는 일처럼 간단하지 않다. 이는 복잡하고 많은 비용이 들며 시간이 오래 걸린다. 제조업체 입장에서는 지역 봉쇄 조치가 풀리고 정상적인 구매 패턴이 재개되어 제조 공정을 되돌릴 때도 같은 문제를 겪게 된다.

따라서 '화장지 대란'은 완벽하게 합리적인 사재기의 결과였다. 일부 경우에는 소비자의 성격적 특성과 더불어, 공장들이 다양한 시장에 맞는 제품을 생산하고 운송하기 위해 체계를 일시적으로 재조정하는 데 애를 먹으면서 사태가 악화되었다.

지구적 위기 속에서 특정 제품군을 제조하는 데 따른 난관을 살펴보는 것은 제조업체에 대한 더 폭넓고 근본적인 문제를 논의하는 데 유용한 디딤돌을 제공한다. 바로 공장에서 생산하는 물건과 소비자가 원하는 물건이 항상 균형을 이루게 하려면 어떻게 해야 하는가 하는 문제다.

가장 어려운 균형 잡기

마트는 우리가 원하는 것과 우리에게 제공되는 것의 균형을 맞추는 일이 너무나 어려운 이유를 잘 보여준다. 상황이 안정적이고 변동이 적을 때는 그럭저럭 균형을 맞출 수 있다. 대형 마트 체인의 기획팀에서 일하는 사람들은 수만 개의 SKU와 수백만 고객의 과거 구매 행동을 연계하는 테라바이트 규모의 데이터를 갖고 있다. 그들은 이를 바탕으로 고객이 무엇을, 언제 원할지를 매우 높은 신뢰도로 예측할 수 있다. 구매팀은 엄청난 수의 외부 공급업체 및 자체 물류 팀과 협력하여 모든 매장의 고객 수요를 충당할 만한 재고를 확보할 수 있다. 이런 여건에서는 공급과 수요가 대단히 긴밀하게 맞춰진다.

하지만 언제나 약간의 변동이 생기기 마련이다.

예측 가능한 변동일 때는 그나마 괜찮다. 가령 특정 제품에 대한 수요와 공급은 계절에 따라 바뀔 수 있다. 또는 명절이나 스포츠 행사, 왕실 결혼처럼 미리 계획된 주요 행사가 있을 수 있다. 이 경우 마트는 행사로 인해 고객이 선호하는 제품이 바뀔 것임을 알 수 있다. 공급업체는 행사 이전, 행사 기간, 행사 이후에 생산량을 늘리거나 줄여야 한다는 사실을 예측할 수 있다. 이는 상황이 조금 복잡해지기는 해도 여전히 대부분 감당할 수 있는 수준이다.

그러다가 이런 예측의 오차 범위가 점차 커지는 때가 온다. 물론 마트 관리자는 곧 여름이 다가온다는 사실을 안다. 하지만 선선한 여름일까, 더운 여름일까? 비가 많이 올까, 건조할까? 이런 문제가 고객의 행동 양상뿐 아니라 공급업체의 공급량에도 영향을 미친다. 그래도 앞서 말한 대로 마트들은 대단히 정교한 수단을 활용하여 방대한 데이터로부터 통찰을 얻는다. 지금은 일기예보부터 소셜 미디어에서 감지한 심리까지 온갖 데이터에 접근할 수 있다.

하지만 수요 변화에 미리 계획하고 신속하게 대응하기 어려운 또 다른 측면이 있다. 전쟁이나 의외의 선거 결과 또는 글로벌 금융위기의 파급력은 어떻게 반영할 것인가?

위기 관리 분야에 종사하는 사람들은 대개 이런 미지의 사태와 관련하여 두 가지 요소를 살핀다. 그것은 발생 가능성과 파급력이다. 발생 가능성이 아주 낮은 사건들에 대비하기 위해 큰돈을 투자할 기업은 거의 없다. 설령 그에 따른 파급력이 상당하다고 해도 말이다. 미래에 발생할 전 세계적 팬데믹에 100퍼센트 대비하려면 얼마나 많은 비용이 들지 생각해보라.

현실적으로는 그만한 투자를 할 가치가 없다.

불확실성은 제조업의 세계에 속한 세 가지 폭넓은 영역에 영향을 미친다. 그것은 바로 제조, 운송 그리고 소비다. 다시 마트를 예로 들어 이 점을 설명하도록 하겠다. 다만 이번에는 향기로운 냄새가 풍기는 위생용품 코너에서 벗어나 시원한 신선식품 코너로 당신을 데려갈 것이다.

제조업에서는 단순한 것도 복잡하다

나는 상추를 제조품으로 분류할 수 있다고 생각지 않았다. 나의 동료인 무케시Mukesh와 대화하기 전까지는 말이다. 그는 생산 시스템이 다양한 형태의 차질에 제대로 대처하지 못하는 이유를 연구한다. 그는 이런 지식을 활용하여 기업과 정부가 제조업 시스템의 회복탄력성을 높이도록 돕는다.

내가 어떤 일을 하는지 예를 들어 설명해 달라고 요청했더니 그는 놀랍게도 상추를 언급했다. 그가 그려준 그림은 내가 예상한 것보다 훨씬 더 복잡했다. 상추 공급 시스템은 '밭에서 식탁까지' 농장, 냉장창고, 배송센터, 유통업체, 고객의 5단계를 거치며 단계마다 복수의 절차가 있다. 가령 농장에서는 밭갈이, 파종, 재배, 수확(여기에도 자르기, 다듬기, 포장하기 같은 복수의 단계가 포함된다)의 단계를 거친다. 농장은 세 가지 유형의 고객을 상대한다. 첫째는 농장에서 매입하여 매장에 판매하는 도매업체이고, 둘째는 농장에서 직접 매입하는 매장이며, 나머지 하나는 매장에 판매하기 전에 '부가가치' 작업(토막 내기, 샐러드에 섞기, 포장지에 담기)을 하는 가공업체다.

그렇다면 상추 공급망이 직면할 차질에는 어떤 것이 있을까?

첫째, 날씨 패턴의 커다란 변동처럼 명백한 차질이 있다. 그 결과는 명확하다. 작물은 특정한 기후 조건에서 잘 자라는지를 토대로 선택된다. 날씨가 변하면 수확량이 줄어든다. 이는 공급 측면만의 문제가 아니다. 알다시피 날씨에 따라 수요도 바뀐다. 여름 날씨가 선선하면 어떻게 될까? 바비큐 파티와 소풍을 즐기는 사람이 늘면서 샐러드 수요가 증가한다. 반면 날씨가 몹시 더우면 상추 재배에 좋지 않다. 폭염이 닥치면 마트들은 시원한 지역에서 상추를 더 많이 수입해야 할 수도 있다.

상추 공급 시스템은 날씨 외에 훨씬 많은 것에 의존한다. 가령 브렉시트 이후 상추 수확과 운송을 위해 영국으로 들어오는 육체노동자 수가 줄기 시작했다. 한편으로 우크라이나 전쟁과 그에 따른 대對러시아 제재로 인해 요소수AdBlue(디젤 엔진을 깨끗하게 돌리는 데 없어서는 안 될 필수품)의 공급이 부족해졌다. 왜 그럴까? 에너지 가격이 급등하면서 요소수 생산의 경제성이 떨어졌기 때문이다.[10] 요소수가 없으면 디젤 엔진을 돌릴 수 없고, 디젤 트럭을 운행하지 못하면 상추를 농장에서 배송센터와 유통업체까지 옮길 수 없다.

상추 생산 및 유통의 사례는 현실 세계에서 수요와 공급의 균형을 맞추는 일이 얼마나 어려운지를 여실히 보여준다. 현실 세계는 언제나 변화와 불확실성 그리고 예측 불가능성 상태에 있다.

봉지에 담긴 상추보다 약간 더 복잡한 제품의 경우는 어떨까? 1만 5천 개에서 3만 개의 부품으로 이루어진 자동차는 어떨까?● 또는 약 600만 개의 부품으로 이르어진 항공기는 어떨까?[11] 상추와 화장지처럼 단순한 제품조차 꾸준한 공급을 보장할 수 없다. 하물며 자동차 부품이나 항공기 부품 공급망의 회복탄력성을 보장하려면 얼마나 골치가 아플지를 상상해 보라. 그럼에도 제조업체들은 자동차가 도로를 달리고, 항공기가 하늘을 나는 데 필요한 수천수백만

● 　전기차인지, 내연기관차인지에 따라 달라진다.

개의 부품을 제조하고 운송하는 일을 어떻게든 조율해 낸다.

그들은 그토록 복잡한 과정을 어떻게 관리할까?

상황을 조금이라도 관리하려면, 먼저 전체 공급망에 걸쳐 어떤 일이 벌어지고 있는지를 알 수 있어야 한다. 그리고 제조업연구소의 또 다른 동료가 내게 설명한 대로, 자동차와 항공기의 공급망은 전혀 단순하지 않다.

복잡한 시스템을 관리하려면 먼저 시각화가 필요하다

그림 같은 초가을 아침, 나는 자전거 도로로 날려와 기분 좋은 소리를 내며 부서지는 낙엽들 위로 자전거를 몰았다. 케임브리지 서부에 자리 잡은 캠퍼스의 우리 연구소에서는 동료 연구자인 알렉산드라Alexandra가 나를 기다리고 있었다. 그녀는 자동차와 항공기 공급망에 대해 정말로 기본적인 질문을 해도 웃지 않겠다고 약속했다.

알렉산드라는 대단히 복잡한 공급망에서 일어나는 일을 시각화하고 이해하는 방법을 연구한다. 자사 공급망을 보다 잘 이해해야 할 필요성을 느끼는 수많은 대형 제조업체 덕분에 그녀는 연구비가 부족하지 않다. 물론 그들은 누가 1차 공급업체인지 안다. 하지만 그보다 더 아래로 내려가면 2차 공급업체에 대한 자세한 정보가 줄어든다. 3차 공급업체, 4차 공급업체는 말할 것도 없다. 어떤 공급업체들이 공급망의 바닥에 있는지 그리고 그들이 어떤 문제에 직면할 것인지 모른다면, 그중 하나가 납품을 못 하는 경우 사업에 어떤 리스크가 발생할지 어떻게 평가할 수 있을까?

나는 연구소 휴게실에 앉아 알렉산드라가 노트북으로 보여주는 이미지에 집중하려 애썼다. 정신없이 얽힌, 일종의 다채색 거미줄에 매직아이 같은 것이 결합된 그림이었다. 내가 안경을 닦는 사이, 그녀는 그것이 무엇을 나타내는지를 인내심 있게 설명해 주었다. 그것은 하나의 제품(이 경우에는 자동차)을 제조하는 데 관여하는 모든 조직을 담은 지도였다. 각 점은 하나의 기업이고, 각 줄은 기업 사이의 거래선을 나타냈다.

'복잡한 네트워크'라는 표현은 현재 벌어지고 있는 상황을 적절히 설명하는 말이다. 복잡한 네트워크는 말 그대로 복잡하다. 하지만 이 말은 여기서 특별한 의미를 지닌다. 복잡하다는 것은 각 점이 네트워크 안에서 '상호 의존적'임을 뜻한다. 즉 한 점에 영향을 미치는 요인은 다른 점들에도 영향을 미친다. 네트워크 안에 상호 의존적인 점 또는 교점이 많으면, 하나의 교점으로 표시되는 기업에 문제가 생길 때 전체 시스템에 어떤 일이 발생할지를 예측하기가 대단히 어렵다. 상황이 변하면 그 여파가 아주 빠르게 퍼질 수 있다.

하나의 교점은 더 중요한 시스템을 구성하는 하위 단위에 작은 요소를 납품하는 원자재 공급업체일 수 있다. 더 중요한 시스템은 자동차나 항공기, 전화기, 의료기기 또는 인공위성의 작동에 필수적인 요소일 수 있다. 이런 상황에서는 첫 번째 교점, 즉 원자재 공급업

체에 문제가 생기면 나머지 시스템에 어떤 여파가 미칠지를 알아야
한다.

하지만 대개 문제는 한 번에 하나씩 발생하는 것으로 끝나지 않
는다. 네트워크 전반에 걸쳐 여러 개의 교점에서 차질이 발생하면
어떻게 될까? 가령 한 교점은 홍수 피해를 입고, 다른 교점에서는 파
업이 발생하며, 또 다른 교점에서는 최고경영자CEO가 해고를 당한
다면? 동시다발적 위기에 직면한 교점들은 전체 시스템에 어떤 여
파를 미칠까? 아무리 노련한 제조업 전문가라도 이런 문제에 대처
하려면 애를 먹을 것이다. 갈수록 많은 제조업체가 인공지능AI 그리
고 '스케일SCAIL'이라 불리는 알렉산드라의 공급망AI연구소 도움을
받으려는 이유가 여기에 있다.

과도한 효율성의 의도치 않은 결과

생산 품목이 샐러드든, 화장지든, 항공기든 간에 복잡한 생산 시
스템을 충격에 더욱 취약하게 만드는 또 다른 근본적인 문제가 있
다. 우리는 정말로 좋은 일을 하려다가 뜻하지 않게 생산 시스템을
너무나 취약하게 만들었다. 그 일은 바로 낭비를 줄이는 것이다.

무케시와 알렉산드라 그리고 그들의 팀이 연구하는 공급망들은
오랜 기간 정비와 최적화를 거쳐 효율화되었다. 이 작업은 흔히 '린
생산lean manufacturing'이라 말하는 기법을 통해 이루어졌다. 이 접근

법의 핵심 원칙 중 하나는 모든 형태의 낭비를 줄이거나, 이상적으로는 제거하는 것이다. 린 생산의 세계에서 '낭비'란 자원을 소비하면서도 최종 소비자에게 제공되는 가치를 추가하지 못하는 모든 활동을 뜻한다. 이 정의에 따르면, 낭비는 창고에 여분의 부품을 보관하거나, '만일의 경우'에 실제로 필요한 양보다 조금이라도 더 많이 생산하는 것을 포함한다.[12]

낭비를 줄이면 비용을 최소화할 수 있으며, 소비자를 위해 가격을 낮출 수 있다. 하지만 이런 행위가 너무 지나치면 결국 나쁜 상황에 이르게 된다. 생산에 지장이 생겨도 창고에 여분의 물량이 없다. 한 공급업체에 문제가 생겨도 도움을 받을 다른 공급업체가 없다. 그럼에도 제조업체들은 재고와 공급업체를 최대한 줄이면서 효율적인 운영에만 집중한다. 그 결과는 무엇일까? 한편으로는 저비용, 고품질 제품을 아주 빠르게 제공할 수 있다(이는 우리 모두가 좋아하는 일이다). 하지만 이처럼 집요하게 효율성만 추구하다 보면 공급망에 차질이 발생했을 때 대처 능력이 크게 떨어진다. 그리고 언젠가는 반드시 문제가 생기기 마련이다.

알렉산드라가 보여준 공급망 지도의 모든 교점과 선은 리스크를 나타낸다. 우리는 저비용과 즉시성을 좇다가 플랜 B가 없는 시스템을 만들었다. 그 이유는 어느 정도 이해할 수 있다. 2만 TEU• 규모

• Twenty-feet Equivalent Units. 가로 20피트, 세로 8피트, 높이 8피트인 컨테이너 크기를 나타내는 표준 단위다. 트럭 짐칸 전체를 차지하는 긴 컨테이너는 대개 2TEU에 해당한다.

의 20만 톤급 선박이 수에즈 운하에 갇히는 바람에, 유럽과 아시아 사이에서 이루어지는 글로벌 교역의 10분의 1 이상이 중단될 거라고 누가 상상했을까? 또는 2022년에 유럽 동쪽 끝에서 실제로 장기간의 유혈 지상전이 벌어져서 에너지 가격과 곡물 가격이 급등할 거라고 누가 예상했을까? 2020년 이전에는 전 세계적 팬데믹과 전국적 지역 봉쇄 사태가 발생할 가능성이 얼마나 된다고 생각했을까?

이런 사태는 평소 모호하고 멀게 느껴지던 일들을 생생하게 만들었다. 우리가 일상을 살아가는 데 필요한 물건을 제조하고 운송하는 전 세계적 시스템이 삐걱대기 시작했고, 우리는 그것이 달갑지 않았다. 그러다가 결국 시스템이 무너지면서 우리의 협소한 이해가 초래한 결과가 너무나 분명해졌다.

근래에 일어난 각각의 사태는 제품이 제조·운송·소비되는 양상을 면밀히 들여다볼 필요성(그리고 들여다보고 싶은 폭넓은 욕구)을 증폭시켰다. 앞으로 확인하겠지만, 이 일은 가끔 일어나는 차질에 보다 효과적으로 대처하는 생산 시스템을 만들기 위한 것만은 아니다. 우리가 지구에서 살아가는 능력을 생산 시스템이 무심코 파괴하지 못하도록 만들기 위한 목적도 있다.

이 책의 나머지 부분을 축약하여 소개하는 1장을 마무리할 때가 되었다. 지금까지 우리는 제조업의 세계에 속한 작은 구석을 자세히

살폈다. 구체적으로는 화장지라는 대단히 흔한 제품을 제조하고 운송하고 소비하는 전체 여정을 빠르게 훑어보았다. 이를 통해 화장지처럼 단순해 보이는 물건을 제조하는 일도 놀랍도록 복잡한 여러 활동의 조율이 필요하다는 사실을 알게 되었다.

뒤이어 우리는 초점을 넓혀 보다 폭넓은 생산 시스템의 일부 특성을 살폈다. 이 시스템이 현재 제조하고 운송하는 제품의 다양성과 수량은 그저 대단할 따름이다. 이는 더 많고 더 나은 것에 대한 우리의 채울 수 없는 욕구를 달래기 위한 시도다. 하지만 우리는 이 시스템이 그다지 달갑지 않은 두 가지 속성을 새롭게 얻었다는 사실도 확인했다. 그것은 머리가 어지러울 정도로 복잡한 한편, 우려스러울 정도로 취약하다는 것이다. 이 달갑지 않은 두 가지 속성이 초래하는 최악의 결과를 피하기 위해서는 소비자로서 우리가 이 시스템 안에서 어떤 역할을 맡는지 그리고 이 시스템에 대한 우리의 요구가 어떤 결과를 부르는지를 인식해야 한다.

지금부터 나는 당신이 그렇게 할 수 있도록 도울 것이다.

제조업의 현실을 이해하기 위해서는 몇 가지 간단한 도구와 개념 그리고 용어를 익힐 필요가 있다. 당신에게 그 도구들을 제공하고, 제조업의 세계에 대한 우리의 그림에 첫 디테일을 더하는 데 초콜릿만큼 좋은 출발점이 없다.

2장 제조

공장에서 실제로
일어나고 있는 일들

YOUR LIFE IS MANUFACTURED

황금색 봉투가 찢어지고 카드가 나왔다. 잠시 정적이 흘렀다. 나는 심사위원장인 브리짓Bridget의 말에 신경 쓰지 않는 척했다.

　내 사무실에는 지금도 그 상장이 자랑스레 놓여 있다. 우리 연구소에서 매년 개최하는 자선 제빵 대회에서 상을 받은 것은 분명 내 경력의 최대 업적이었다(수상 부문은 트레이 베이크tray-bake였다). 영광스러운 상을 내게 안긴 것은 트레이에 구운 초콜릿 브라우니였다. 나는 전날 저녁 급히 구워서 슈거파우더를 뿌리고 포장해 둔 초콜릿 브라우니를 자전거 핸들에 매달린 가방에 담아 출근했다. 이 사소한 제조 사례는 아주 단순한 질문에 답하는 데 도움을 줄 것이다. 바로 제조업의 세계에서 실제로 물건을 만드는 곳인 '공장에서는 어떤 일이 일어날까?'•라는 질문이다.

이 질문에 충실히 답하기 위해서는 다양한 공장을 방문하는 여정으로 당신을 데려가야 한다. 다만 제조 기법을 이해하지 못하면, 공장 내부를 들여다본다고 해서 상황이 크게 바뀔 것이 없다. 이는 알아듣지 못하는 언어로 상영되는 액션 영화를 자막 없이 보는 것과 약간 비슷하다. 긴장감과 흥분은 느낄 수 있지만 왜 등장인물들이 서로에게 고함을 지르는지, 광대의 의미는 무엇인지, 방금 쓰레기통에서 발견된 머리가 누구 것인지를 제대로 이해할 수 없다.

다행히 몇 가지 희소식이 있다. 이 책의 첫머리에서 제조업의 세계는 때로 부담스러운 독자적 용어를 쓴다고 말했는데, 그중 일부는 정말 간단하고 분명하다. 공장 안에서 일어나는 일을 이해하기 위해서는 단 7개의 단어만 알면 된다. 모든 공장은 같은 일을 한다. 즉 '투입물'을 '가공'하여('사람'들이 '기계'와 '원자재'를 '활용'하여 제조법에 따라) 보다 가치 있는 '산출물'로 바꾼다. 제조업 세계의 전체 생산 과정을 7개의 단어로 요약하면 이렇게 된다.

무엇을 만들든 간에 기본 절차는 같다. 당신은 하나의 도시 같은 방대한 공장에서 일렬로 선 노동자들이 수천 대의 전화기를 만들거

• 이 책에서는 '공장'에 대해 물건을 '대량으로' 만드는 장소라는 좁은 정의가 아니라 '사람들이 기계를 활용하여 물건을 생산하는 건물'이라는 폭넓은 정의를 사용한다.

나, 동굴 같은 격납고에서 수백만 개의 부품을 조립하여 항공기를 만드는 동영상을 보며 '정말 복잡해 보이네'라고 생각한 적이 있을 것이다. 실제로도 복잡하다. 하지만 제조법, 기계, 원자재, 사람이라는 근본적인 구성 요소를 한데 모아서 '투입물 〉가공 〉산출물'의 사이클을 지나는 것은 모두 같다. 따라서 공장에서 일어나는 일의 기본적인 측면을 이해하는 데 있어, 우리가 살피는 제품이 무엇인지는 별로 중요치 않다. 거기에는 초콜릿 브라우니도 포함된다.

작은 가내 식품 공장

이 공장은 길이 3미터, 넓이 4미터로 정말 작다. 거기에는 2개의 작업대, 오븐, 가스레인지, 냉장고, 수납장, 식기세척기 그리고 다양한 크기의 자주 쓰는 것부터 전혀 쓰지 않는 것까지 말도 안 되게 많은 수의 도구가 있다. 그중에는 간단한 수동 도구도, 전동 도구도 있다. 전동 도구 중에는 손으로 직접 돌려야 하는 것도, 부분적으로 또는 완전 자동화된 것도 있다. 마지막으로 한 명의 노동자(준숙련공)가 감독과 현장 기사의 역할을 겸한다.

나는 냉장고 옆 선반에서 요리책을 꺼내고, 수납장·냉장고·작업대를 갈지자로 오가며 필요한 모든 것을 모은다. 곧이어 내 앞에는 필요한 모든 재료와 도구 들이 놓인다.

이제 작업을 시작할 수 있다.

　　우선 작은 냄비에 물을 약간 넣고 가열한다. 그다음 놀라울 정도로 많은 버터와 다크 초콜릿을 파이렉스Pyrex 믹싱볼에 넣고, 물이 끓고 있는 냄비에 이것을 내려놓는다. 두 재료가 천천히 녹는 동안 마찬가지로 걱정될 만큼 많은 양의 고운 설탕을 더 큰 유리 믹싱볼에 넣고, 달걀 2개를 깨서 넣는다. 설탕과 달걀은 찐득하고 작은 덩어리에서 부드럽고 진한 액체로 변해간다. 반죽의 점도가 낮아지면서 전동 거품기의 소리가 바뀐다. 나는 가스레인지로 돌아가 초콜릿과 버터 덩어리를 찔러본다. 녹는 속도를 앞당겨 보려 했으나 부질없는 짓이다. 시간을 때우려고 커피를 타서 마시며, 담 위에 앉아 있는 다람쥐와 눈싸움을 벌였지만 패배하고 만다.

　　나는 초콜릿이 녹는 따스한 냄새를 맡고서야 퍼뜩 정신을 차린다. 이제 가열된 믹싱볼에 든 혼합물은 반죽에 넣을 수 있을 만큼 윤기 나는 짙은 갈색 액체가 되었다. 나는 행주를 집어서 어색하게 믹싱볼의 가장자리를 잡고 천천히, 조심스레 가스레인지에서 작업대로 걸어간다. 녹은 초콜릿을 커다란 유리 믹싱볼에 넣고 전동 거품기를 돌리자, 다크 초콜릿과 진한 반죽이 섞여서 캐러멜색 반죽이 된다. 잘 쓰지 않는 손으로 미끄럽고 뜨거운 믹싱볼을 쥐고 있다가 하마터면 떨어트릴 뻔한다. 그렇게 혼합 작업이 끝난다. 레시피에 따르면, 다음 작업은 밀가루와 코코아 파우더 그리고 잔탄검xantham gum●이라는 마법의 첨가제를 체에 쳐서 넣는 것이다.

●　글루텐 프리 요리와 벽지 바르기에 모두 유용하다.

여기서 위기가 닥친다.

코코아 캔을 열어보니 찌꺼기뿐이다. 준비성이 부족한 나 자신에게 화가 난다. 나는 자동차 키와 코트를 움켜쥐고 동네 미니 마트로 간다. 몇 분 후 빠트린 재료를 사 들고 숨 가쁘게 돌아와 작업을 재개한다. 코코아를 체에 쳐서 넣고 모든 재료를 부드럽게 섞은 다음, 건강한 느낌이 나게 오렌지 껍질 가루를 추가한다.

이제 약간 젤라틴처럼 변한 혼합물을 유산지를 깐 베이킹 트레이에 붓는다. 그다음 혼합물이 더 평평해지도록 베이킹 트레이를 살짝 흔들어 오븐에 넣는다. 반죽이 구워지는 동안 듀오링고Duolingo로 일본어를 공부한다. 개발자들이 앞으로 유용하게 쓰일 거라 생각한 구절들을 보면 항상 놀라울 따름이다.••

휴대전화 타이머가 울린다. 허리를 굽혀서 약간 더러운 오븐 문을 들여다본다. 완벽하다. 반죽이 부풀어서 윤기 나는 표면이 보기 좋게 늘어났다. 오븐 문을 여니 김이 뿜어져 나와 안경이 뿌옇게 흐려진다. 그 바람에 앞이 안 보여 바보 같은 꼴이 된다. 잠시 후 시야가 돌아온다. 나는 손을 보호하기 위해 가까운 곳에 놓인 행주를 집어서 오븐 안을 더듬는다. 그러고는 몸을 돌려서 뜨거운 베이킹 트레이를 식힘 망 위에 거의 던지다시피 올려놓는다. 얇은 행주를 통해 전달되는 열이 참을 수 없을 정도로 뜨겁다. 흐르는 물에 손가락을

•• 근래에 본 가장 마음에 드는 일본어 구절은 'あなたの顔はこのジャガイモに似ている'(당신의 얼굴은 이 감자를 닮았다)이다.

식히는 사이에 반죽의 표면이 갈라지면서 가볍게 튀는 소리가 난다.

이제 마지막 두 가지 작업을 끝낼 차례다. 우선 뜨거운 브라우니 위에 슈거파우더를 뿌려야 한다. 그 바람에 스웨터와 근처에 있는 모든 것이 흰 가루로 범벅이 되었다. 그다음 브라우니를 먹기 좋게 균등한 크기로 잘라야 한다. 완벽한 모양으로 잘린 모서리 조각으로 손을 뻗다가 내일의 제빵 대회에 낼 작품이라는 사실이 생각난다.

나는 깊은 한숨을 쉬며 유혹을 견디기 위해 플라스틱 용기에 브라우니를 넣는다.

이 책을 읽는 모든 제조업 엔지니어는 부디 나의 사과를 받아주기 바란다. 이 경솔한 사례는 상당히 읽기 괴로웠을 것이다. 하지만 나는 명백한 아마추어다움을 통해 실제 공장에서는 어떻게 일이 진행되어야 하는지(그리고 진행되는지)를 보여주고 싶었다.

매핑의 가치

우리 연구소에 연구생이 들어오면 가장 먼저 시키는 일이 있다. 그것은 여러 공장에서 소위 '가치 흐름 매핑value stream mapping'이라는 작업을 하게 만드는 것이다. 이는 단순하면서도 매우 유용한 실습이다. 그들은 우선 어떻게 일이 진행되는지 지켜보고, 질문하고, 데이터를 도출한다. 그다음 공정을 완료하는 데 필요한 사람, 물건, 정보의 흐름을 나타내는 그림(지도)을 그린다.[1] 이 작업은 공장에서 일어나는 일을 이해하는 데 큰 도움이 된다. 공정 흐름이나 작업이 최대한 원활하게 또는 효율적으로 이루어지지 않는 부분을 포착하는 기회도 제공한다.

가령 연구생들에게 내가 브라우니를 만드는 과정을 지켜보게 한다고 하자. 그들은 내가 왔다 갔다 하느라 시간을 낭비하는 모습을 금세 확인할 것이다(수납장, 냉장고, 작업대 사이를 몇 번이나 오갔던가). 잠재적 위험이 존재하는 부분을 드러내거나(왜 녹은 초콜릿이 든 미끄러운 믹싱볼을 들고 주방을 가로지르는가), 준비와 관련해 미흡했던 부분을 지적할 것이다(왜 시작하기 전에 코코아량을 확인하지 않았는가).

이런 지도는 흔히 공장의 여러 부분이 배열된 방식, 다양한 장비의 위치와 관련된 문제를 제기한다. 온갖 이유로 인해(공간 부족, 전력 연결 문제, 이동 곤란, '그냥 항상 거기 있었음') 기계와 공구는 항상 최선의 위치에 존재하지 않을 수 있다. 설비 중에는 옮길 수 있는 것도(나의 경우 믹싱볼, 거품기, 스푼을 가스레인지 가까이로 옮길 수 있다), 옮길 수 없는 것도 있다(빌트인 오븐을 작업대에 더 가깝게 옮기기는 어렵다). 연구생들은 흔히 일을 더 잘할 방법이 있지만, 그렇게 할 수 없는 아주 타당한 이유가 있다는 걸 재빨리 파악한다.

어떤 일이 특정한 방식으로 이루어지는 이유를 이해하려면, 레시피의 각 단계를 더 자세히 들여다봐야 한다. 우리가 해야 할 일은 제조업 레시피(또는 엔지니어들이 말하는 '공정 설계')가 개발된 방식을 탐구하는 것이다. 그러기 위해서 잠깐 주방으로 돌아가 보자.

모든 공정 설계의 출발점은 두 가지 간단한 질문에 답하는 것이다. 그것은 "어떤 제품을 만드는가?"와 "얼마나 많이 만드는가?"이다. 두 번째 질문은 나중에 살피기로 하고, 지금은 제품의 성격이 그것을 제조하는 공정의 설계를 좌우하는 방식에 초점을 맞추도록 하자.

제조업 엔지니어가 브라우니를 굽는 레시피(공정 설계)를 개발해야 한다고 가정하자. 그는 최종 제품에서 출발하여 그것이 거쳐야 하는 모든 '단계'를 설정할 것이다. 브라우니의 경우 반죽에 들어갈 재료들을 준비해야 하고, 액체 형태의 반죽을 트레이에 담아야 하고, 브라우니 덩어리를 실온에서 식혀야 하고, 브라우니를 낱개로 잘라서 슈거파우더를 뿌린 후 플라스틱 용기에 담아야 한다.

다음 단계는 원자재(또는 공정이 진행됨에 따라 반가공 상태인 '재공품 work in progress')를 다음 상태로 전환하는 데 필요한 공법*을 파악하는 것이다. 각각의 전환 과정 또는 '단위 공정'마다 복수의 선택지가 있다(버터와 초콜릿은 중탕하지 않고 햇빛으로 녹일 수도 있다). 각 선택지는 장단점을 지닌다(특히 영국에서 겨울 동안 버터와 초콜릿을 햇빛으로 녹이려면 시간이 아주 많이 걸릴 것이다). 각 단위 공정에서 어떤 선택지를 고르든 간에 최종 산출물이 바뀌어서는 안 된다.

----

* 제조업체들이 원자재를 한 상태에서 다른 상태로 바꾸는 여러 공법에 대한 설명만으로 이 책의 나머지를 채울 수도 있다. 이에 대해 더 자세히 알고 싶은 사람들을 위해 이 책의 웹사이트에 몇 개의 링크를 넣어두었다.

이런 각 단위 공정들은 서로 연결된다. 브라우니를 굽는 것처럼 간단한 작업의 경우, 이 단계는 아주 간단하게 끝난다. 반면 노트북이나 항공기처럼 약간 더 복잡한 제품을 만들 때는 약간 더 생각해야 한다.

그다음으로 어떤 도구와 기계를 쓸 것인지를 선택해야 한다. 이 문제는 또 다른 핵심 요건과 연계된다. 이 공정에서 사람은 어떤 역할을 할 것인가? 각 단위 공정에서 간단한 도구를 갖춘 숙련공이 필요한가, 아니면 숙련공이 조작할 필요 없이 자동화 설비를 쓸 것인가?

이후에는 모든 단계가 원활하게 진행되도록 최적화해야 한다. 원활한 흐름을 위해서는 모든 기계와 인력이 작업에 필요한 것을 모두 갖추도록 조율해야 한다. 그러기 위해서는 각 장비를 관련된 다른 장비에 맞춰서 최적의 장소에 두어야 하고, 모든 원자재나 부품이 필요할 때 적절한 형태로 그 자리로 배송되어야 한다. 이런 모든 단계가 가동된 후에는 작업 과정을 모니터링하며 제대로 작동하지 않거나 주의가 필요한 부분을 포착해야 한다.

끝으로 전체 공정을 테스트하여 모든 것이 계획대로 돌아가는지, 즉 원하는 품질의 산출물이 나오는지를 확인해야 비로소 고객에게 판매할 실제 제품을 만들 수 있다.

브라우니를 굽는 과정에 대한 이 간단한 설명은 공장에서 제품이

만들어지는 방식의 공통된 속성을 보여준다. 그것은 공법, 기계, 원자재, 인력을 조율하여 기본적인 투입물을 보다 가치 있는 산출물로 전환한다는 것이다.

다만 나의 가내 공장은 다른 한 가지 중요한 속성을 지닌다. 바로 소량 생산을 위해 설계되었다는 것이다.[*] 나는 이 설비에서 단 한 트레이의 브라우니만 생산했는데, 사실 더 많이 만들려면 상당히 고생할 것이다. 매일 특정 제품을 더('훨씬' 더) 많이 생산하려면 어떻게 해야 할까?

배치 생산: 베이커리

진부한 표현일 수 있지만 그래도 말해야겠다. 피츠빌리스Fitzbillies 베이커리는 케임브리지의 명물이다. 이곳은 (화재, 파산, 몇 번의 소유주 변경 등) 여러 차례의 위기에도 불구하고 1920년 10월 4일 벨기에 아르누보 스타일 매장에 '영업 중' 표지판을 처음 내건 이래 줄곧 빵과 케이크를 만들어 판매해 왔다.[2] 현 소유주는 2011년에 이 베이커리를 파산에서 구해낸 앨리슨 라이트Alison Wright와 팀 헤이워드Tim Hayward다. 두 사람이 일을 잘한 덕분에 현재는 사업이 번창하는

---

[*] 그래도 고도의 '다양성'을 감당할 수 있다. 투입된 인원의 기술 수준에 따라 요리책에 자세히 적혀 있거나, 인스타그램에서 본 어떤 음식이라도 만들어낼 수 있다.

중이다.

그 핵심에는 아주 잘 돌아가는 공장이 있다. 앨리슨은 나를 초대하여 가장 유명한 제품인 첼시 번Chelsea bun을 수백 개씩 제조하는 과정을 보여주었다.

새벽 3시에 알람이 나를 깨운다. 30분 후, 나는 자전거를 타고 어둡고 텅 빈 거리를 달려서 기차역 뒤에 있는 산업단지로 간다. 악명 높은 케임브리지의 도로 노면 홈을 요리조리 피해 가면서.

베이커리 안으로 들어서니 따뜻하고 달콤한 효모 냄새가 풍긴다. 문득 내가 작업을 방해하고 있다는 느낌이 든다. 비교적 작은 공간에 너무나 많은 것들이 가득 차 있다. 사람이나 설비, 또는 재료가 모든 바닥 공간을 차지하고 있는 듯하다. 혼합기나 오븐 같은 설비는 우리 집 주방에 있는 것을 초대형으로 키운 듯하다. 재료들 역시 같은 것이지만, 훨씬 큰 자루와 용기에 담겨 있다.

주요 공간에는 3개의 금속 테이블이 자리하고 있다. 한 테이블 위에는 큰 덩어리 모양의 반죽이 줄지어 놓여서 '발효'되는 중이다. 다른 테이블에서는 샘Sam과 토니Toni가 발효된 반죽을 길이 약 150센티미터, 넓이 약 50센티미터 크기로 편다. 그 위로 달콤한 특제 갈색 페이스트가 발라지고, 건포도가 뿌려진다. 뒤이어 각 반죽은 긴 소시지 형태로 말린다. 축 늘어진 반죽은 오븐 옆에 놓인 세 번째 테이블 앞에 서 있는 진Jean에게 넘겨진다.

진은 인상적인 속도와 정확도로 긴 롤을 40개의 소용돌이 모양

번으로 잘라낸다. 반죽의 양쪽 끝에서 폐기되는 부분은 거의 없다. 이 번들은 유산지가 깔린 트레이에 5개씩 8줄로 놓인다. 각 트레이는 높은 트롤리의 층층이 놓인 칸에 들어간다. 뒤이어 바닥에 설치된 오븐에 트롤리를 넣는다. 진은 타이머를 맞춘 후 다음 작업에 들어간다. 롤이 구워지면 반죽을 미는 테이블에 트롤리를 가져다 놓고, 그 안에 있는 트레이들을 꺼낸다. 토니는 커다란 붓으로 양동이에 담긴 시럽을 식어가는 번 위에 바른다. 문에서는 스티브Steve가 윤기 나고 아주 좋은 향을 풍기는 트레이들을 배달용 밴으로 옮기기 위해 참을성 있게 기다리고 있다. 나머지 번들은 보관되었다가 상자에 담겨서 전 세계의 고객들에게 배송된다.

이 첼시 번들(그리고 피츠빌리스의 다른 거의 모든 제품)을 만드는 방식을 '배치 생산batch production'이라 부른다. 베이커리는 일련의 표준화된 제품을 배치 단위로 생산한다. 내가 작업에 방해되지 않으려 애쓰는 사이 샘과 토니, 진 그리고 그들의 동료들은 여러 제품의 배치 생산을 원활하게 진행한다. 해가 뜨기 전에 크루아상, 포카치아, 핫 크로스 번Hot cross bun도 생산된다.

위층에서는 규모가 작은 또 다른 생산 부문이 돌아가고 있다. 이 부문은 '맞춤형 공방job shop'이라는 다른 형태의 공장이다. 여기서는 웨딩 케이크나 생일 케이크 같은 맞춤형 제품들이 주문 제작된다. 이 공방이 돌아가는 방식은 가정용 주방의 매우 전문화된 버전으로, 표준화된 설비를 활용하여 하나의 일회성 제품을 만든다.

대량 생산: 제빵업체

피츠빌리스는 하루에 800개 정도의 상당히 많은 첼시 번을 만든다. 하지만 인기 브랜드인 '미스터 키플링Mr Kipling'을 보유한 프리미어푸즈Premier Foods 같은 다른 제빵업체의 생산량에 비하면 미미한 수준에 불과하다. 스토크 온 트렌트Stoke-on-Trent에 있는 프리미어푸즈 공장은 '매일' 25만 개가 넘는 체리 베이크웰Bakewell을 생산한다.

이처럼 훨씬 많은 양을 생산하는 경우, 공장이 어떤 방식으로 돌아갈까? 앨리슨이 피츠빌리스에서 하루 수백 개가 아니라 수천 개의 첼시 번을 생산하려 한다면, 무엇을 바꾸어야 할까? 단순히 훨씬 많은 수의 제빵사를 채용하고, 재료 주문량을 대폭 늘리고, 오븐을 대량으로 가동할 수도 있다. 하지만 그렇게 되면 너무나 비효율적일 것이다. 비용이 엄청나게 많이 들 것이며, 품질을 일정하게 유지하기가 매우 어려울 것이다. 아주 많은 물량을 생산하기('대량 생산') 위한 채비를 갖추려면 다른 접근법이 필요하다. 이 접근법은 표준화라는 근본적인 요건을 토대로 삼는다. 물건을 많이 만들 때는 모두 동일한 모양을 갖추어야 한다. 똑같은 작업을 되풀이하는 경우, 대개 반복적인 단계를 정확하게 실행하는 기계들이 필요하다.

표준화된 제품을 대량 생산하는 대규모 식품 공장들에는 아주 특별한 점이 있다.[3] 그들은 품목과는 무관하게 몇 가지 공통점을 지닌다. 우선 항상 안심될 만큼 청결하며, 때로 세제와 식자재의 냄새가 뒤섞여 혼란스러운 냄새가 난다. 반짝이는 금속과 파란색 플라스틱 재질의 설비가 다수 갖춰져 있고, 멋있어 보이기 힘든 보호용 작업복을 입은 사람들이 항상 그 안에 있다.

이런 공장들은 아주 확연하게 자동화되어 있다. 공정 설계의 각 단계, 즉 레시피는 다듬어지고 최적화된 후 일련의 작업 과정에 통합되어 최면에 걸린 듯 반복 작업을 하는 특수 기계들에 의해 완수된다. 이 기계들은 컨베이어와 활송 장치, 때로는 사람의 손으로 연결되어 공정 흐름이 끊이지 않도록 만든다. 이처럼 굴리고, 자르고, 굽고, 쥐어짜고, 집어들고, 놓아두는 기계들의 오케스트라는 낭비를 최소화하는 한편 일정한 품질을 보장한다.

사람은 그저 기계를 가동하고 정비할 뿐이다.•

연속 생산: 설탕 공장

제빵과 관련된 사례로 설명할 수 있는 또 다른 유형의 공장은 단일 제품을 대량 생산하는 곳이다.

이스트 앵글리아East Anglia 지역에 점점이 흩어져 있는 소수의 대

• 하지만 기계가 좀처럼 사람보다 잘하지 못하는 일들이 항상 있는 것 같다. 프리미어푸즈 공장의 경우, 25만 개의 체리 베이크웰 타르트를 포장하기 전에 설탕물을 입힌 체리 반쪽을 마지막으로 위에 얹는 작업을 한다. 이 작업은 여전히(내가 마지막으로 확인했을 때는) 사람이 한다.

형 공장은 증기와 거대한 저장 사일로 때문에 멀리서도 쉽게 눈에 띈다. 이 공장들의 주요 생산품은 모든 가정과 베이커리의 필수품인 설탕이다. 영국에서 우리가 소비하는 설탕은 대부분 지역에서 재배한 사탕무로 만들어진다.

수천 톤의 진흙투성이 뿌리채소를 수천 톤의 순도 높은 설탕으로 바꾸는 과정은 복잡하다. 거기에는 가열을 위한 막대한 에너지, 원료를 옮기고 자르는 수많은 기계, 약간의 영리한 화학적 처리가 필요하다. 반면 현대적 설비의 경우, 필요 인원은 놀라울 정도로 적다. 설탕 공장은 '연속 흐름 공정continuous flow process'의 사례 중 하나로서, 개별 품목을 생산하는 것이 아니라 대량으로 원료를 생산한다. •• 근래에 내가 방문한 설탕 공장의 각 사일로에는 1만 2천 톤의 설탕이 보관되어 있었다. 그 공장에는 7개의 사일로가 있었다. 실로 엄청난 양이다.[4]

연속 흐름 공정은 말 그대로 화학적·열역학적·기계적 처리를 통해 원자재를 중단 없이 원하는 가공품으로 전환하는 작업을 수행한다. 설탕의 경우 가공된 제품은 자루나 봉지에 담긴 후 피츠빌리스와 프리미어푸즈 같은 제빵업체나 마트로 운송된다.

•• 엄밀하게 말하면 설탕의 낱알을 개별 제품으로 볼 수도 있지만, 내가 말하는 요지가 무엇인지는 이해할 수 있을 것이다.

모든 것은 절충의 문제다

인생의 많은 일처럼 제조업에서도 결국 절충이 중요하다. X를 원하면 Y를 가질 수 없다. Y를 가지려면 아주 많은 비용이 들거나, 아주 오래 기다려야 하거나, 질이 약간 떨어질 수 있다. 주된 절충은 얼마나 많은 양을 생산할지(물량)와 얼마나 많은 종류를 생산할지(다양성) 사이에서 이루어진다. 우리 집 주방, 피츠빌리스 베이커리, 프리미어푸즈 공장, 브리티시슈거British Sugar 공장의 사례는 물량과 다양성 사이의 절충이 공정 설계에 미치는 영향을 보여준다.

우리 집 주방에서 종류가 다른 케이크를 만드는 것은 별문제가 아니다. 기본적인 레시피는 무엇이든 따라갈 수 있도록 설계되었고, 필요한 주방기기도 갖추고 있기 때문이다. 하지만 일반 가정의 주방은 대량 생산용으로 설계되지 않았다. 그래서 뭔가를 대량으로 만들려 들면 금세 공간이 부족해질 뿐 아니라 여기저기가 막히고 엉키게 될 것이다. 한편 프리미어푸즈에 나를 위한 맞춤형 케이크를 만들어달라고 부탁하면, 그들은 곤란해질 것이다. 이 공장은 오로지 같은 것을 빠르고 저렴하게, 반복적으로 만들어내기 위한 공정에 최적화되어 있기 때문이다.

피츠빌리스는 이 둘 사이에 자리한다. 그들은 같은 제품(첼시 번 등)을 대량으로 만드는 능력과 맞춤형 제품(웨딩 케이크와 생일 케이크 등)을 개별적으로 만드는 능력을 겸비하고 있다. 그밖에 설탕 제조 부문이 있는데, 여기에는 엄청난 규모의 시스템이 요구된다. 설탕을

만들기 위해서는 아주 큰 전용 공장이 필요하며, 이 공장은 실제로 다른 어떤 작업도 할 수 없다.•

인생에는 빵 만드는 일보다 더 중요한 것이 있다

제빵 제품 생산의 세계를 통해서 우리는 제조업의 핵심 영역인 공장에서 어떤 일이 일어나는지를 엿볼 수 있었다. 이제 우리는 제조하는 물건의 특성과 양이 공정의 설계와 연계되어 있으며, 공장은 대단히 표준화된 틀에 따라 설계된다는 사실을 알게 되었다.

우리 집 주방, 피츠빌리스 베이커리, 프리미어푸즈, 브리티시슈거에서 설명한 원칙들은 거의 모든 공장에서 표준으로 받아들여진다. 이를 확인하기 위해서 빵이 아닌 물건이 제조되는 곳으로 당신을 안내하고자 한다.

공방: 대장간

일반 가정 주방의 한 예인 공방은 가장 오래되고 단순한 형태의

• 그러나 8장에서 확인하겠지만, 지금 설탕 제조 부문에서는 몇 가지 흥미로운 일들이 일어나고 있다.

'공장'이다. 어떤 사람이 설비를 사들이고 적절한 기술을 습득한 다음, 이 둘을 합쳐서 자신의 역량과 고객의 예산에 맞는 제품을 생산한다. 대장간이 가장 흔한 예 중 하나다. 말편자나 금속 경첩 또는 불쏘시개가 필요한가? 동네 대장간에 가서 필요한 것을 말하면 된다. 대장간에는 망치, 모루, 화로 같은 소위 범용 도구들이 있다. 대장장이는 이 도구들을 이용하여 손님이 요구한 물건을 만든다.

내가 자란 노펙Norfolk주의 한 동네에는 토머스 보네츠Thomas B. Bonnett's라는 철공소가 있었다.* 내게는 편자가 필요한 말(또는 필요 없는 말조차) 없었다. 하지만 열여섯 살 때 타고 다니던 모페드(모터 달린 자전거 – 옮긴이)의 서스펜션 브래킷이 부러진 적이 있었다. 어떻게 해결했을까? 나는 종이에 필요한 것을 그려 가서 주인인 존John에게 이야기했다. 다음 날 가보니 존은 내가 원하는 물건을 정확하게 만들어 놓았다. 약간 구시대적 수공예처럼 보이는가? 하지만 이런 제조 방식은 고가 장신구 공방부터 맞춤형 가구 공방 그리고 앞서 살핀 피츠빌리스 같은 베이커리까지 온갖 곳에서 볼 수 있다. 공방은 현대 제조업의 세계에서 여전히 핵심 요소이며, 인터넷 덕분에 번성했다. 개인별 맞춤형 티셔츠나 축하 카드를 제공하는 웹사이트를 생각해보라. 단일 제품을 만들 때는 공방이 여전히 선호되는 공장 형태다.

---

* 이 업체는 5대째 가업을 이어오고 있다. 다음 웹사이트에 들어가면 연혁을 확인할 수 있다. https://www.thomasbbonnett.co.uk/about-us.

하지만 피츠빌리스 베이커리가 예시하듯이, 고유한 일회성 제품 이상을 만들려면 같은 제품을 여러 번에 걸쳐 생산하는 데 적합한 공장이 필요하다. 그 예로서 한 해에 단 2개의 초고가, 정밀 가공 제품을 만드는 공장으로 당신을 안내하고자 한다.

배치 생산: 경주차 공장

고급 경주차 공장은 꽤 특별하다. 하지만 다수가 모터스포츠의 정점으로 여기는 포뮬러 1(F1)에서 경쟁하는 차를 만드는 공장은 '매우' 특별하다. 이 공장들은 우주 연구소 같은 부분도 있고, 스팀펑크steampunk(19세기 증기기관을 바탕으로 기술이 발전한 가상의 세계를 배경으로 하는 공상과학 소설의 한 장르 – 옮긴이) 스타일의 공방 같은 부분도 있다. 박물관과 기념품점이 붙어 있는 경우도 많다. 탁월한 성능을 구현하기 위해서 입이 벌어지는 수준의 대규모 예산을 쓰기도 한다. 하지만 이 공장들은 다른 배치 생산과 많은 공통점을 갖고 있다.

F1 차량의 설계는 모터스포츠 관리 기구인 국제자동차연맹FIA의 규칙과 규제를 따른다. F1 팀들이 만들 수 있는 차량에 대한 규칙은 해마다 바뀐다. F1 팀들은 인력부터 자재, 설비, 공법까지 무엇이든 새로운 규정에 맞춰야 한다. 그들은 그에 대비하여 보기 드문 최신식 제조 기술을 갖춘다. 거기에는 정교하고 복잡한 금속 부품을 제작하기 위한 고급 컴퓨터 제어 절삭 기계, 최소 무게로 최대 강도를

제공하는 복합 소재를 경화하기 위한 오토클레이브autoclave(고온·고압에서 여러 가지 화학 반응을 일으키는 데 쓰이는 내열 내압의 원통형 밀폐 용기 - 옮긴이) 기술 등이 포함된다. 제품이 배치 방식으로 제조되고 해마다 차량 규정이 바뀌기 때문에 이 작업은 인력 중심으로 진행된다. 그들은 돈으로 살 수 있는 최고 인재들이다.

나는 근래에 F1 차량 제조 설비 중 하나를 둘러보면서 '공장'이라는 단어가 적절치 않다고 생각했다. 물론 금속 가공 구역과 탄소섬유 복합 소재 생산 구역은 여타 많은 소형 공장과 다르지 않았다. 하지만 그곳은 모든 것이 매우 반짝이고, 매우 새것이며, 분명 매우 비싸 보인다는 점이 달랐다. 조립 구역에는 2개의 U자형 작업대가 있었고, 그 안에 부분적으로 완성된… 물건들이 놓여 있었다. 아직 바퀴가 달려 있지 않은 상태로, 깊숙한 운전석과 튀어나온 엔진 주위로 윙wing과 유선형 차체만 붙어 있는 그 물건을 자동차라고 부르는 건 적절치 않아 보였다. 이 구역은 병원 수술실 같은 분위기를 풍겼다. 심지어 방문객과 후원업체 로고가 수놓인 작업복을 입은 조립 인력들을 분리하는 유리벽도 설치되어 있었다. 조립 인력들은 2대의 차량에 고막을 찢을 듯한 굉음을 내며 초고속으로 달려가는 생명력을 불어넣기 위해 애쓰고 있었다.

경주차 공장이 피츠빌리스 베이커리의 자동차 버전이라 한다면, 같은 주제로 프리미어푸즈 공장의 자동차 버전도 소개하고 싶다. 그것도 가장 새롭고 진전된 공장으로 당신을 안내하고자 한다.

대량 생산: 자동차 공장

중국 저장성 동쪽의 닝보시宁波市에 있는 지커Zeekr 전기차 공장은 아주 새롭고 반짝이며, '아주 아주' 크다. 공장 부지는 8제곱킬로미터(약 242만 평 - 옮긴이)에 달하며, 연간 30만 대를 생산할 수 있다.[5]

나는 골프 카트를 타고 공장을 돌아보는 것이 여간 어색했다. 하지만 이 이동 수단은 생산 라인을 따라 이동하는 원자재와 부품의 흐름을 따라가는 데 아주 좋은 방법이다. 얼마나 많은 작업이 자동화되었는지, 인력이 여전히(당분간은) 필요한 부분은 어디인지를 명확하게 볼 수도 있다. 공장 끝부분에서는 주요 차대 부품들에 대한 '메가캐스팅megacasting'이 진행된다. 이 뜨겁고 무거운 공정은 거의 100퍼센트 자동화되어 있다. 자동차의 주요 부품을 조립하고 접합하는 작업도 주로 로봇이 수행한다. 하지만 생산 라인을 따라 내려가면 고도의 복잡성, 민첩성, 다양성이 필요한 부분이 나오면서 인간이 개입하는 수준이 높아진다. 공장 전체에는 수많은 소형 무인운반차가 돌아다닌다. 이 차량들은 인간과 로봇이 작업하는 데 필요한 도구와 원자재를 갖추고, 모든 공정이 원활하게 진행되도록 잡다한 작업을 수행한다.

지커 공장은 고급 전기차를 대량 생산하기 위해 특별히 설계되었다. 나중에 이 공장을 자세히 살피겠지만, '대량 맞춤화mass customization'라는 제조업의 이상향에 도달하기 위해 많은 물량과 높은 다양성을 결합하는 대단히 영리한 방식을 시도하고 있다.

연속 생산: 제지 공장

브리티시슈거 공장에서 접한 연속 흐름 공정의 또 다른 예는 앞서 살핀 제지 공장에서 찾아볼 수 있다.

제지 공장은 기본적으로 건물에 둘러싸인 하나의 거대한 기계다. 최고가 제지 기계와 관련된 수치들은 실로 어마어마하다. 가장 큰 기계의 경우 한 대 크기가 축구장 6개 길이이며, 무게는 3만 톤에 이른다.[6] 가장 빠른 기계의 경우 최고 속도로 가동하면 1분마다 길이 2킬로미터, 넓이 10미터 크기의 종이를 뽑아낼 수 있다.[7]

나는 처음 이 수치들을 접했을 때 제대로 이해할 수가 없었다. 시속 130킬로미터의 속도로 지나가는 종이는 어떤 모양이고, 어떤 소리를 낼까? 이 기계들의 한쪽 끝에서 다른 쪽 끝까지 걸어가려면 얼마나 걸릴까? 다행히 우리 연구소에서 차로 약 90분 거리에 제지 공장이 하나 있었다. 나는 그곳에 가서 직접 확인해 보기로 했다.

팜페이퍼Palm Paper에서 가이드를 맡은 이언Ian은 내게 대단히 단선적인 전체 공정을 보여주었다. 우리는 먼지가 많이 흩날리는 쪽에서 출발했다. 이 공장은 100퍼센트 재생지를 원료로 사용하기 때문에 먼저 폐지를 분류하고 처리해야 한다. 여러 대의 트럭에 실려 온 너덜너덜한 종이 뭉치가 컨베이어 위로 내려진 후, 일련의 분류 및 여과 단계를 거친다. 이 초기 단계는 플라스틱이나 스테이플러 철심 같은 이물질을 걸러내기 위한 공정으로, 대단히 중요하다. 잘못하면

4억 파운드짜리 설비의 핵심을 이루는 초대형 기계의 섬세한 내부
로 이물질이 들어가게 되기 때문이다.

우리는 금속 통로를 오르내리며 점차 정제되고, 잉크가 제거되며,
으깨지는 펄프의 여정을 따라간다. 귀마개 너머로 윙윙거리는 소음
이 배경음으로 들려온다. 마지막으로 들어선 곳은 거의 사람이 없는
비행기 격납고 같은 공간이다. 여기에는 PM7 압연기가 있다. 이것
은 너무나 거대해서 설비라기보다 건물처럼 느껴진다. 그래서 '기
계'라는 단어가 적절치 않아 보인다. 바닥부터 천장까지, 건물 전체
길이를 차지하는 PM7은 순항 속도로 돌아가는 제트 엔진처럼 울부
짖는다. PM7의 전체 구간을 따라 걷다 보니 내부 장치가 금속 덮개
로 가려진 부분이 많다. 가끔 나오는 점검용 창을 통해 점차 정제되
는 거대한 종이 롤이 빠르게 회전하는 모습이 보인다. 끝부분에서는
천장에 설치된 노란색 대형 크레인이 눈부시게 하얀 대형 종이 롤을
들어 올린다.

우리는 우회로를 통해 비교적 조용한 제어실로 들어선다. 여기에
는 수많은 스크린이 설치되어 모든 지점에서 포착한 데이터가 표시
된다. 한쪽 끝에서는 잉크로 뒤덮인 너덜너덜한 종이가 들어오고,
몇백 미터 뒤에는 흠집 하나 없는 완성된 종이 롤이 로봇에 의해 하
역되어 출고된다.

원료로 쓰이는 폐지의 품질 차이가 천차만별이다 보니, 전문 엔
지니어팀이 PM7의 주요 신호를 계속 확인해야 한다. 입력물의 품질
차이가 산출물의 표준화를 훼손하지 않도록 설정을 제어하기도 한

다. 이 공정은 분당 2킬로미터의 속도로 진행되며, 엔지니어들은 스크린에 나오는 수치와 색상에 매우 집중한다. 문제를 조기에 포착하여 신속하게 대응해야 하기 때문이다. 이언은 자칫 재난을 불러올 중요한 이상 신호를 놓치게 될까 봐 나를 조용히 제어실 밖으로 안내한다.

팜페이퍼 공장은 브리티시슈거 공장처럼 현대의 연속 흐름 공정을 구현한다. 이는 거대한 규모, 수많은 자동화, 비교적 적은 사람, 엄청난 에너지 수요 그리고 산출물의 일관성과 낭비 제거를 끊임없이 추구한다.

지금까지 제빵 부문과 비교되는 네 가지 기본적인 공장 유형을 살펴보았다. 하지만 제빵 부문에는 비슷한 형태를 찾을 수 없는 다른 한 가지 유형의 공장이 있다. 그것은 아주 적은 물량(흔히 단 하나만 생산)을 매우 다양한 종류(거의 모든 제품이 고유하다)로 생산하는 공장으로, 가장 이상한 공장 유형 중 하나다. 단 하나의 제품만 만들고 공장을 없앤다고 생각해보라. 이 공장은 제품을 만드는 동안에만 존재하는 것이다.

프랑스 회사인 부이그건설Bouygues Construction의 프로젝트 코디네이터인 샘Sam의 초대로 나는 그런 공장을 견학할 기회를 얻었다.

생산 프로젝트: 빌딩 건설

행정 업무로 정신없이 한 주를 보낸 후, 나는 주말을 맞이하여 뭔가 '실제적인' 장소를 방문하고 싶다는 생각에 이르렀다. 엄청난 규모의 건설 프로젝트보다 더 실제적인 장소는 없다. 그것은 바로 3억 파운드를 들여서 짓는 케임브리지대학의 새 물리학과 건물이다.[8]

약속 시간보다 다소 늦은 나는 웨스트 케임브리지 캠퍼스를 달리다시피 가로질러 공사 현장을 둘러싼 견고한 목재 가림막을 향했다. 가림막 틈으로 '현장 입구 →'라고 적힌 코팅된 A4 용지가 보였다.

화살표 방향을 따라 진흙탕 위에 깔린 벌집 모양 미끄럼 방지용 플라스틱 깔판 위를 걸어가니 회전식 출입구가 나타났다. 전화를 걸자 샘이 나를 맞이해 주었고, 그제야 비로소 이 특별한 '공장'의 작동 방식을 볼 수 있었다.

이 프로젝트는 공사 막바지에 접어들면서 일부 임시 공장 설비는 이미 제거되었다. 4년 전, 공사 초기에 설치된 프로젝트팀의 이동식 사무실이 크레인으로 옮겨졌고, 곧이어 크레인도 다른 지역에서 시작될 또 다른 프로젝트에 투입되기 위해 해체되었다. 공사가 막바지 단계에 이르면, 프로젝트팀은 임시 건물에서 나와 아직 마감되지 않은 방대한 공간의 첫 입주자가 된다. 1년 후쯤 이 공간은 분주한 제작실이 되어 우주의 수수께끼를 설명하는 이론을 검증할 특이한 기계들이 제작될 것이다. 하지만 지금은 시멘트 냄새가 풍기는 공간에 조달 담당자들만 가득하다. 그들은 싸구려 볼펜 끝을 씹어가면서 문

손잡이 고정 나사가 무사히 배송되었음을 확인하려면 양식의 어느 부분을 작성해야 하는지를 고민하고 있다.

서로 연결된 반쯤 완공된 건물들을 돌아다니다 보니, 공장의 여러 단계가 점차 해체되어 가는 모습이 뚜렷이 보였다. 한쪽 동의 상층부에는 연구원용 사무실 일부가 완공되어 봉인된 채 가구를 기다리고 있었다. 사무실 문에는 도구를 방치하거나, 도장이나 석고를 손상할 만한 행동을 하면 '레드카드'를 부여할 것이라는 경고문이 붙어 있었다. 임시로 느슨하게 매달아 놓은 합판 문으로 공간을 구분해 놓은 또 다른 곳은 확실히 완성품보다는 공사 현장에 더 가까웠다. 호이스트와 비계에는 배선 및 석고 작업을 완료하는 데 필요한 인력과 장비가 자리하고 있었다. 임시 작업대에서는 목수들이 경사진 강의실의 골조를 제작하고 있었다. 앞으로 몇 달 동안 이 모든 생산 설비는 사라지고, 제품에 해당하는 건물만이 남을 것이다.

나는 현장을 견학하던 중 샘에게 공사가 끝나면 어떤 일을 할 것인지 물었다. 그녀는 "런던에서 다음 프로젝트가 이미 시작되었어요"라고 말했다. 내게는 공사 완료라는 최종 지점을 향한 생산 과정처럼 보였던 것이, 사실 (내부 사람들에게는) 공장 건설에서 제품 생산 그리고 공장 철수까지 이어지는 연속적인 주기의 일부일 뿐이었다.•

• 건설 과정을 담은 타임랩스 영상은 이런 관점을 명확하게 보여주는 데 실로 도움이 된다. 이 책의 웹사이트에 (샘이 내게 보여준 공사 현장을 포함한) 몇 가지 사례를 올려두었다.

건설(프로젝트), 동네 대장간(공방), 경주용 자동차 제작(배치 생산), 전기차 제조(대량 생산), 종이 제조(연속 흐름 공정)의 사례는 앞서 제빵 부문에서 집중한 초점을 뒷받침한다. 그것은 만들고자 하는 제품의 특성과 양이 공장의 유형을 좌우한다는 것이다.

제조업의 세계는 이처럼 다양한 기본 틀에 따라 지어진 수백만 개의 공장으로 이루어진 거대한 상호 연결망이다. 지커 자동차 공장을 예로 들어보자. 이 공장을 짓는 것 자체가 하나의 프로젝트였다. 맞춤형 설비와 비품은 주문 생산형 공방에서 제조되었다. 현재 작업장을 채우고 있는 로봇들은 하청업체에서 배치 단위로 생산되었다. 대량 생산되는 차량은 수백 개의 서로 다른 공장에서 나온 산출물을 조립한 것이다. 이 공장은 바퀴부터 배선, 앞 유리창까지 모든 것을 배치 단위로 생산하고 운송한다. 투입되는 부품들은 모든 차량의 원자재가 되는 금속, 유리, 플라스틱을 만드는 연속 흐름 공정의 산출물이다.

공장의 설계, 입지, 운영은 지속적으로 변화한다. 현재 일어나는 실로 대단한 일들은 공장의 놀라운 미래를 가리키고 있다. 그러나 앞으로 어떤 미래가 펼쳐질지를 이해하려면 먼저 현대 공장의 기원을 잠깐 살펴볼 필요가 있다.

생산의 간략한 역사[9]

몇 가지 반가운 소식이 있다. 시간이 지난 덕분에 이제 우리는 300년에 걸친 생산의 역사를 돌아볼 수 있다. 그 과정이 합리적으로 구분되는 여러 시기로 깔끔하게 나누어진다는 사실도 알 수 있다. 그중에서도 가장 잘 알려진 것은 1700년대의 산업혁명이다. 그 이전에는 대다수 생산이 '공예'의 범주에 속했다. 당시에는 작은 공방에서 사람이 직접 단순한 도구를 써서 소량의 물건을 만들어냈다. 그러다가 일련의 우연한 혁신들과 서로 연관된 사회적·경제적 요인들 덕분에 우리가 물건을 생산하는 방식에 변화가 일어났다.

그 과정을 최대한 짧게 요약한다면, 인력 기반 생산에서 기계 기반 생산으로 나아가는 전환이 이루어졌다고 말할 수 있다. 그 결과로 생산성(노동자당 생산량)과 물량(총 수량)이 크게 증가했다. 증가폭이 너무나 컸던 나머지, 우리는 필요한 물건만을 생산하던 단계에서 수요를 창출해야 하는 물건까지 생산하는 단계로 넘어갔다.[10]

제1차 산업혁명이 어떻게 일어났고, 후속 혁명들로 이어졌는지에 대한 이야기는 약간의 시간을 들일 가치가 있다. 이 이야기는 제조업의 세계가 오늘날과 같은 양상을 보이게 된 아주 중요한 요인을 드러낸다. 제조업의 세계와 소비자인 우리의 관계가 바뀐 양상 그리고 계속 바뀌어야 하는 이유도 말해준다.

제1차 산업혁명

1700년대 후반에서부터 1800년대 초반에 이르는 시기는 유난히 혁명이 활발했던 것처럼 보인다. 미국은 영국의 지배에서 벗어나고 프랑스는 귀족들의 머리를 몸통에서 분리하던 시절, 영국에서는 보다 산업적인 혁명이 일어났다.

소위 제1차 산업혁명은 여러 발전이 맞물린 결과였다. 각각의 발전은 개별적으로도 우리가 물건을 제조하는 방식을 다소 개선했겠지만, 모두 결합하면서 엄청난 변혁을 불러일으켰다. 그중에서도 가장 중요한 아이디어는 한 프랑스인에게서 나왔다. 그 아이디어가 너무나 논쟁적인 나머지, 그는 신변 안전을 위해 격리되어야 했다.

프랑스 남부 아비뇽Avignon 지역에 사는 총기 제작자인 오노레 블랑Honoré Blanc은 1785년에 세상을 바꿀 발명품을 시연했다.[11] 그의 목표는 단순했다. 그것은 총기 제조 분야의 경직된 사고방식을 깨트리는 일이었다. 당시 모든 총기 제작자는 총기마다 부품을 따로 만들어야 했다. 그들은 대략적인 부품의 형태를 만든 다음, 이를 갈고 두드려서 개별 총기에 맞춰야 했다. 무언가가 고장 나면 두기 장인을 찾아가야 했다. 총기 제작자는 고객의 서투름을 투덜대면서 마지못해 새 부품을 만들어주곤 했다. 이런 방식은 그다지 효율적이지 않았으며, 전투 중에는 분명 실용적이지도 않았다. 병사들과 함께 최전방까지 따라가는 이동식 대장간이 필요했기 때문이다.

블랑이 제안한 아이디어는 다양한 기술을 활용하여 정밀도를 일

관되게 유지함으로써 모든 부품이 모든 총기에 적합하게 만드는 것
이었다. 쉽게 말하면 '호환 가능한' 부품을 만드는 것이었다. 명민하
면서도 단순한(그리고 돌이켜 보면 너무나 당연한) 블랑의 아이디어는
대규모 제조 공정의 속도를 크게 높일 뿐 아니라 수리 절차를 단순
화할 수 있었다. 부품은 표준화된 측정용 '지그jig(기계 가공 시 가공 위
치를 보정해 주는 보조 기구−옮긴이)'를 사용하여 같은 치수로 제작될
것이었다. 그러면 여분의 부품을 상자에 담아 병사들과 함께 옮길
수 있었다. 부품이 파손되면 모든 총기에 맞는 교체용 부품이 지급
될 것이었다.

하지만 다른 총기 제작자들은 이 아이디어를 싫어했다. 쉽게 쓸 수
있는 기구와 공구 가이드를 사용하여 표준 부품을 만들게 되면, 자
신이 보유한 기술의 가치가 떨어질 것으로 생각했기 때문이다. 사이
먼 윈체스터Simon Winchester는 당시의 일을 저서 『이그잭클리Exactly』
에 소개했다. 블랑과 그의 직원들을 향한 총기 제작자들의 적대감은
극에 달했다. 결국 프랑스 정부는 그들이 불만을 품은 다른 총기 제
작자들에게 폭행당하지 않고 작업을 계속할 수 있도록 파리 동쪽의
뱅센Vincennes 성 지하로 작업실을 옮겨주었다.[12]

블랑은 회의적인 장군들과 분노한 총기 제작자들이 지켜보는 가
운데 서로 다른 무기의 부품을 섞어서 아무런 문제 없이 재조립함으
로써 새로운 방식의 가치를 명확하게 입증해 보였다. 프랑스에서 피
비린내 나는 혁명이 시작된 이후 진전이 다소 더뎠지만, 블랑의 시
연을 지켜본 한 참석자는 깊은 인상을 받았다. 그는 바로 프랑스 주

재 미국 공사였던 토머스 제퍼슨Thomas Jefferson이었다. 제퍼슨이 미국에 소개한 블랑의 아이디어는 (꽤 흥미로운 몇 번의 소동을 거친 후)[13] 폭넓게 수용되었다.•

안정적인 호환성을 갖춘 부품을 만들기 위해서는 두 가지 요소가 필요했다. 첫째, 이상적인 제품 규격에서 벗어나는 허용 가능한 한계를 설정할 수 있어야 했다. 엔지니어들은 이를 '허용 오차'라 부른다. 각 제품이 이 표준을 충족하는지를 평가할 수 있어야 했는데, 이를 위해서는 아주 정확하게 치수를 측정할 수 있는 도구를 개발해야 했다.[14] 둘째, 원하는 허용 오차에 맞춰서 꾸준히 부품을 생산할 수 있는 '공작 기계'가 필요했다.

공작 기계는 자재를 절단, 연삭, 보링boring(드릴로 뚫은 구멍을 넓히는 작업 - 옮긴이), 전단 또는 변형시키는 방식으로 정확한 치수의 부품을 꾸준히 만들어내는 기계를 말한다. 최초의 공작 기계는 존 '강철광 윌킨슨John 'Iron-Mad' Wilkinson이 1700년대 후반에 대포의 포신을 정밀하게 제작하기 위해 만들었다. 뒤이어 증기기관 실린더 그리고 정밀도와 일관성을 요구하는 거의 모든 부품을 대량 제작하기 위해 비슷한 기계들이 개발되었다. 공작 기계는 고객이 주문한 정밀 부품을 대량 생산하는 것은 물론 다른 물건을 만드는 기계에 들어가는 정밀 부품도 생산할 수 있게 해주었다. 다시 말해 '기계를 만드는

• 블랑의 접근법은 소위 '미국식 생산 시스템'으로 이어졌다. 이 접근법은 신뢰도 높은 총기뿐 아니라 곧이어 대형 시계, 손목시계, 재봉틀, 제분기, 수확기 등 수많은 제품의 대량 생산을 뒷받침했다.

기계'인 셈이었다.[15] 그 결과 정밀 기계의 대량 생산이 가능해졌고, 섬유·시계·농기구는 물론 무기 같은 제품도 안정적으로 생산할 수 있게 되었다.

하지만 이 기계들을 돌리려면 전력이 필요했다. 그래서 공장을 강 근처에 건설하여 흐르는 물에서 나오는 에너지를 활용해야 했다. 반면 새로 개발된 증기기관은 어디든 필요한 곳에서 전력을 생산할 수 있었다. 이처럼 전력원을 통제하고 공작 기계를 활용하게 되면서 부품의 호환성이 확보되었다. 제조업은 수작업 기반의 소량 수공예 방식에서 기계 기반의 대량 생산 체제로 전환되었고, 그에 따라 이전에는 본 적 없는 대규모 생산이 이루어졌다. 바야흐로 대량 생산 시대가 시작된 것이다.

하지만 지평선 너머에서는 생산 규모를 수십 배로 끌어올릴 뭔가가 다가오고 있었다. 그것은 규모가 너무나 거대하여 '제2차 산업혁명'이라는 이름을 붙이기에 마땅한 혁명을 촉발했다.

제2차 산업혁명

이 새로운 혁명은 1800년대 말부터 1900년대 초까지 급성장한 미국 경제에서 일어난 일련의 변화를 통해 주로 이루어졌다. 이런 변화는 대부분 유럽, 특히 영국에서 일어난 제1차 산업혁명 기간 도입된 혁신의 가속화 및 대형화를 수반했다. 거기에는 정밀 공작 기계의 확산과 그에 따른 계량학[16]의 발전 그리고 저렴한 제철 방식의 규모화•, 증기 및 수력 동력에서 전력으로의 전환[17] 등이 포함되었다. 하지만 미국을 중심으로 한 이 제조업 진화 단계의 결정적인 특징은 따로 있었다. 그것은 자동차 사업가인 헨리 포드Henry Ford가 도축장에서 일어나는 일을 곱씹으며 떠올린 아이디어에서 비롯되었다.

생산의 관점에서 보면 도축장은 특정한 유형의 공장에 해당한다. 포드는 보다 발전된 도축장 운영 방식의 한 가지 특징에 흥미를 느꼈다. 동력으로 움직이는 컨베이어가 각 동물 사체를 가져오면, 작업자가 특정 작업(절단 또는 제거)을 수행했고, 한층 가벼워진 사체는 컨베이어를 따라 다음 작업자에게 이동했다.[18] 이 과정이 대단히 효율적이라 생각한 포드는, 각 작업자가 제자리에 서서 앞으로 지나가는 물건에 동일한 작업을 반복하는 방식을 거꾸로 자동차 제조에 적용했다. 그 결과 조립 라인이 탄생했다.[19] 곧 조립 라인이 광범위하게 도입되면서 생산성이 향상되었고, 덕분에 표준화된 제품을 대량 생산할 수 있게 되었다.

하지만 이 변화는 새로운 문제를 불러일으켰다. 그것은 조립 라인에서 쏟아져 나오는 수천 개의 제품이 모두 필요한 품질을 충족하고 있는지를 보장하는 문제였다. 나중에 검사해 보면 품질이 좋지

• 영국 발명가인 헨리 베서머Henry Bessemeer가 발명한 공정의 덕택이었다.

않은 제품이 대량으로 빠르게 조립되었을 수도 있었다. 그렇게 되면 애초에 맞추어야 할 기준에 따라 고치고 손보는 소위 '재작업'이 수없이 필요할지도 몰랐다. 이는 실로 시간과 돈을 낭비하는 일이었다. 그래서 품질검사팀을 두고 대량 생산 라인에서 나오는 불량품을 골라내야 했다. 품질검사팀이 발견한 오류를 바로잡기 위해 일군의 작업자도 투입되어야 했다. 결함이 심한 경우 제품을 폐기할 수밖에 없었다. 애초에 불량품이 거의 나오지 않게 만드는 방법이 있다면 너무나 좋을 것이었다.

다행히 그런 방법이 있었다. 이 방법의 개발은 제2차 세계대전 직후 일본의 인구 조사 문제를 해결하는 과정과 관련이 있었다.

미국의 공학자이자 통계학자인 에드워즈 데밍William Edwards Deming은 1947년, 일본 정부로부터 인구 조사를 맡아달라는 요청을 받았다. 그는 맡은 일을 아주 잘 처리했는지 일본에 계속 남아 제조업체를 대상으로 통계 및 품질관리를 가르치게 되었다. 당시 일본 제조업체들은 신뢰도 있는 제품을 대량으로 꾸준하게 생산하는 데 어려움을 겪고 있었다.

그들이 데밍의 아이디어를 열성적으로 받아들였다는 말로는 일본 경제에 데밍이 미친 영향력의 규모를 제대로 표현하지 못한다. 특히 한 회사는 엄청난 성공을 거두며 1945년에 거의 폐허가 되다시피한 일본이 1960년대 말에 세계 2위 경제대국으로 성장하는 데 크게 기여했다. 그 회사가 바로 도요타이다. 오노 다이이치大野耐一와 도요타 에이지豊田英二가 개발하고, 수많은 기업이 모방한 '도요타 생산 시스템Toyota Production System(TPS)' 덕분에 일본의 자동차 산업은 1970년대와 1980년대에 전 세계 시장을 확고하게 장악했다.

생산 효율성을 끈질기게 추구한 덕분에 일본 제조업체들은 우리 부모님 같은 영국 소비자들이 감탄할 만한 수준의 자동차를 꾸준히 생산할 수 있었다. 일본산 자동차는 추운 날 아침에도 시동이 잘 걸렸고, 2개의 와이퍼가 모두 제대로 작동했으며, 필요한 부품이 전부 부착된 상태로 제때 배달되었다.•

TPS와 비슷한 유형의 이름이 붙인 모든 변형 시스템은 널리 확산되어 가시적인 성과를 거두었다.•• 이를 바탕으로 오노는 1장에서 소개한 낭비를 최소화하는 생산 시스템인 '린 생산 방식'이라는 보다 폭넓은 개념을 고안해냈다.[20] 조립 라인에서 나온 제품에 추가 작업이 필요한 것은 명백한 낭비이며, 처음부터 제대로 만들어진 제품이 나와야 했다. 이를 실현하기 위해서는 모든 작업자가 조립 라인 끝에 오류를 바로잡을 사람이 없다는 사실을 깨달아야 했다. 모든 문제는 발생 시점 및 지점에서 곧바로 해결되어야 했기에, 조립 라인에 서는 작업자들에게 문제 발견 시 라인을 멈출 수 있는 권한

• 지금은 그다지 인상적이지 않을지도 모르지만, 당시 영국 자동차 공장들은 기본적인 품질 수준에도 미달할 때가 많았다.

•• 예를 들어 롤스로이스 생산 시스템(RRPS), 볼보 생산 시스템(VPS), 보시 생산 시스템(BPS) 등이 있었다.

이 주어져야 했다.

이 아이디어가 처음 제안되었을 때는 아주 이단적으로 보였다. 모두가 알고 있듯이, 일정한 박자에 맞추어 투입물을 원활하고 중단 없이 처리하여 산출물을 생산하는 흐름이 필수적이었다. 조립 라인에서 실수를 하거나 문제가 발생한 것을 목격하더라도 다음 단계로 넘겨버렸다. 왜 그랬을까? 뒤에서 다른 작업자가 바로잡을 것이기 때문이었다. 다시 말해 그것은 조립 라인 작업자의 문제가 아니었다. 만약 그가 실수를 인정하고 라인을 멈추면 난처한 입장에 처할 가능성이 높았다. 반면 조립 라인의 모든 단계에 속하는 일선 작업자들에게 권한을 부여하는 동시에 품질에 대한 책임을 지우는 것은 혁신적인 변화였다. 데밍, 오노, 도요타가 개발한 이 아이디어가 널리 받아들여진 덕분에 오늘날 우리 소비자들은 거의 결함 없는 저가 공산품을 매우 폭넓게 접할 수 있게 되었다.

1960년대에 들어서자 조립 라인을 갖춘 수많은 공장이 TPS식 접근법을 적용했다. 그 결과 호환 부품으로 조립한 다양한 제품이 대량 생산되었다. 뒤이어 또 다른 획기적 변화가 일어났다.

로봇이 등장한 것이다.

산업용 로봇의 등장은 '실로' 중대한 변화였지만, 가장 중요한 변화는 아니었다. 그보다 폭넓은 사안은 '자동화'의 확산, 즉 사람이 하던 일을 기계가 대체하게 되었다. 특히 육체적 작업뿐 아니라 데이터 처리 및 분석 같은 정신적 작업도 자동화되었다. 자동화를 구현하고 제조업 부문의 차세대 혁명을 촉발한 핵심 요인은 비교적 저렴한 컴퓨터의 개발이었다.

제3차 산업혁명

컴퓨터는 1940년대 후반부터 제조업 부문에서 활용되기 시작했다. 하지만 초기 컴퓨터는 크기가 엄청난 데다가 굉장히 비쌌기 때문에 대기업들만 운용할 수 있었다.[•] 그러다가 노벨상을 받은 기술 덕분에 모든 컴퓨터의 핵심을 차지하는 전자부품의 소형화가 이루어졌다. 1960년대 말과 1970년대 초에 훨씬 작고 저렴한 컴퓨터들이 나왔다. 그 결과 모든 규도의 제조업체들이 컴퓨터의 도움을 받아 공장을 가동하기 시작했고, 공장 운영과 시장 분석에 대한 데이터를 보다 빠르고 정확하게 처리할 수 있었다. 제조업 부문의 효율성이 높아지면서 기업들은 고객 수요 변화에 더욱 효과적으로 대응할 수 있게 되었다.

1990년대에는 컴퓨터의 세계에 아드레날린이 주입되었다. 컴퓨터공학자들은 소형 컴퓨터들을 연결하여 거대한 상호 연결된'inter'connectded 네트워크'net'work를 구축하는 데 성공했다. 이름하여 인터넷

● 재미있는 사실은 컴퓨터의 초기 개발과 산업적 활용 측면에서 중요한 역할을 한 기업이 영국의 케이크 제조업체라는 것이다. 어떻게 그런 일이 일어났는지에 대한 재미있는 이야기는 6장에서 들려줄 것이다.

이었다.

인터넷의 등장은 상황을 완전히 새로운 국면으로 전환했다. 제조업체들은 훨씬 폭넓은 원천에서 나온 데이터를 얻을 수 있었다. 자사 공장뿐 아니라 공급업체의 공장과도 데이터를 공유할 수 있었다. 인터넷은 소비자 사이에서도 폭넓게 확산되었다. 제조업체들은 그들의 필요와 욕구를 훨씬 잘 이해할 수 있었다. 그만큼 소비자가 필요로 하거나 원하는 제품을 더 잘 제공할 수 있었다. 인터넷 기술 덕분에 제조업체들은 제조, 운송, 소비의 전체 여정에 걸친 활동들을 연계할 수 있게 되었다.

제3차 산업혁명을 통해 결함이 (거의) 없고, 저렴한 제품이 굉장히 많이, 다양하게 생산되었다. 컴퓨터와 로봇은 공장에서 진행되는 '투입 → 가공 → 산출'의 사이클을 놀랍도록 효율적으로 만들었고, 수요 변화에도 신속하게 대응할 수 있게 해주었다.

산업혁명은 정치혁명과는 달리 '그때 시위대가 횃불을 밝히고 의회를 습격하면서 혁명이 시작되었다'라고 콕 집어서 말할 수 있는 순간이 없다. 산업혁명은 더 진화적인 성격을 지닌 만큼, 한참 진행된 후에 또는 시간이 지나 돌이켜 볼 때 비로소 분명해진다.

그렇다면 지금 우리는 어디에 있을까?

제4차 산업혁명(진행 중)

현재 제4차 산업혁명이 진행되고 있다는 관점에 모두가 동의하는 것은 아니다. 속도가 빨라지기는 했지만 제3차 산업혁명의 지속적인 진화 과정에 불과하다고 보는 사람도 많다. 어떤 관점을 취하든 간에 우리가 물건을 만드는 방식은 분명히 변화하고 있다.

이 변화에는 기술적 동인도 일부 작용한다. 사용 가능한 데이터의 폭발적 증가와 저비용 연산 능력 덕분에 삶의 거의 모든 측면에서 AI의 힘이 발휘되고 있다. 지정학적 동인도 작용하여, 힘의 균형이 바뀌면서 벼랑 끝 전술과 분쟁으로 인해 공급망이 단절되었다. 보다 사회적인 동인도 작용하여, 세계화와 초연결성 때문에 팬데믹이 빠르게 확산되었다.

제조업의 세계를 변화시킨 가장 중요한 동인은 지속가능성이다. 이제 우리가 물건을 만드는 방식이 인류의 생존 능력에 직접적이고도 중대한 영향을 미친다는 사실이 분명해졌다. 화석연료를 태우는 채굴 중심 산업 활동이 수세기 동안 지속되면서, 환경이 이루 말할 수 없을 만큼 큰 타격을 입었다. 소비주의 경제 모형은 갈수록 많은 물건을 만들고 파는 데 의존하며, 그중 다수는 사용 연한이 끝나기 전에 버려지면서 산더미 같은 쓰레기를 만든다.[•]

● 가장 악명 높은 사례 중 하나는 칠레 아타카마Atacama 사막에 버려진 수만 톤의 '패스트패션' 의류다. https://www.wired.com/story/fashion-disposal-environment/.

하지만 나는 지금 실로 긍정적인 출발이 이루어지고 있다고 생각한다. 그 목적지는 제조에 대한 매우 다르고 보다 지속가능한 접근법으로, 이를 새로운 산업혁명이라 부를지 말지는 중요치 않다. 중요한 점은 우리가 물건을 만드는 방식이 바뀌고 있다는 것이다. 그것도 피해를 줄이는 데 그치지 않고 이미 입은 피해를 실제로 복구하기 시작했다. 이 새로운 모형은 환경에 도움이 될 뿐 아니라 차질을 극복하는 능력이 뛰어나고, 그에 따라 일하는 사람들에게 더 나은 기회를 준다. 이 책의 후반부에서 그 양상에 대해 집중적으로 다룰 것이다.

이제 우리는 제조업의 세계가 지금에 이르게 된 배경을 이해하는 데 필수적인 첫 번째 도구를 얻었다. 앞서 제조업의 세계에서 '제조' 부문을 다루기 위한 기본 요소를 대략적으로 설명했다. 모든 공장에서 일어나는 일을 7개 단어로 나타낼 수 있다는 점도 살폈다. 구체적으로 말하자면('사람'이 '기계'와 '자재'를 활용하여 '공법'에 따라) '투입물'을 '가공'하여 보다 가치 있는 '산출물'을 만든다. 제품의 생산량과 다양성 사이에는 강한 상관관계가 존재한다는 점도 확인했다. 이 상관관계가 제품을 만드는 데 필요한 공장의 유형을 좌우한다. 끝으로 소비자인 우리가 제조업의 세계와 맺은 관계를 변화시킨 양상도 설명했다. 우리는 필요한 물건을 만드는 공예 기반 제조업이라는 단

순하면서도 흔히 지역적인 접근법에서 전 세계에 걸쳐 놀라운 수준
의 규모와 다양성, 품질로 제품을 생산하는 접근법으로 옮겨갔다.
이제 우리는 '제조' 부문에서 '운송' 부문으로 넘어갈 준비를 마쳤다.

　여기서 논의한 거의 모든 것(내가 코코아를 사러 나갔던 이야기는 제
외하고)은 개별 공장 '안에서' 일어나는 일에 초점을 맞추었다. 특히
투입물과 산출물 사이에 놓인 공정(공법, 기계, 자재, 사람)에 의도적으
로 집중했다.
　제조업의 세계에 속한 다음 부분을 탐구하려면, 일이 약간 더 복
잡해지는 공장 '밖으로' 나가야 한다. 너무 걱정하지 마시라. 나와 함
께 새 자전거를 박스에서 꺼내고, 컨테이너 부두에 있는 현기증이
날 정도로 높은 크레인에 오르고, 아이스크림이 공장을 나와서도 냉
기를 유지하는 방법을 조사하다 보면, 모든 것이 분명해질 것이다.

3장　운송

물류가 제조업의
핵심인 이유

나는 브레이크를 밟으며 욕설을 퍼부었다. 앞서가던 트럭이 차선을 벗어나 조금 더 느린 다른 트럭을 추월하려 했다. 나는 굼뜬 추월을 마치고 마침내 왼쪽 차선으로 돌아가는 그 트럭에 분통을 터뜨리며 중얼거렸다. 그러고는 요란하게 가속페달을 밟으며 기어를 바꾸는 유치한 제스처와 함께 그 트럭을 빠르게 지나쳤다. 하지만 앞에 있는 또 다른 트럭들의 자리바꿈에 한숨을 내쉬어야 했다. 2차선 도로는 언덕 꼭대기에 이른 후 넓은 계곡으로 완만하게 내려갔다. 갈수록 느리게 달리는 승용차, 밴, 트럭 들이 다음 언덕 꼭대기까지 줄줄이 늘어서 있었다.

차량 흐름이 곧 멈출 것 같았다. 나는 지루함을 달래려고 트럭들을 자세히 살펴보기 시작했다. 트럭에 표시된 회사명이 익숙한 것도, 낯선 것도 있었다. 몇 대는 아무런 회사명이 붙어 있지 않았다. 대다수는 영국 번호판을 달고 있었으며, 유럽 본토에서 넘어온 차도 여러 대 있었다. 각 컨테이너 안, 박스형 트레일러나 측면 개방형 트레일러 안, 탱크 안이나 평판 트레일러 위에는 수천 가지 제품의 원자재·부품·완제품이 실려 있을 것이었다. 그 물건들의 총 여정은 몇 킬로미터부터 수천 킬로미터에 이를 것이었다. 어떤 트럭은 원자재를 공장으로 가져가는 중일 것이고, 다른 트럭은 반제품을 다른 공장으로 가져가는 중일 것이며, 또 다른 트럭은 완제품을 물류센터나 매장으로 가져가는 중일 것이었다. 뒤이어 우리 같은 소비자가 제품을 배송받거나 구매하게 될 것이었다.

나는 정체된 트럭들만 보는 것이 아니라 여러 공급망의 연결고리들을 보고 있었다. 잠시 후 휴게소에서 카페인을 충전하면서 방금 내가 본 광경과 우리가 도로에서 매일 접하는 광경을 곱씹었다. 제조업의 세계는 물건을 이리저리 옮기는 데 크게 의존한다. 그것도 '아주 많이'. 문득 '외계인이 지구에 와서 우리가 생활에 필요한 모든 것을 만드는 방식을 본다면 어떻게 반응할까?'라는 생각이 들었다. 아마 엄청나게 혼란스러워하면서 이렇게 물을 것이다. "왜 지구인들은 원하는 걸 만들기 위해 물건을 이리저리 옮기는 데 그토록 많은 시간과 노력을 들이나요?"

이 장의 끄트머리에 이르면, 당신은 새로운 외계인 지배자의 질문에 대답할 준비를 마치게 될 것이다. 다만 그들이 당신의 답변에 크게 감탄하지 않을 수 있다.

제조업의 세계에서 이 모든 운송 작업은 '물류'라는 부문에 속한다. 사전적 정의에 따르면, 물류는 '복잡한 활동을 면밀하게 조직하여 성공적이고도 효과적으로 진행하는 것'을 뜻한다.[1]

물건을 만드는 모든 곳은 일정한 형태의 물류를 관리한다. 가령 내가 수납장에서 물건을 꺼내며 주방을 돌아다니는 것이나, 컨베이어 벨트에서 휴대전화를 조립하는 데 필요한 전자부품이 기계에 투입되거나, 무인운반차가 자동차 부품을 조립 라인의 작업자에게 전달하는 것도 물류다. 앞 장에서 살펴본 대로, 이런 시스템이 의도대로 작동할 때는 자재 반입부터 완제품 출하까지 공장 전체의 흐름이 원활하게 이루어진다. 그러나 적절한 원자재가 공장에 납품되지 않거나, 완제품이 포장과 배송을 거쳐 제때 적절한 고객에게 전달되지 않을 때는 공장 전체의 흐름에 문제가 발생한다.

관리자들은 완벽한 공장 운영이라는 열반에 이르기 위해서 내부뿐 아니라 외부에서 이루어지는 활동도 조율해야 한다. 그들은 공장 안에서 일어나는 일을 통제할 수 있다. 앞 장에서 다룬 모든 활동의 '내부 물류'가 이에 해당한다. 외부 공급업체와 고객을 관리하는 일은 약간 더 까다롭다. 이는 자기 집 주방에서 일어나는 일을 통제하는 것과 동네 마트 또는 온라인 마트를 상대하는 것의 차이와 비슷하다.

조율 작업이 이루어지는 방식을 이해하려면, 공장 외부에서 일어나는 일을 살피는 것과 함께 '외부 물류'라는 다소 뻔한 이름이 붙은 세계를 탐구해야 한다.

2만 킬로미터에 걸친 자전거의 여정

회의실에 앉아 있는데 나의 휴대전화가 울리며 새 자전거가 집에 배송되었다는 메시지를 알려왔다. 다섯 살 때처럼 쉰다섯 살이 된 지금도 새 자전거가 생기는 날은 흥분된다. 오랜 세월 함께해 온 믿음직한 자전거*가 마침내 완전히 망가지는 바람에 새 자전거를 살 수밖에 없었다. 새 자전거는 나의 나이와 필요에 더 잘 맞는 것으로 골랐다. 탄소섬유 프레임과 (신발이 페달에 고정되는) 클릿 페달은 더 이상 필요하지 않았다. 이제는 흙받기를 갖추고, 적절히 몸을 세워서 앉는 자전거가 필요한 때였다.

퇴근하고 집에 돌아오니, 약간 젖은 데다가 여기저기 찌그러지고 찢어진 큰 갈색 골판지 박스가 차고 벽에 기대어 있었다. 그대로 두고 집으로 들어가기에는 너무 흥분되어, 나는 상자 한쪽을 열어서 안을 들여다보았다. 종이접기처럼 깔끔하게 포장된 자전거가 들어 있었다. 다만 핸들이 자전거 프레임에 수직이 아니라 평행하게 설치되어 있다는 게 눈에 거슬렸다. 마치 팔이나 다리가 심하게 부러진

●　지인들을 경악시킨 쫄바지 차림의 중년 남자가 된 이후로 줄곧 타던 자전거였다.

누군가를 보는 것 같았다. 핸들은 그런 방향으로 놓여 있으면 안 되는 것이어서 최대한 빨리 문제를 바로잡아야 했다. 나는 한 발로 상자를 누른 채 지나치게 반짝이는 빨간색 자전거를 꺼냈다. 그러고는 거친 벽돌담에 조심스레 기대어 놓았다. 눈을 찡그리고 상자 안을 들여다보니, 안쪽에 작은 흰색 골판지 상자가 들어 있었다. 큰 상자를 거꾸로 기울이자 안에 들어 있던 작은 상자가 미끄러져 나왔다. 그 안에는 최종 조립 작업을 끝내는 데 필요한 모든 도구가 들어 있었다. 5분 후 나의 자전거는 달릴 준비를 마쳤다.

나는 모든 것이 제대로 되었는지 마지막 점검을 했다. 프레임 밑면에 작은 검은색 스티커가 붙어 있었다. 거기에는 전 세계 공산품의 약 3분의 1에 적혀 있는 세 단어가 흰색으로 쓰여 있었다. '메이드 인 차이나Made in China'라고 말이다.[2]

상자를 열고, 핸들을 바로 달고, 온갖 너트를 조이는 과정은 이 자전거가 지나온 생산 여정의 끝을 나타냈다. 이 자전거는 이제 2만 킬로미터의 여정을 끝내고 나를 출퇴근시키는 생활을 시작할 참이었다. 그 여정은 놀라울 정도로 정교하고 치밀하게 조정되면서도, 약간은 미친 듯한 외부 물류 세계의 핵심 요소들을 잘 보여주는 사례였다.

내 자전거는 지극히 평범한 출퇴근용 자전거로, 아마도 우리 집 현관에 도착하기 몇 달 전에 만들어졌을 것이다. 다른 모든 자전거처럼 프레임과 2개의 타이어가 장착된 바퀴, 페달·체인·기어 구조,

핸들, 브레이크, 안장을 갖추고 있다. 같은 유형의 대다수 자전거처럼 프레임은 알루미늄 튜브를 용접하는 방식으로 만들어졌다. 포크가 달린 바퀴는 알루미늄을 프레스 가공한 것이고, 기어와 브레이크는 자전거 회사가 전문 제조업체(내 자전거는 일본의 시마노Shimano)에서 사전 조립된 제품을 매입한 것이다. 그 외 흙받기, 라이트, 안장 같은 부품들은 여타 전문 공급업체에서 매입한 것이다.

내 자전거는 자전거 소매업체를 위한 '재고용'으로 제조되었다. 이는 소비자(나)가 주문하기 전에 제조되었다는 뜻이다. 소매업체는 시장 분석 결과를 토대로 나 같은 사람이 이런 자전거를 원할 것임을 확신하고 대량 주문한다. 그런 다음 내가 주문하면 며칠 만에 영국에 있는 창고에서 우리 집까지 곧바로 배송한다.

내게 자전거를 판 소매업체는 미국에 본사를 둔 회사의 브랜드를 달고 있다. 하지만 대부분의 대량 생산 자전거 제조업체들과 마찬가지로 많은 물량을 중국에서 생산한다.[3] 중국 동부 산업 지대 곳곳에 있는 수많은 대형 공장 중 한 곳에서는 내 자전거를 구성하는 100여 개 부품을 조립하는 데 몇 시간밖에 걸리지 않는다. 이 자전거는 중국에서 매년 생산되는 7천만 대 이상의 자전거 중 하나다. 이는 전 세계 생산량의 약 4분의 3에 해당한다.[4] 일부 부품은 공장 내에서 제조되고, 나머지는 주로 다른 지역에 있는 공급업체의 공장에서 제조되어 운송된다. 먼저 성형 및 용접을 거친 철제 프레임이 컨베이어 시스템 위에 올려진다. 그런 다음 공장 여기저기에서 다른 모든 부품이 부착되어 완성품이 만들어진다.

이 자전거는 출고 지점에서 '완충재'라 부르는 적절한 보호용 내부 포장과 함께 큰 골판지 상자에 넣어진다. 이 상자들은 배송 지점에서 기다리는 컨테이너에 깔끔하게 적재된다. 각 컨테이너는 열차나 트럭에 실려 항구까지 운송된다. 거기서 내 자전거가 들어 있는 컨테이너는 다시 선박으로 옮겨져 전체 여정 중 가장 긴 단계를 거친다.[5] 이 단계는 40여 일이 걸리며, 약 2만 킬로미터를 지난다.[6] 갑판 위아래로 겹겹이 쌓인 수천 개 컨테이너 중 하나에 갇혀 있는 내 자전거는 배가 남중국해를 지나 믈라카 해협을 통과하고, 안다만해, 벵골만, 인도양, 래카다이브해, 아라비아해, 아덴만, 홍해, 수에즈만을 지나가는 줄 전혀 모른다. 뒤이어 (막히지 않았다는 가정하에) 수에즈 운하를 간신히 통과한 배는 지중해로 나와 지브롤터 해협을 지난다. 북대서양 동쪽 가장자리를 따라 비스케이만Bay of Biscay을 건넌 다음, 영국 해협을 거쳐 영국에서 가장 분주한 컨테이너 항구의 선석에 당도한다. 이 항구는 다소 의외로 서퍽Suffolk주 펠릭스토우Felixstowe라는 조용한 도시의 가장자리에 자리 잡고 있다.

주의! 크레인을 조종하기 전에 반드시 안전벨트를 매십시오.

내가 펠릭스토우 부두 위 높은 곳에 설치된 조종석에서 몸을 앞으로 기울이자, 조종실 창문 위에 이 경고 문구가 붙어 있었다. 조종석은 놀라울 정도로 편안하다. 안전화를 신은 내 두 발 사이로 구멍 뚫린 철판 바닥을 통해 아래가 내려다보인다. 조종석 팔걸이에는 각

각 게임용 조이스틱 같은 검은색 플라스틱 조종 레버가 붙어 있다. 오른쪽에는 A4 용지 크기의 조종용 스크린과 확연히 밝은 빨간색 '스톱STOP' 버튼이 달려 있다. 크레인의 붐(팔)이 앞쪽으로 길게 뻗어 있고, 그 아래에는 A. P. 뮐러–머스크A. P. Møller-Maersk라는 해운 회사 소속의 연한 파란색 선박에 가지각색의 컨테이너가 수백 개씩 쌓여 있다. 짙은 파란색 붐에 연결된 케이블에 노란색 '스프레더spreader'가 매달려 있다. 이 장치는 컨테이너 상단에 고정되어 선박과 부두 사이를 오가며 컨테이너를 옮긴다. 각 컨테이너의 무게는 최대 50톤에 달한다.

나는 조심스레 조종기로 손을 뻗는다. 안전 장갑을 낀 두 손에 땀이 나기 시작한다.

안내를 맡은 데이브Dave가 말한다. "괜찮아요. 아무 문제도 없을 겁니다. 전원을 다 꺼두었어요."

사실 내가 이 1,200만 파운드짜리 기계를 실제로 운전하게 할 거라고는 생각하지 않았지만, 약간 아쉽기는 하다.

몇 분 후, 나는 크레인 뒤쪽 통행로 위에 서서 바람을 맞으며 더 큰 그림을 바라보려 애쓴다. 따스한 봄볕 아래 내 앞과 양옆으로 수천 개의 컨테이너들이 줄지어 있는데, 이 거리에서 보면 골이 진 길쭉한 레고 블록처럼 보인다. '머스크'라고 적힌 흰색 컨테이너들과 'MSC'라고 적힌 연한 노란색 컨테이너들 사이에서 '에버그린' 해운 소유의 밝은 녹색 컨테이너들이 눈에 띈다.

내 눈이 앞에 보이는 장관의 규모를 가늠하는 데 애를 먹는다면, 내 귀는 데이브가 들려주는 말을 좀처럼 이해하지 못한다. 그의 말에 따르면, 내가 조종하는 초하도록 해준 크레인은 거의 4킬로미터에 걸쳐 부두에 늘어선 33대의 크레인 중 하나다. 이 항구는 해마다 400만 TEU의 물량을 처리하며, 최대 15만 개의 컨테이너를 적재한다. 그보다 더 놀라운 사실이 있다. 영국에서 가장 바쁜 컨테이너 항구인 펠릭스토우는 영국을 드나드는 모든 컨테이너의 약 30퍼센트를 처리하는데도,[7] 세계에서 가장 바쁜 50대 컨테이너 항구에 들지 못한다.•

다시 컨테이너 이야기로 돌아가자. 복층 주차장에서 차를 어디에 세워두었는지를 기억하느라 애먹은 적이 있는가? 15만 개의 컨테이너 중에서 개별 컨테이너가 어디에 있고 언제, 누가 수령할지를 파악하는 일이 얼마나 어려울지 상상해 보라. 모든 컨테이너 안에 무엇이 들었는지도 알아야 위험물이나 부패하기 쉬운 물품(자체 냉각 장치를 갖춘 '리퍼reefer' 컨테이너에 보관됨)을 안전과 전력 공급을 위해 적절한 위치에 배치할 수 있다. 이 대규모 물리적 3D 테트리스 게임에는 매우 복잡한 소프트웨어가 동원된다.

• 1위인 상하이는 펠릭스토우보다 '15배나' 더 많은 컨테이너가 이동한다. 이는 미국의 5대 항구가 처리하는 물량을 모두 합친 것보다 많다. https://en.wikipedia.org/wiki/List_of_busiest_container_ports. 덧붙이자면, 컨테이너와 관련된 수치가 어마어마하기는 하지만, 해마다 영국 항구를 드나드는 5억 톤에 달하는 상품 중에서 컨테이너 화물이 차지하는 비중은 14퍼센트 정도에 불과하다.

그러면 이 수천 개의 컨테이너에는 무엇이 담겨 있을까? 나중에 선박 적하목록을 뒤져보니, 내 앞에 펼쳐진 그 컨테이너들에는 (특별한 순서 없이) 바나나, 와인 병, 컴퓨터, 장난감, 타이어, 전기 히터, 은, 자동차 부품, 가구 그리고 자전거 등이 실려 있었다.

내 자전거가 든 컨테이너는 한동안 형형색색 컨테이너들이 층층이 쌓인 야적장의 지정된 자리에 놓여 있었다. 얼마 후 고무 타이어가 장착된 갠트리 크레인(바퀴 달린 거대한 네발 의자처럼 생겼으며, '조종석' 아래에 매달린 줄로 컨테이너를 들어 올린다)이 그 컨테이너를 꺼내서 대기 중인 굴절식 트럭 뒤편에 조심스럽게 실었다. 고정 작업 후 야적장을 빠져나온 이 트럭은 정문 관리실에서 잠깐 서류 검사를 받은 뒤, A14 왕복 4차선 도로를 따라 서쪽으로 달려서 영국 중부에 있는 물류센터로 향했다.

이 트럭은 수백 킬로미터를 달리고 쉬어가는 시간을 가진 후, 산업단지로 들어가 물류센터에서 하역 작업을 했다. 그곳에서 내 자전거가 담긴 컨테이너는 반입 절차를 거쳐 특정 하역 지점에 배정되었다. '컨테이너 핸들러container handler' 또는 '사이드 로더side loader'라는 특수 차량이 컨테이너를 들어 올려서 지정된 지점에 놓았다. 화물이 그냥 바닥에 놓여 있는지 아니면 팔레트 위에 놓여 있는지에 따라서 인력, 지게차, 팔레트 잭pallet jack, 컨베이어 시스템 등이 동시다발적으로 동원되어 하역 작업이 이루어졌다. 하역 작업을 마친 화물은 목적지나 특정 요건을 기준으로 분류된 다음, 항공기 격납고 같은 거대한 건물의 특정 지점에 놓였다.

내 자전거는 그곳에서 내가 소파에 앉아 노트북으로 온라인 주문을 하기 전까지 상자 안에서 참을성 있게 기다렸다. 이후 하루 정도 지나 수만 대의 소형 배달 트럭에 실려서 이리저리 이동한 끝에 우리 집에 도착했다.

한층 복잡한 제품은 물류도 한층 복잡

앞서 살펴본 것처럼 화장지 같은 단순한 제품도 일련의 여정을 거쳐 소비자인 우리에게 이른다. 훨씬 정교한 부품들로 구성된 한층 복잡한 제품의 경우, 보다 복잡한 물류 과정을 거친다. 내 자전거의 사례는 중간 수준의 복잡성을 지닌 조립 제품의 물류 과정을 보여준다. 자전거를 만들려면 (모든 너트와 볼트까지 포함해서) 100개 정도의 구성품을 조합해야 한다. 휴대전화나 여객기처럼 수천 개 또는 수백만 개의 구성품이 들어가는 제품을 만들고 운송하는 데 필요한 물류 과정의 복잡성을 상상해 보라. 정말로 복잡하게 제조되는 제품을 위한 외부 물류는 내 자전거를 위한 외부 물류와 어떻게 다를까?

휴대전화의 경우 부품이나 구성품이 전 세계의 여러 지역으로 배송되는 횟수가 다르다. 왜 그럴까? 대단히 정교한 오늘날의 휴대전화에 들어가는 여러 시스템을 만들려면 아주 특수한 기술이 필요하기 때문이다. 이 모든 기술을 보유한 기업들은 한자리에 모여 있지 않다. 어떤 개별 기업도 현대의 휴대전화를 구성하는 정교하고 복잡한 통신, 센서, 처리 및 구동 하위 시스템을 만드는 데 필요한 방대한 기술 역량을 모두 보유하고 있지 않다. 반제품, 구성품, 하위 시스템을 전 세계에 흩어진 여러 기업으로 운송하여 특정한 정밀 공정을 완료하거나 까다로운 부품을 추가해야 한다.

이 모든 운송 거리를 합치면 얼마나 될까? 에드워드 흄스Edward Humes는 저서『배송 추적Door to Door』에서 아이폰과 그 구성품들이 당신의 손에 도달하기까지 이동한 총거리를 최소 25만 킬로미터로 추산한다. 이는 지구를 6바퀴 이상 도는 거리에 해당하며,[8] 내 자전거가 거친 터무니없이 먼 여정의 12배가 넘는 거리다.

항공기의 경우 순전히 구성품의 수가 너무 많아서 물류가 복잡해진다. 하나하나의 구성품이 완벽해야 하며, 그 제조 과정을 추적할 수 있어야 한다. 왜 그럴까? 트레이 테이블 클립 불량처럼 사소한 것이든, 추락처럼 심각한 것이든 문제가 생기면 공급망 어디서 결함이 발생했는지를 추적해서 정확히 밝혀내야 동일한 문제가 재발하지 않도록 방지할 수 있기 때문이다.

내 자전거와 여객기의 또 다른 차이점은 일부 부품의 크기다. 전형적인 광폭 동체 장거리 여객기인 에어버스 A350을 예로 들어보자. 이 여객기에는 무게가 7톤이 넘고, 길이가 5미터인 2개의 엔진이 달려 있다. 각 엔진은 지름이 3미터인 팬(전면에서 보이는 주요 작동 부품)을 갖추고 있다. 날개 길이는 32미터이며, 착륙 장치(브레이크, 바퀴, 서스펜션)의 무게는 19톤이 넘는다.

이 모든 부품을 옮겨서 올바른 순서로 장착해야 하는 공장 관리자에게 내부 물류 작업이 얼마나 힘들지를 상상해 보라. 다만 자전거와 휴대전화처럼 구성품 중 다수는 사실 다른 곳에서 제조되어 조립 공장으로 운송된다. 에어버스는 프랑스 남부 툴루즈Toulouse에 최종 조립 공장이 있다.

지정학적 물류

제조업에서는 다른 곳에서 부품을 만드는 일이 흔하다. 그러나 에어버스의 경우 외부 물류 설계에 영향을 미치는 지정학적 요소가 추가로 존재한다.

에어버스는 1970년대에 유럽 항공기 제조업체들의 컨소시엄으로 만들어졌다. 당시 현대식 장거리 여객기라는 극도로 복잡한 기체를 만드는 데 드는 막대한 비용을 고려할 때, 그들은 누구도 미국에 기반을 둔 거대 기업 보잉과 경쟁할 수 없다는 사실을 깨달았다. 따라서 컨소시엄을 결성하는 것은 매우 타당한 결정이었으나, 물류 측면에서 다소 골치 아픈 문제들이 생겼다.

에어버스 컨소시엄을 구성하는 다양한 기업들은 항공기 제작 작업을 나누어 맡는다. 항공기의 주요 부품들이 서로 다른 곳에 있는 여러 공장에서 만들어지며, 그중 다수는 프랑스 남부 툴루즈에 위치한 메인 조립 공장과도 멀리 떨어져 있다. 그 결과 A350의 거대한 부품들은 다른 지역에서 제조되어 선박이나 특수 항공기•로 운송된 다음, 툴루즈에서 조립된다. 어떤 부품들이 운송될까? 엔진은 미국(고객이 GE 엔진을 원하는 경우)이나 영국(롤스로이스 엔진이 필요한 경우)에서 제조되어 운송되는데, 이는 타당한 일이다. 제트 엔진 제조는 대단히 전문적인 분야이기에 직접 제조하기보다 전문 제조업체로부터 구매하는 편이 낫다.

항공기 날개의 크기를 고려하면 툴루즈에 있는 메인 조립 공장에서 또는 그 근처에서 제조하는 것이 타당해 보인다. 그렇게 되면 무게가 20톤, 길이가 30미터, 넓이가 6미터에 달하는 부품을 옮겨야 하는 문제를 피할 수 있다. 하지만 실제로는 약 1,130킬로미터 떨어진 웨일스wales에서 제조된 후 특수 항공기로 독일 브레멘Bremen까지 운송된다. 그곳에서 항공기가 저속으로도 비행할 수 있도록 해주는 플랩flap과 슬랫slat 같은 '하이리프트high lift' 시스템을 장착한 후, 완성된 날개가 툴루즈로 운송되어 동체에 부착된다.

날개만 이런 방식으로 만들어지는 것이 아니다. 동체 뒷부분과 수직 꼬리날개는 독일 북부에서, 수평 꼬리날개는 스페인 중부에서 제조된다. 착륙기어는 기체에 따라 영국이나 캐나다에서 제조된다.

이처럼 여러 지역에 걸친 물류를 조율하는 데는 놀라운 수준의 정확성이 요구된다.[9] 그럼에도 이 일을 너무나 잘한 나머지 유럽에

• 이 항공기들은 만화에나 나올 것처럼 이상하게 생겼다. 검색 앱에서 '에어버스 벨루가airbus beluga'를 검색해 보라. 내 말이 무슨 뜻인지 알게 될 것이다.

서는 항공우주 산업이 번창하여 40만 명이 넘는 인력이 종사하고
있다. 그리고 우리는 수익성 있는 비용으로 안전하고 신뢰도 높게
제조된 비행기를 탈 수 있다.

온도 관리가 필요한 물류

부품의 물량이나 정밀도 또는 크기만 외부 물류 관리를 어렵게
만드는 요인이 아니다. 원자재나 구성품 또는 제품 자체를 물류 과
정 내내 일정한 온도에서 보관해야 한다면 어떨까? 이런 제품을 운
송하려면 '콜드 체인cold chain'이라는 특수한 공급망을 설계·운영해
야 한다. 콜드 체인은 온도에 민감한 제품을 저장·운송하는 시스템
을 말한다. 이는 물류의 세계에서 매우 전문화된 분야로, 영국에는
콜드체인연합Cold Chain Federation 같은 전문 협회도 있다.

아이스크림 같은 식품을 공장에서 매장으로 운송하는 경우, 온도
를 영하 18도 이하로 꾸준히 유지해야 한다. 공장에서 트럭으로, 트
럭에서 물류센터로, 물류센터에서 다른 트럭으로, 트럭에서 마트로
옮기는 내내 말이다. '콜드 체인'은 절대 끊겨서는 안 된다. 어느 단계
에서든 잠깐이라도 온도가 영하 18도를 넘어서면 얼음 결정이 생겨
소비자의 만족도가 크게 떨어진다. 화가 난 소비자는 소셜 미디어에
서 브랜드에 피해를 주는 불만을 터트리게 된다.

해산물이나 백신 같은 제품의 경우, 운송 과정에서 온도가 약간

이라도 올라가면 소비자의 건강을 해치는 더욱 심각한 문제가 생길 수 있다. 콜드체인연합 같은 단체는 물류업체들이 모든 법규와 안전 규정을 충실히 따르게 만든다(이는 제품뿐 아니라 직원들이 지나치게 낮은 온도에 노출되지 않도록 막는 조치이기도 하다).[10]

물론 콜드 체인 물류를 관리하는 사람들은 '어떻게 하면 환경적 영향을 줄이면서 수많은 냉장·냉동 트럭과 물류센터를 운영할 수 있을까?' 하는 커다란 난제에 직면해 있다.

식품 기업들은 재생 에너지로의 전환 같은 명백한 조치에 더하여 운송 과정에서 냉동의 필요성을 줄이는 방안을 찾고 있다. 가령 아이스크림 제조업체인 유니레버Unilever는 근래에 영하 18도가 아니라 영하 12도에서도 안정적으로 유지되는 아이스크림 제조법을 개발했다. 사소해 보이는 이 혁신은 냉동에 필요한 에너지를 25퍼센트나 줄여주었다. 게다가 유니레버는 공익적 목적으로 새로운 아이스크림 제조법의 특허를 다른 업체들에 무료로 제공했다.[11]

지금까지 물류 과정이 (비교적) 단순한 제품인 자전거와 함께 휴대전화, 항공기, 아이스크림이라는 세 가지 사례를 살폈다. 이제 당신도 '외부 물류'라는 다소 밋밋한 용어의 이면에 얼마나 복잡한 과정과 기술이 숨어 있는지 어느 정도 감을 잡았을 것이다. 지금 이 시각에도 전 세계 모든 나라에 퍼져 있는 수백만 명이 계획과 조율, 해상 운송과 항공 운송, 관리와 개선, 포장과 분류에 매달리고 있다. 이런 활동은 방대한 '시스템들의 시스템'의 모든 측면이 (대체로) 원활하게 작동하도록 만드는 데 필요하다. 그 결과 모든 공장은 계속 돌아갈 수 있고, 소비자인 우리는 계속 만족할 수 있다.

이 방대한 외부 물류 시스템이 거의 언제나 잘 돌아간다는 사실은 제조업의 세계가 지닌 경이로운 특징 중 하나다.

이제 당신은 지구를 방문한 외계인의 질문에 대답할 준비를 거의 마쳤다. 당신의 머릿속에는 물건들이 운송되는 양상과 그렇게 하는 이유를 설명하는 그림이 그려져 있을 것이다. 다만 당신이 메모를 챙기고 긴장한 채 외계인의 호출을 기다리기 전에 살펴봐야 할 문제가 하나 더 있다. 과거에도 항상 물건들을 이처럼 많이 옮기며 살았을까?

제조업의 여러 분야가 축소되거나 확장된 과정

나는 1997년에 박사학위 과정을 '거의 끝마친'[*] 상태였다. 하지만 돈이 다 떨어지고 말았다. 이 문제를 해결하기 위해 아르바이트 자리를 찾아야 했다. 마침 지도 교수의 동료 교수가 연구 조교를 찾

---

[*] 박사 과정 학생들이 '최종적으로 오자를 확인하는' 상태부터 '겨우 몇 글자 입력한' 상태까지 폭넓은 상태를 묘사할 때 흔히 쓰는 모호한 표현이다.

는 중이었다. 나는 눅눅한 금요일 저녁에 공학과 건물 지하실에서 그 교수와 인스턴트 커피를 마시며 대화를 나누고 있었다. 그 교수의 설명으로는 '제조업의 국제적 이동'이라는 현상을 연구하는 프로젝트에 참가할 수 있는 상당히 매력적인 자리였다. 제안을 받은 나의 표정이 바보 같아 보이는 모양이었는지, 곧 나의 상사가 될 마이크Mike는 인내심 있게 보다 자세한 내용을 설명해 주었다.

내가 할 일은 여러 공장을 방문하여 자세한 정보를 수집하는 것이었다. 구체적으로는 다른 곳에서 같은 제품을 만들 수 있도록 제조 공법이 정해지는 방식을 파악해야 했다. 그곳들은 중국 그리고 미국과 멕시코인 듯했다. 외국 출장을 갈 수 있다는 의미였기 때문에 매우 기쁜 소식이었다. 그래서 나는 계약서에 열성적으로 서명했다. 며칠 후 렌터카를 몰고 녹슨 철망 울타리 사이를 지나, 쇠퇴하는 영국 제조업 중심지에 있는 반쯤 철거된 공장 단지로 향했다. 그제야 나의 역할에 대한 소개가 약간 과장된 것이 아닌가 하는 의심이 들었다.

당시의 경험을 돌아보면서 문득 깨닫게 된 사실이 있다. 그때 나는 제조업의 세계에서 일어난 거대한 변화의 한 국면에서 극히 작은 역할을 맡았던 것에 불과했으며, 그 변화는 오래전에 시작되었다.

DIY에서 아웃소싱으로

헨리 포드는 자동차 제조 방식에 변혁을 일으켰다. 그는 독창적인 제조 방식을 고안하여 세계적인 유명 인사가 되었다. '조립 라인'이라고 하면 사람들이 하나같이 "헨리 포드가 모델 T를 만든 방식 말이군요"라고 반응할 정도였다. 포드(그리고 다른 많은 사람)는 20세기 초에 대규모 제조 방식을 개발하면서 또 다른 혁신도 이루어냈다.

포드자동차는 필요한 모든 부품을 항상 확보할 수 있도록 거의 모든 것을 직접 만들었다. 가령 차체를 만들 철강을 생산하기 위해 제철소를, 유리창을 생산하기 위해 유리 공장을 보유했다. 심지어 다른 구성품에 들어갈 목재를 안정적으로 공급받기 위해 임야까지 보유했다. 포드는 부품 제조를 넘어 자체 배달 트럭, 직원용 식당, 정비소 등 거의 모든 것을 직접 운영하기도 했다.

'수직적 통합'이라 불리는 이 접근법은, 아이디어에서 제품에 이르는 일련의 단계에 필요한 모든 자재와 공정을 회사가 직접 보유하는 경영 방식을 말한다. 수직적 통합의 장점은 제조업체가 모든 것을 직접 통제할 수 있다는 것이다. 그래서 공급업체와 비용을 놓고 시시콜콜 다툴 일이 없다. 부품이 조달되지 않아서 스트레스를 받을 일도 없다.

하지만 단점도 있다. 상황이 바뀌면 어떻게 될까? 포드자동차의 초창기 시절을 떠올려 보자. 당시 자동차들은 크랭크식 핸들을 써서 시동을 걸었다. 운전자들은 시동을 걸 때마다 상당한 팔운동을 해야

● 둘 사이의 연결고리가 너무나 확고해서 많은 이들이 해당 접근법을 '포디즘Fordism'이라 불렀다.

했으며, 어깨가 빠지거나 엄지가 부러질 위험이 항상 도사리고 있어 약간의 불안감마저 느꼈다.

그러다가 누군가가 전기식 시동장치를 개발했다. 고객들이 이 새로운 장치를 좋아할지도 모른다는 사실을 알았지만, 정작 포드자동차는 스스로 전기식 시동장치를 만들 줄 몰랐다. 이런 상황에서 수직적 통합 접근법을 따른다면, 엔지니어들을 불러서 시동장치 제조법을 개발하고 생산 라인을 구축하라고 지시할 수 있을 것이다. 재무팀에게 시동장치 제조회사의 지분을 사들여서 자회사로 만들라고 지시할 수도 있을 것이다. 아니면 그냥 시동장치 제조회사와 접촉해 신제품을 납품해 달라고 요청할 수도 있을 것이다.

이 마지막 선택지를 '아웃소싱'이라 한다. 시간이 지나면서 이 접근법이 폭넓게 받아들여졌고, 그에 따라 우리가 물건을 만드는 방식이 크게 바뀌었다. 지금 포드자동차나 다른 자동차 회사를 보면 각 자동차를 구성하는 대다수 부품을 직접 만들지 않는다.[12] 수백 개(일부 경우에는 수천 개)의 공급업체 네트워크가 각자 특정한 유형의 구성품을 전문적으로 제조한다.

아웃소싱 비용 줄이기

아웃소싱은 세계화와 함께 외부 물류를 변혁시킨 주요 요인이다. 과거를 돌아보면 이 현상을 이해할 수 있다. 이번에는 1950년대로 가보자. 당시 미국의 운송 사업가인 맬컴 맥린Malcolm McLean은 운송 부문에서 혁신을 시도하고 있었다.

맥린은 왜 진작 시도하지 않았는지 의아할 만큼 너무나 명확한 논리를 갖춘 아이디어로 운송 산업을 혁신시켰다. 그것은 개별 화물을 선박이나 기차, 트럭에 일일이 싣거나 내릴 필요 없이 모두 커다란 철제 상자 안에 넣고 통째로 옮긴다는 아이디어였다. 맥린은 이 단순해 보이는 아이디어를 실현하려면 표준화와 협력이 필요하다는 사실을 알았다. 우선 화물업계가 동일한 형태의 컨테이너를 쓰는 데 동의해야 선박과 트럭, 기차로 원활하게 컨테이너를 옮길 수 있었다. 선박 제조회사들은 컨테이너를 실을 수 있게 선박을 설계해야 했다. 항만은 컨테이너를 옮길 수 있는 새로운 크레인을 도입할 뿐 아니라, 컨테이너가 드나들기 쉽게 재설계되어야 했다.[13]

이 모든 일이 성공적으로 수행되면 소위 '복합 운송 시스템'을 갖추게 된다. 이후에는 물건을 장거리로 옮기는 것이 훨씬 쉬워진다(그리고 훨씬, 훨씬 저렴해진다•). 운송비가 저렴해지면 멀리 떨어진 곳(가령 인건비가 훨씬 싼 곳)에 있는 공장에서 물건을 만들거나, 멀리 떨어진 곳에 있는 고객에게 물건을 보내는 것이 비용 측면에서 효율적

• 마크 레빈슨Marc Levinson의 저서 『더 박스』를 보면 비용이 얼마나 절감되는지 알 수 있다. 맥린의 회사가 주장한 바에 따르면, 1956년에 컨테이너를 쓰지 않을 경우 선박에 화물을 싣는 비용은 톤당 5.83달러였다. 반면 컨테이너를 쓰는 초기 시도의 결과, 비용이 톤당 0.16달러로 줄어들었다. 비용 절감 폭이 97퍼센트나 될 정도면 컨테이너를 쓰지 않는 선박에게는 사실상 게임이 끝난 셈이다.

인 선택지가 된다. 다시 말해 전 세계 단위에서 제조업을 분배하고 관리할 수 있게 된 것이다.

아웃소싱과 세계화의 결과로 많은 제조 활동의 '발자국'이 전 세계로 퍼져 나갔다. 이 같은 변화는 여러 국가가 경기를 부양하기 위해 부富를 창출하는 방식에 장기적이고도 중대한 영향을 미쳤다.

일부 국가가 물건 만드는 법을 잊어버리게 된 과정

과거 주요 제조업 국가들은 국내에서 제품을 생산하여 다른 나라에 수출했다. 그러다가 인건비가 적게 들고 노동자들이 특정한 기술을 가진 지역으로 공장들이 옮겨가기 시작했다. 운송비가 많이 든다면, '시장과 가까운' 곳에서 물건을 만드는 것이 더 효율적이다. 기업이 물건을 판매하려는 나라의 정부들이 현지 공급업체를 활용한 현지 생산을 요구하기도 한다. 왜 그럴까? 자국의 제조업 인프라를 개발하여 경제를 튼튼하게 만들 수 있기 때문이다.

최근에 많은 대기업은 어떤 공장이 필요한지보다는 거창한 용어인 '생산 역량'에 접근할 수 있는지에 더 중점을 두고 있다. 이는 특정한 물건을 만드는 데 필요한 인력과 장비의 적절한 조합을 말한다. 이런 접근법을 취하면 제조업체는 공장 운영이라는 골치 아픈 일을 할 필요가 없다. 그 대신 (어디에 있든) 제품을 제조하고 납품할 수 있는 적절한 역량을 갖춘 기업들을 지휘하는 데 집중할 수 있다.

이런 지각변동이 일어나는 가운데 생산 능력은 전 세계에 흩어져 있었다. 이를 원활하게 조율하기 위해서는 한 공장에서 일어나는 일을 이해한 다음, 다른 곳에서 같은 물건을 만드는 방법을 설명할 수 있는 사람이 필요했다. 그 사람은 여러 공장을 방문해야 했는데, 그중 다수는 수십 년 동안 번창하는 지역사회의 중심에 있었으나, 일부는 곧 문을 닫을 위기에 처해 있었다. 그 사람이 공장에 도착해서 하는 일은 장기 근속 직원들에게 일하는 방법에 대한 설명을 듣고, 다른 나라에 있는 누군가가 그 일을 대신할 수 있게 하는 것이었다. 그렇게 되면 원래 공장에서 일하던 직원들은 일자리를 잃는다.

그 일을 하던 사람 중 하나가 바로 나였다. 1997년의 눅눅한 11월 아침, 나는 적대적일 것이 분명한 고참 직원들을 인터뷰할 용기를 끌어내기 위해 반쯤 철거된 공장 옆 주차장에 세워둔 차에 앉아 있었다. 그 순간 나는 잘못된 일을 선택한 건 아닌지 고민하기 시작했다.

탈산업화의 불합리성

밀레니엄의 말기는 제조업에 있어서 특별한 변화의 시기였다. 일부 경제학자는 그 변화를 자연스럽고 건강한 경제적 진화로 보며,

일부 국가의 '탈산업화'가 너무나 마땅하고 타당한 일이라고 떠들어 댔다. 이 말이 무슨 뜻일까?

경제학자인 장하준의 설명에 따르면, 1990년대에는 중국 같은 저임금 국가가 제조업에 종사하고, 부국들은 금융·정보기술IT·경영 컨설팅 같은 '고부가 서비스'에 집중하는 것이 훨씬 나은 전략으로 인식되었다.[14] 스위스와 싱가포르 같은 나라는 탈산업화 방식으로 번창할 수 있는 사례로 칭송받았으나, 장하준은 이런 인식이 완전히 틀렸다고 주장한다.

사실 세상에서 가장 산업화가 이루어지고 1인당 제조업 생산량이 가장 많은 나라가 바로 스위스다.* 산업화 국가 순위에서 2위에 오른 나라는 어디일까? 바로 싱가포르다.**

그럼에도 1990년대에 영국과 미국의 지도자들에게 탈산업화는 대단히 좋은 아이디어처럼 보였다. 이 나라들은 '전통적인' 제조업에서 벗어나 금융서비스 부문에서 경쟁력을 구축하는 데 정부 정책을 집중했다. 그와 더불어 소위 '지식 경제'로 나아가기 위한 폭넓은 노력도 이루어졌다. 지식 경제의 핵심 요소는 아이디어를 창출한 다음 이를 보호하고 다른 사람들이 유용한 일을 하도록 빌려주는 것이다. 굳이 직접 물건을 만들 필요가 없다. 대신 다른 사람들이 당신의

---

* 스위스가 초콜릿과 고가 시계만 만드는 것은 아니다. 정밀 엔지니어링 장비, 산업용 화학 제품, 의약품, 의료기술 분야에서도 상당한 강점을 지니고 있다.
** 이 두 나라처럼 성공한 국가들의 흥미로운 점은 제조업 부문과 서비스업 부문이 모두 강하다는 것이다.

아이디어를 토대로 물건을 만들게 하면, 그들이 매번 당신에게 대가를 지급할 것이다. 이 방식은 제대로 작동하면 실로 강력할 수 있다.

영국의 반도체 설계 기업인 암Arm은 이를 실천하는 대표적인 예다. 암은 전체 모바일 기기의 95퍼센트에 들어가는 마이크로프로세서를 설계한다. 하지만 자사 설계 기반의 2,500억 개가 넘는 칩 중 단 하나도 직접 생산하지 않으며, 다른 기업에 돈을 받고 칩을 생산할 권리를 파는 구조다. 나중에 살피겠지만, 주로 대만에서 생산되는 모든 칩은 암에 매출을 안겨준다. 그 결과 2024년 기준으로 암의 기업 가치는 1,500억 달러가 넘는다.

하지만 암 같은 기업, 투자은행, 경영자문사만으로는 강력한 경제를 구축할 수 없다. 장하준의 말에 따르면, "~공산품을 경쟁력 있게 생산하는 능력은 여전히 한 나라의 생활 수준을 좌우하는 중요한 요소다."**15**

◯

지금까지 전 세계 제조업 물류를 폭넓게 조망했다. 이제 제조업이 복잡하다('서로 다르지만 연관된 수많은 부분을 수반한다')는 말의 의미를 분명하게 이해할 수 있을 것이다. 제조업 물류는 공장 내외부에서 '서로 다르지만 연관된 수많은 부분'의 조화로운 이동을 요구한다. 우리는 먼저 공장 내부에서 이루어지는 이동을 살폈고, 이제 제조 활동이 원활하게 진행되려면 공장 외부에서도 조율이 필요하다는 사실을 알게 되었다. 여러 세기가 지나는 동안 제조업의 세계는 점점 정교해졌다. (발전發電부터 정보 처리, 통신, 교통에 걸친) 기술적 진보와 사회 변화(삶의 질이 개선되었으며, 이제 우리는 더 많은 것을 요구한다) 그리고 이 둘의 상호작용 덕분에 경제가 발전했다. 제조 시스템은 수십억 개의 물건을 막힘없이, 빠르고 저렴하게 전 세계로 옮기는 일에 크게 의존하는 수준까지 진화했다.

그러나 이처럼 놀랍도록 정교하고 상호 연관된 물류 시스템의 개발과 운용은 실로 엄청난 뜻밖의 결과로 이어졌다.

취약한 공급망이 무너질 때

2021년 3월 23일, 길이가 400미터에 달하는 20만 톤급 화물선 '에버기븐Ever Given'호가 수에즈 운하에 끼고 말았다. 이 배에는 1만 8천 TEU의 컨테이너가 실려 있었다. 수에즈 운하는 불안할 정도로 좁은 수로이지만, 전 세계 전체 컨테이너의 약 30퍼센트, 교역의 12퍼센트가 지나다닌다. 화물의 가치를 따지면 약 1조 달러에 이른다.[16] 문제는 그 폭이 너무 좁아서(또는 현대의 선박이 너무 커서) 한 번에 한 방향으로만 통행할 수 있다는 것이다. 각고의 노력 끝에 에버기븐호를 다시 띄우고 통행을 재개하는 데 일주일이 걸렸다. 그동안 '하루에' 100억 달러 규모의 물동량이 정체된 것으로 추정되었다.[17] 운하가 막히자, 유럽과 아시아를 오가는 선박들은 아프리카 남단을 돌아서 약 10일 동안 5천여 킬로미터를 더 가야 했다.

에버기븐호 사건은 전 세계 물류망이 얼마나 취약해졌는지를 여실히 보여주었다. 한 선박의 선장이 내린 한 번의 결정 때문에 물류망의 핵심 부분이 곧바로 폐쇄되었다.

우리가 전 세계에 구축한 놀라운 복합적 제조 시스템은 때로 양날의 검이 될 수 있다. 우리는 소비자로서 다양한 양질의 저가 제품을 살 수 있게 되었다. 하지만 에버기븐호 사례는 일이 잘못되었을 때 어떤 문제가 생길 수 있는지를 보여준다.[18] 새 TV나 휴대전화를 배송하는 기간이 10일 추가된다고 해서 크게 잘못될 일은 없다고 생각할 수도 있다. 하지만 지체된 선박이 시급한 의약품이나 주요 엔지니어링 프로젝트에 꼭 필요한 구성품을 운송하고 있다면?

그러나 매우 우려스럽게도 취약성은 제조 시스템의 주된 문제점 중 하나일 뿐이다.

먼 곳에서 물건을 만드는 데 드는 진정한 비용

물류를 위한, 이른바 초효율적이고 극도로 군더더기 없는 시스템은 또 다른 의도치 않은 결과를 낳았다. 그것은 아이러니하게도 놀라울 만큼 낭비가 심하다는 점이다. 터무니없어 보이는 사례를 하나 들어보겠다. 낮은 운송비 덕분에 특정한 상황에서는 스코틀랜드 해안에서 잡은 생선을 수천 킬로미터 떨어진 중국으로 보내 가공한 후, 영국 마트에서 판매하기 위해 다시 가져오는 것이 더 저렴할 수 있다.[19]

이런 결정은 경제적 측면에서는 타당할지 모르지만, 경제학자들이 말하는 '외부성externality'을 간과한다. 외부성은 우리가 하는 일이 다른 사람이나 대상에게 미치는 영향을 뜻한다. 스코틀랜드와 중국 사이를 오가며 냉동 생선을 운송하는 데 따른 환경오염은 음의 외부성negative externality에 해당한다.● 생선 가공업체나 영국 소비자들에게 음의 외부성은 문제가 되지 않으며 오히려 비용이 줄기 때문에 더 좋다. 하지만 운송 작업은 환경오염을 초래하여 비용 절감의 혜택을 전혀 받지 않는 다른 모든 사람이 피해를 보게 된다. 여러 가지 원자재와 구성품, 완제품이 매일 전 세계를 이동하는 과정에서 엄청난 양의 오염물질이 발생한다.

따라서 놀라운 가성비를 자랑하는 이 시스템은 사실 무조건 낭비를 줄여야 한다는 린 생산 방식의 기본 규칙을 위반한다. 줄여야 할 대상에는 외부성도 포함된다.

그렇다면 어떻게 해야 이 모든 운송 작업이 미치는 환경적 영향

● 외부성에는 양의 외부성과 음의 외부성이 있다. 가령 내가 차를 몰지 않고 통근하기 위해 자전거를 사는 것은 통근 시간에 교통 정체를 완화하는 데 약간의 기여를 한다는 점에서 양의 외부성을 만든다. 반면 내 자전거는 중국에서 제조되어 2만 킬로미터의 여정을 거쳐 케임브리지까지 운송되었다. 그 과정에서 컨테이너 선박과 디젤 트럭의 연료로 오염도가 높은 중유를 태운 결과 수 톤의 이산화탄소가 배출되었기 때문에 음의 외부성도 만든다.

을 줄일 수 있을까? 폭넓게 보면 두 가지 방법이 있다. 하나는 옮기는 거리를 줄이는 것이고, 다른 하나는 반드시 옮겨야 한다면 보다 깨끗한 방식으로 옮기는 것이다.

공급망 단축에 따른 긍정적 영향

'덜 옮긴다'라는 것은 장거리 공급망을 덜 활용한다는 뜻이다. 다시 말해 필요한 곳 가까이에서 물건을 만든다는 것이다. 이는 언뜻 간단해 보이지만, 앞서 살핀 대로 특정한 물건이 특정한 장소에서 만들어지는 데는 그럴만한 여러 이유가 있다.

지정학적 여건의 변화는 제조업체들이 대응해야 하는 불확실성을 높일 수 있다. 공급망의 주요 부분이 다양한 이유로 상황이 '복잡해지는' 나라에 과도하게 집중되어 있다면, 관련 기업들은 불안해지기 마련이다. 불확실성이 높아지면 상대적인 리스크의 수준을 고려할 수밖에 없다. 이는 공장을 보다 안정된 곳으로 옮기거나 공급업체를 바꾸는 결정으로 이어질 수 있다.

아웃소싱과 세계화의 영향을 재고하게 만드는 또 다른 이유가 있다. 하버드대학 교수인 게리 피사노Gary Pisano와 윌리 시Willy Shih는 2009년에 미국 경제를 분석하면서 그 이유를 지적했다. 그들에 따르면, "현재의 저부가가치 제조업은 미래의 혁신적 신제품을 위한 씨앗을 품고 있다."[20]

앞서 언급한 장하준의 말을 다시 살펴보면, 지식 경제라는 개념 자체는 훌륭하지만, 자신이 개발한 물건을 직접 만들 수 있는 능력은 실질적인 이점을 지닌다. 이를 위해서는 새로운 아이디어를 구상하는 사람과 신제품을 만드는 사람 사이에 긴밀한 연결고리가 있는 것이 도움이 된다. 하지만 먼 나라에 있는 다른 기업에 제조를 맡겨버리면 서서히 그러나 확실히 제조 역량을 잃게 된다. 한 번 잃은 제조 역량을 되찾기는 매우 어렵다.

국가적 제조 역량은 '산업 공유지industrial commons'라 불리는 개념과 연계된다. 이는 전체 지역사회에 혜택을 안기는 농촌의 '공유지' 개념을 빌려온 것이다. 누구나 가축을 먹일 수 있는 목초지가 있으면 모두가 혜택을 입는다. 마찬가지로 기술력을 갖춘 제조업체와 공급업체가 가까이 있는 것은 모두에게 도움이 된다. 모든 물건을 먼 나라에서 만들면, 제아무리 기술이 좋고 유능한 공급업체라 해도 더 이상 수요가 없어서 다른 일을 하게 될 것이다. 그러면 풀이 죽어서 마을의 목초지를 주차장으로 쓰듯이, 국가의 산업 공유지도 서서히 그러나 확실히 사라질 것이다.

피사노와 시의 주장은 많은 호응을 얻었지만, 실질적인 행동으로 이어지지는 않았다. 여러 정치인은 산업 공유지가 사라지는 것을 우려하지 않느냐는 질문에 어깨를 으쓱하며 이렇게 대답했다. "세계화라는 게 원래 그런 겁니다. 대신 지금은 전자제품들이 아주 저렴해졌잖아요!" 그들은 2000년대 말에 금융위기가 닥치기 직전까지 이런 말을 덧붙였다. "우리의 금융서비스 부문이 얼마나 강하고 안정적인지 보세요!"

전 세계적 금융위기와 분쟁, 팬데믹은 정치인들이 각성하게 했다. 그들은 2023년 무렵 공급망의 회복탄력성이 너무나 중요하며, 제조업을 '리쇼어링reshoring'⁎ 해야 한다고 외쳤다. 근래에 나온 설문조사 결과를 보면, 미국과 유럽 제조업체 중 70~80퍼센트는 국내 또는 인근 지역에서 더 많은 생산 활동을 계획하고 있다.[21]

앞서 살핀 대로 모든 생산 공정을 새로운 곳으로 옮기는 데는 몇 가지 현실적인 난관이 있다. 우선 공장이 잘 돌아가게 만들기 위해서는 상당한 시간과 노력, 자금이 요구된다. 복잡한 전체 공정을 옮기려면 수많은 비용과 리스크도 감당해야 한다.[22] 어떤 기업이라도 섣불리 감행할 수 있는 일이 아니다.

원래 삶은 속사정을 들여다보면 항상 더 복잡한 법이다. 마찬가지로 물건을 만드는 곳과 소비하는 곳의 거리를 줄이는 데는 여러 가지 방법이 있다. 가장 표준적인 방법인 리쇼어링이 있는가 하면 '니어 쇼어링near-shoring'(본국은 아니지만 약간 덜 먼 곳으로 옮기는 것), '프렌드 쇼어링friend shoring'(여전히 멀리 있지만 잠재적 적국에서 우방국으로 옮기는 것), '그린 쇼어링green-shoring'(환경오염을 줄이려는 이유로 옮기는 것)도 있다.

⁎ "외국으로 옮긴 사업체 또는 사업체의 일부를 자국으로 다시 옮겨오는 것". https://dictionary.cambridge.org/dictionary/english/reshoring.

제로 배출 물류를 달성할 수 있을까

원자재, 구성품, 제품을 장거리로 계속 옮겨야 한다면 환경적 영향을 줄이기 위해 어떤 일을 할 수 있을까? 육상 운송, 항공 운송, 해상 운송에 따른 오염을 줄일 수 있는 전략적 로드맵과 시뮬레이션이 숱하게 제시되었다.[23] 해상 운송(주된 장거리 운송 방식)의 경우 다시 풍력을 이용하거나, 전기 또는 수소 추진 방식으로 전환하거나, 배기 파이프에 오염 감소 장치를 추가하는 방법 등이 있다. 항만에 정박한 선박이나 선적 및 하역에 동원되는 온갖 기계가 초래하는 오염을 줄이려는 노력도 다양하게 이루어지고 있다.

덕후 기질이 있는 나는 여러 전략 문서를 읽고 제로 배출 선박의 영상을 보는 것을 즐긴다. 그 과정에서 가장 놀라웠던 점은 지금까지 해운 부문에 도입된 가장 중요하면서도 가장 큰 영향을 미친 혁신의 내용이 대단히 단순하다는 것이었다. 그것은 선장들에게 배를 약간 천천히 몰라고 말하는 일이었다. 그게 전부였다.

항해 속도를 20퍼센트 낮추면 이산화탄소 배출량이 34퍼센트 줄어든다는 분석 결과가 나왔다.[24] 그렇게 되면 물론 화물은 약간 늦게 도착할 수 있겠지만, 그것이 문제가 될까? 사람들은 물건이 일찍 도착하는 데 매우 익숙해져 있다는 점에서 그 부분을 포기하도록 설

● '치명적인 고래 충돌 사고'도 80퍼센트 가까이 줄이는 추가적인 혜택이 생긴다. 이는 분명 좋은 일이다.

득하기 어려울 거라 여겨졌다. 하지만 실제로는 며칠 더 기다리는 것을 크게 개의치 않는 사람들이 많았다.[25]

글로벌 복합 운송 시스템의 다른 운송 방식들은 어떨까? 철도는 여전히 오염이 덜한 운송 수단 중 하나로서 톤킬로미터당 약 24g의 이산화탄소를 배출한다. 그에 반해 트럭은 137g, 항공기는 1,036g이나 배출한다.[26] 현재 전기 트럭과 수소 트럭도 부상하고 있다. 영국 정부와 미국 정부는 2040년까지 100퍼센트 넷제로net zero 트럭을 도입한다는 목표를 추구하고 있다. 다만 미국 정부는 이 계획을 실현하기 위해 75억 달러의 인프라 투자 기금을 마련하고 있는 데 반해, 영국 정부는 그보다 적은 2억 파운드만 투입한다는 점이 약간 다르다.[27]

항공 운송 부문도 예외는 아니다. 항공 운송이 기후변화에 미치는 영향을 줄이기 위해 다양한 노력이 이루어지고 있다.[28] 하지만 이는 항공 운송에 따른 환경 피해를 줄이는 것과 가난한 지역에 유리한 생계 수단을 제공하는 것 사이 균형을 유지해야 하는 복잡한 일련의 문제를 제기한다. 자선재단인 액션에이드Action Aid의 클레어 멜라메드Claire Melamed가 이 문제를 다음과 같이 깔끔하게 정리했다.

아프리카와 영국 사이의 과일 및 채소 교역은 영국 전체 탄소 배출량의 0.1퍼센트를 차지한다. 케냐산 유기농 껍질콩이나 잠비아산 깍지완두의 수입을 금지한다고 해도 영국의 전체 탄소발자국에는 별로 차이가 없다. 반면 아프리카에는 이 교역에 의존하는 가난한 사람들이 아주 많다. 그들에게 유기농 농산품에 대한 항공 운송 금지 조치는 학교에 다니는 아이들이 줄어들고, 소상공업에 대한 투자가 사라지며, 경제 개발이 느려지고, 빈곤이 늘어나는 것을 뜻한다.[29]

전체 제조 물류 시스템은 갈수록 크게 조명받고 있다. 다양한(대개 실망스러울 정도로 유연한) 일정에 따라 해상·육상·항공 운송 시스템의 모든 요소를 넷제로로 전환하기 위한 목표가 정해졌다.

이제 우리는 이 장의 서두에서 언급한, 외계인이 던질 만한 질문(우리가 생활에 필요한 모든 것을 만드는 방식)에 대답할 준비를 마쳤다.

"우리는 물건을 너무나 많이 옮긴다. 생활에 필요한 것을 운송하는 과정에서 효율성을 높이고 낭비를 줄이려 애쓰기 때문이다. 이는 수많은 사람의 삶의 질을 개선했지만, 그 과정에서 뜻하지 않게 매우 취약하고 환경에 피해를 주는 제조 및 물류 시스템을 구축하고 말았다. 그럼에도 이 시스템을 계속 활용하는 이유는 굉장히 다양하고 저렴한 제품을 빠르게 얻는 것을 좋아하기 때문이다."

이 말을 들은 외계인은 눈살(아니면 그들의 눈살에 해당하는 부위)을 찌푸리며 지구를 제정신이 아닌 집단이 사는 행성 목록에 추가할지도 모른다. 하지만 나는 그 조치가 성급하다고 생각한다. 앞서 간략히 언급했고 이 책의 후반부에서 더 자세히 살피겠지만, 상황이 나아지는 것처럼 보이기 때문이다.

현재 제조 물류 시스템이 변화하는 양상을 탐구하기 전에 한 가지 더 확인할 것이 있다. 우리가 제조업의 세계에 대해 이해해야 할 마지막 부분은 하나의 근본적인 질문과 관련되어 있다. 바로 "제조업체들은 어떻게 우리가 필요로 하거나 원하는 것, 따라서 만들어야 할 것을 알아낼까?"이다. 이 질문에 대한 답을 찾기 위해 2023년 영국에서 찰스 3세의 대관식을 준비할 때 막후에서 일어난 놀라운 일을 들여다보자.

4장

충족

기업이 우리가 원하는 것을
알아내는 법

70년 만에 열리는 행사라니 볼만하겠다는 생각이 들었다. 영국 왕실을 어떻게 바라보든 간에 새 국왕의 대관식은 실로 대단했다. 영국은 변화하는 세계에서 자기 자리를 찾는 데 약간 애를 먹고 있지만, 격식과 의전만큼은 여전히 완벽하게 해낸다. 붉은색, 금색, 은색이 잘 어우러져 향연이 펼쳐졌다. 왕위 계승자는 알맞은 순간에 적절한 의상을 갖추고 웅장한 의자에 앉았다. 그는 보석으로 장식된 무거운 왕관을 받을 준비를 마쳤다. 여기에 투입된 모든 인간과 말을 움직이는 물류의 뒤편에는 놀라운 제조 활동이 자리하고 있었다.

그 제조 활동의 양상은 물건을 만드는 사람들이 고객과 상호작용을 하는 방식에 대해 중요한 사실을 말해준다.

고객이 진정으로 원하는 것

문제: 영국군의 예복은 누가 만들까?

정답: 1655년에 설립된 퍼민하우스Firmin House라는 영국 제조업체

현재 퍼민하우스는 캐시컷Kashket 가문이 운영하고 있다. 이 가문의 러시아 조상들은 니콜라스 2세 황제를 위해 펠트 모자를 만들었다. 러시아 혁명으로 시장을 잃게 되자, 그들은 새로운 기회를 찾아 영국으로 이주할 수밖에 없었다. 현재 퍼민하우스는 맞춤 정장부터 갑옷, 훈장, 단추, 제복, '말 장식'●에 이르기까지 다양한 제품을 만들고 있다. 그중 이 장의 내용과 관련된 제품은 예복이다.

찰스 3세 대관식용 제복 제작 과정은 제조업체들이 고객을 위해 무엇을 만들지를 결정하는 아주 단순한 방식을 보여준다. 이 사례에서 고객은 영국 국방성이다. 그들은 대관식 몇 달 전에 퍼민하우스에 연락하여 "6천 명분의 남녀 제복을 2023년 5월 6일까지 만들어 줄 수 있나요?"라고 물었다. 러셀 캐시컷Russell Kashket과 그의 팀은 다 같이 머리를 맞댔다. 그들은 기계와 인력이 얼마나 되는지를 확인했고(생산 용량), 붉은 천과 황동 단추, 황금 장식 끈 그리고 다른 특수 자재를 공급하는 업체들과 논의했다(공급망). 주문서에 기재된 다른

●　검색해 보니 '가죽 마구馬具와 안장에 부착하는 금속 장식물'을 뜻한다고 한다. https//www.firminhouse.com/products-services/horse-furniture/.

모든 (기존 고객의) 주문을 검토했고, 가격을 협상한 후 이 일을 맡을지를 결정했다. 당연히 그들은 할 만한 가치가 있는 일이라 판단했다. 그들이 수백 시간 동안 공들여 만들어낸 장엄하고 화려한 결과물은 전 세계에서 대관식을 지켜본 수많은 사람에게 강렬한 인상을 남겼다.

그러나 제조업체가 받는 주문이 이 사례처럼 구체적인 경우는 많지 않다. 대개 고객의 주문은 불분명하며, 우리 같은 고객은 자신이 실제로 무엇을 원하는지를 정확하게 모르는 경우가 많다. 그 결과 제조업체는 최종 고객이 무엇을, 언제 원할지를 추측해야 하는데, 이 일을 지속적으로 정확하게 해내기는 매우 어렵다.

알다시피 공장은 모든 것이 원활하게 조율되고 예측 가능할 때 가장 잘 돌아간다. 발주업체가 무엇이, 얼마나 많이 필요한지를 정확하게 알면 공급업체는 무엇을, 언제 납품하면 되는지를 알 수 있기 때문에 행복하다. 이처럼 예측 가능한 일감이 주어지면, 공장 관리자들은 모든 것을 조율할 수 있다. 작업자들도 작업을 완료하는 더 나은 방법을 찾을 수 있기 때문에 생산성이 오른다. 다시 말해 모든 것이 더 나아진다. 원활한 생산을 방해하는 유일한 요소는 성가신 고객뿐이다. 고객들이 하나같이 비이성적이고, 일관성 없고, 귀가 얇지만 않다면 얼마나 좋을까.

그러면 제조업체들은 어떻게 고객이 진정으로 원하는 것을 알아낼까? 다시 한번 의류와 관련된 사례를 살펴보자. 다만 이번에는 산업혁명이 아직 일어나지 않은 영국의 작은 마을로 가보자.

맞춤 제작에서 대량 생산까지

당시에는 삶이 단순했다. 그렇다고 해서 더 나은 건 아니었다. 평균 수명은 40세 정도에 불과했고,[1] 사람들은 불결한 환경에서 살아가며 빈곤에 시달렸다. 이런 상황에서 바지가 해져서 새 바지가 필요하다고 가정하자. 이 경우 옷을 만들 줄 알고 필요한 자재와 도구를 확보할 수 있다면, 당신은 직접 새 바지를 만들 수 있다. 또는 재단사를 찾아가 물물교환을 하거나 새 바지를 살 수 있다. 다시 말해 자급자족을 하거나 다른 사람에게 제작을 맡겨야 한다. 물건이 손상되면 버리기보다 고쳐야 한다.

그러다가 제1차, 제2차 산업혁명이 일어나면서 상황이 크게 바뀌었다. 수력과 증기력을 활용하게 되었고, 공작 기계와 호환 부품이 개발되었다. 덕분에 대량 생산이 가능하게 되었다. 늘어난 생산 물량의 판로를 확보하려면, 사람들이 필요한 물건을 사러 올 때까지 기다리기보다는 어떤 제품이 필요할 것이라고 그들을 설득해야 했다. 다시 말해 공장에서 제조된 수많은 물건을 팔기 위해서는 소비주의와 '계획적 노후화planned obsolescence'[2]를 고안해야 했다.

지금도 어떤 사람들은 옷을 직접 만드는 방식을 선택할 수 있다. 돈 많은 사람들은 고급 양복점 같은 곳에 가서 옷을 맞출 수도 있다. 하지만 '오트쿠튀르haute couture'(고급 맞춤 여성복 – 옮긴이)든 패스트패션이든, 대다수 고객에게 팔리는 옷은 공장에서 제조되며, 이 일을 잘하려면 실로 정교한 사고가 필요하다.

폴 사이먼과 아트 가펑클은 〈고객을 계속 만족시켜요Keep the Customer Satisfied〉라는 노래에서 모든 제조업 경영자의 머릿속에 들어 있는 생각을 아주 잘 담아냈다. 다만 고객을 만족시키는 것이 너무나 힘든 이유를 다소 가볍게 다루었고, 아쉽게도 거기에 필요한 사업 전략을 깊이 파고들지 않았다.

왜 고객을 만족시키기 어려울까? 이 질문에 답하기 위해 고객, 매장 관리자, 공급업체, 매장 직원, 이 네 사람 머릿속을 들여다보자. 이번에 살필 품목은 신발이다.

고객 당신은 신발을 신기 위해 허리를 숙인다. 그런데 신발이 약간 지저분해 보일 뿐 아니라 실제로 해지기 시작했다. 당신이 가장 아끼는 신발이라 조금 슬프다. 오랫동안 당신과 함께한 신발이었다. 당신은 (고쳐서 쓸 수 없는 지경임을 깨닫고)* 한숨을 쉬며 새 신발이 필요하다는 사실을 받아들인다. 다만 온라인보다는 가까운 곳에 있는 신발 매장에 직접 가서 사려 한다. 쾌적한 매장에서 적절한 스타일, 색상, 크기, 가격의 완벽한 대체품을 곧바로 찾아서 미소 짓는 점원에게서 건네받기를 원한다.

* 지금은 대개 과거보다 이 판단에 더 빨리 이른다. 이 문제는 8장에서 다룬다.

매장 관리자　당신은 손님이 꾸준히 찾아오고, 모든 직원이 바쁘게 일하기를 원한다. 빠르게 팔리지 않을지도 모르는 다양한 신발들을 대량으로 갖추느라 많은 임대료를 내고 싶은 생각은 없다. 손님들이 신발을 신어볼 때 앉는 의자, 대다수가 어린 시절 이후 써본 적이 없는 발 크기 측정 도구, POS 기계 같은 설비는 계속 사용되며 공간도 적게 차지한다. 신발과 구두약 재고는 창고나 진열대에서 내놓기가 무섭게 판매된다. 고객의 수요가 아무리 다양해도 얼마 전에 공급업체가 납품한 제품과 완벽하게 일치하는 것이 이상적이다.

신발 공급업체　당신은 변동을 최소화하면서 공장이 원활하게 가동되기를 원한다.● 대다수 사람은 사회주의 계획경제 국가에서 살지 않는다. 그런 나라에서는 아마 한 디자인의 신발만 승인될 것이고, 유일하게 다른 부분은 크기일 것이다. 반면 당신의 공장은 특정한 고객의 선호를 예상하여 다양한 스타일의 신발을 생산해야 한다. 당신이 정말로 원하는 바는 특정한 스타일의 신발을 생산하면, 넓은 창고와 뛰어난 접근성을 가진 대형 매장에서 전체 생산분이 팔리는 것이다. 사방에 흩어진 수천 개 매장에서 특정한 고객의 고유한 수요를 맞추려면 매우 구체적인 스타일이나 색상 또는 크기의 신발을 곧바로 만들어서 납품해야 한다. 하지만 당신은 항상 대기 상태에 있는 것도, 매장들이 팔리지 않은 신발을 반품하는 것도 원치 않는다.

●　주문형 수제 맞춤 공방이 아니라는 가정하에 말하는 것이다.

매장 직원　당신은 편하고, 꾸준하고, 안정된 업무 흐름을 원한다. 고객의 필요를 충족하는 데 필요한 모든 것이 즉시 확보되기를 바란다. 당신은 손님이나 동료들과 이야기를 나누는 시간을 좋아한다. 잠시 손님이 뜸해서 다양한 서류 작업을 할 여유가 생기기를 바란다. 반면 불평하는 손님에게 "죄송합니다만, 그 사이즈는 재고가 없어요. 저희가 주문을 할 수 있지만, 몇 주가 걸려요"라고 말하는 것은 좋아하지 않는다.

이처럼 다양한 입장을 살펴보면 문제가 무엇인지를 알 수 있다. 각각의 입장이 서로 충돌한다. 이 단순한 사례는 모든 제조업의 핵심에 자리한 문제가 무엇인지를 보여준다. 그것은 공장과 공급망 전체에 걸쳐서 그리고 제조업체와 소비자 사이에서 수급의 균형을 맞추는 문제다. 지금까지는 이 까다로운 균형 잡기의 '공급' 측면에 초점을 맞추었다면, 이제부터는 '수요' 측면을 감당하기가 왜 그토록 어려운지를 자세히 살펴보자.

모든 제조업체는 고객이 정말로 원하는 것을 알려고 노력한다. 그들은 세 가지 연관된 문제를 해결해야 한다.

- 얼마나 많이 만들어야 하는가?
- 어떤 것을 만들어야 하는가?
- 앞으로 수요가 어떻게 변할 것인가?

이 세 가지 문제(물량, 다양성, 변동성)를 해결해야만 비로소 공정 설계 및 공장 입지와 관련된 모든 일이 진행될 수 있다. 이를 위해 제조업체들은 미래의 특정한 시점에 고객의 머릿속에서 어떤 일이 일어날지를 추측해야 한다.

이제 수요 예측이라는 유사 과학의 세계로 들어가보자.

예측은 항상 틀린다

나는 매년 열리는 창업 대회에서 학생들이 제출한 사업계획을 심사한 적이 있다. 공대생들은 특히 아직 만들어지지 않은 제품에 대한 수요의 규모를 상세한 도표와 예쁜 그래프로 나타내는 일을 잘했다. 하지만 아무리 명확하고 세련되었다고 해도 그것은 순전히 허구에 불과했다. 왜 그럴까? 얼마나 많은 고객이 멋진 신제품을 사기 위해 지갑을 열지를 말해주는 '실질적인' 데이터가 없기 때문이다. 물론 잠재 고객으로 구성된 표본 집단에 "이런 물건이 존재한다면 사시겠습니까?"라고 물어볼 수는 있다. 하지만 이런 식으로 수집된 데이터는 대단히 신뢰도가 떨어진다. 특히 한 번도 보지 못한 혁신적인 제품의 경우는 더욱 그렇다. 진정한 신뢰도를 지닌 데이터는 오직 돈을 주고 어떤 제품이나 서비스를 '이미' 구매한 고객에게서 나온다. 그전에는 아무리 자료로 뒷받침되고, 정교하며, 데이터에 기초한 것이라 해도 모두 추측에 지나지 않는다.

그렇다면 제조업체들은 어떻게 미래의 수요를 예측하고, 이를 충족할 특정한 제품을 생산해도 되겠다는 충분한 자신감을 가질까? 그들은 두 가지 수정구슬을 활용한다.

과거로부터의 배움

첫 번째 수정구슬은 이미 일어난 일들에 기초한 실질적이고 측정 가능한 데이터다. 영국의 다국적 제과업체인 캐드버리Cadbury는 오랫동안 각 제품을 얼마나 많이 판매했는지를 정확하게 파악하여 이를 토대로 상당히 신뢰도 높은 추정을 할 수 있다. 가령 크림 에그creme eggs의 판매량 추이를 보면 2019년에 972만 개, 2021년에 1,086만 개, 2023년에 1,069만 개가 팔렸다.[3] 판매량이 증가 추세를 보이다가 약간 감소한 것을 알 수 있다. 이런 변화는 팬데믹의 영향이 반영된 것으로, 사람들이 지역 봉쇄 기간에 초콜릿을 더 많이 먹었기 때문에 일어났다. 마찬가지로 에어버스도 수주 물량의 추세를 말해주는 정확한 데이터를 관리하는데,[4] 이 데이터를 살펴보면 고점과 저점이 분명하게 나타난다. 이는 복잡한 사회적·경제적·지정학적 요소에 대응하여 다양한 크기의 항공기에 대한 수요가 계속 바뀌는 것을 반영한다. 거기에는 자유로운 인적 이동에 대한 정치적 태도, 유가의 실질 변동 또는 그 예측, 여러 이동 수단의 지속가능성에 대한 소비자의 태도 변화 등이 포함된다.

이런 역사적 데이터는 미래에 고객들이 원하는 것을 예측하는 데 활용된다. 미래에 대한 예측은 지극히 조잡한 수준부터(가령 고객이 과거와 비슷하게 행동하리라 기대하는 것으로, 마케팅 분야에서는 이를 '순진한 접근법'이라 부른다) 상당히 정교한 수준까지 다양하다. 보다 진전된 접근법은 수학적 조작을 활용하는 것으로, 일련의 숫자를 기반으로 다음 값을 예측한다.[5] 과거의 실적은 (금융 투자 상품 광고에서 경고하듯이) 미래의 결과를 예측하는 신뢰도 높은 지표라 할 수 없다. 하지만 정량적 수단은 합리적 예측 가능성을 지닌 시장을 상대하는 데 여전히 유용하다. 가령 수요 규모를 충분히 타당한 수준에서 추정할 수 있도록 해주며, 공장과 공급업체가 그에 대응할 수 있도록 준비하게 해준다.

하지만 만약 참고할 만한 데이터가 별로 없다면 어떻게 해야 할까? 신제품을 출시하려는 모든 제조업체는 이 문제에 직면한다.

미래에 대한 추측

제조업체들은 어떤 신제품에 대해 '신형 X는 구형 Y와 비슷하니까 Y에 대한 데이터를 활용하자'라고 생각할 수 있다. 이 글을 쓰고 있는 2023년 6월에 애플은 가상현실(VR) 헤드셋인 '비전 프로Vision Pro'를 막 발표했다. 그들은 얼마나 많은 고객이 이 제품을 원할지를 어떻게 예측할까? 시장에 나와 있는 다른 VR 헤드셋의 판매 데이터를 참고할 수 있지만,[6] 애플의 제품은 다르다. 그들은 어떻게 타사 제품의 과거 판매 데이터가 자사 신제품의 판매량을 예측하는 데 신뢰할 만한 지표가 되는지 알까?

사실은 그들도 모른다. 때로 제조업체들은 고객이 이전에 보지 못한 완전히 새로운 제품을 선보인다. 이 경우 고객이 무엇을 원할지를 자신 있게 예측하기가 매우 어렵다. 당신의 냉장고나 컴퓨터 가장자리에 붙어 있을지도 모르는 어떤 물건이 아주 좋은 사례다.

1968년, 미국 기업인 3M에서 일하는 스펜서 실버Spencer Silver라는 과학자가 초강력 접착제를 개발하려 애쓰고 있었다(하지만 계속 실패했다). 결국 그는 접착력이 떨어지는 엉성한 물건을 만들었다. 몇 년 후, 그의 동료 중 한 명인 아트 프라이Art Fry가 저강도 접착제의 용도를 찾아냈다. 바로 찬송가 책에 임시로 붙여두는 책갈피를 만드는 것이었다. 두 사람은 성공을 예감하고 힘을 합쳤다. 그들은 신식 '책갈피'를 만들어 돌렸는데 동료들의 반응은 미지근했다. 끈적끈적한 종이쪽지에 돈을 쓸 사람은 없을 것 같았다. 그래도 두 사람은 계속 샘플을 나누어 주었고, 사람들은 점차 그 유용성을 깨닫기 시작했다. 그 결과 포스트잇은 난데없이 등장하여 상업적으로 대성공을 거둔 제품이 되었다.[7]

애플의 비전 프로와 3M의 포스트잇을 개발한 팀들은 같은 방식으로 잠재 시장 규모를 알아내려 시도했는데, 바로 사람들에게 직접 물어보는 것이었다. 거기에는 두 가지 선택지가 있었다. 하나는 제품을 살 것 같은 사람들에게 묻는 것이었고, 다른 하나는 사람들이 무엇을 원할지를 똑똑한 사람들에게 묻는 것이었다.

첫 번째 선택지는 아주 좋아 보인다. 잠재 고객에게 직접 물어서 잘못될 일이 있을까? 구글에 '신제품 출시 실패'를 입력해 보면, 이 질문에 대한 분명한 답을 얻게 될 것이다.•

문제는 대다수 사람이 미래에 무엇을 원할지를 잘 모른다는 것이다. "앞으로 12개월 동안 청바지를 몇 벌이나 살 것 같습니까?" 같은 질문에는 아주 잘 대답할 수 있다. 반면 완전히 새로운 물건에 대해서는 전혀 알 수 없다. 이와 관련하여 헨리 포드가 한 것으로 전해지는 말이 있다. "고객들에게 무엇을 원하는지를 물었다면, 그들은 아마 더 빠른 말을 원한다고 답했을 겁니다."[8]

두 번째 선택지의 경우, 똑똑한 사람들을 찾아내야 하는 과제가 있다. 거기에는 몇 가지 방법이 있다. 고객을 가장 잘 아는 영업팀에게 고객이 무엇을 원할지를 물어볼 수 있다. 또는 가상의 상황을 설정한 다음 "이것이 실제라면 사람들이 우리의 제품을 원할까?"라고 질문하는 소위 '시나리오 플래닝'을 할 수도 있다. 가령 유가가 갑자기 50퍼센트 급등한다면, 전기차 수요가 증가할지를 따져보는 식이다. '델파이 조사'라는 것도 있다. 이 경우에는 그리스 파르나소스 Parnassus산에 올라가 신화에 나오는 여사제에게 신탁을 구할 필요 없이, 폭넓은 분야의 전문가에게 체계적으로 자문을 구하는 과정을 거

•　이 책의 웹사이트에 몇 개의 전형적인 사례를 넣어두었다.

친다. 몇 차례에 걸친 질문을 통해 다양한 의견을 수렴하면 미래에 대한 합리적인 합의를 얻을 수 있다.

제조업체는 고객의 수요와 관련하여 두 가지 유형의 문제에 대응해야 한다. 하나는 잠재 고객들이 한 번도 본 적 없는 신제품의 시장성을 파악하는 것이다. 다른 하나는 수많은 요소에 따라 기존 제품의 시장성이 어떻게 변할지를 파악하는 것이다.

피츠빌리스 베이커리의 앨리슨이나 팜페이퍼의 이언처럼 공장을 돌리는 사람들이 미래의 수요를 파악할 수 있다고 가정하자. 그 수요가 자신들이 감당하기에 너무 크거나 너무 다르다면 어떻게 해야 할까? 수요 증가가 일시적인 현상인 관계로, 거기에 대응하는 일이 온갖 단기적 문제를 초래한다면 어떻게 해야 할까? 모든 분석 결과가 일시적 수요 둔화를 예측하여 인력과 기계를 놀리게 생겼다면 어떻게 해야 할까? 앨리슨과 이언 같은 사람들은 이 게임에서 수동적 플레이어가 아니다. 그들에게는 나름의 방법이 있다.

수요를 관리하는 방법

대형 강연장에서 청중에게 질문을 했는데 아무도 대답하지 않아서 어색한 침묵이 흐르는 경우가 있다. 그럴 때면 그냥 답을 알려주고 싶은 충동에 사로잡힌다. 침묵이 길어진다. 심장 박동이 귀에 울리는 듯하다.

그때 어디선가 확신 없는 목소리가 들린다. "수프요?" 덕분에 강연장을 감돌던 긴장감이 풀어진다.

그것은 "아이스크림이나 샐러드처럼 여름에 잘 팔리는 제품을 만드는 식품업체가 겨울에는 무엇을 만들어서 팔까요?"라는 질문에 대한 좋은 대답이었다. 이런 제품을 '주기 대응 제품'이라 부른다. 이 사례에서 주기를 결정하는 것은 계절이다. 하지만 경기의 고점과 저점 또는 (특히 장난감 제조업체들이 크게 고생하는 크리스마스 같은) 주요 이벤트의 시점에 따라 주기가 좌우되기도 한다.

주기 대응 제품을 만드는 것은 제조업체들이 수동적 대응에서 벗어나는 한 가지 방법이다. 그들은 수요에 대응하는 수준을 넘어 고객의 행동을 바꾸려 노력하는데, 이를 소위 '수요 관리'라고 한다.

가장 단순하고 눈에 잘 띄는 형태의 수요 관리는 광고다. 제품에 대한 수요가 없는가? 광고 캠페인을 벌이거나 인플루언서들을 동원해 제품에 대한 인지도를 높이고 수요를 늘려라.[9] 가격 설정과 예약 제도는 고객을 조종하는 또 다른 방법이다. 수요가 급증할 것 같은가? 성수기 '프리미엄 가격'을 책정해 일부 고객이 구매를 늦추도록 유도함으로써 수요 급증세를 완화하고 안정적이고 합리적인 생산 흐름을 유지할 수 있다.

하지만 수요를 조절하는 이런 수법들만으로는 충분치 않다. 제조업체들은 여전히 변화에 대응하는 능력을 갖춰야 한다. 지금까지 살핀 공장 및 공급망의 모든 활동을 늘리거나 줄이는 방법을 알아야 한다. 그것이 바로 '용량 계획capacity planning'의 세계다.

공급을 관리하는 방법

경영 컨설턴트인 미셸 보댕Michel Baudin과 취리히연방공과대학 교수인 토르비욘 네틀란드Torbjørn Netland는 대다수 제조업체가 고객의 필요를 파악하려 할 때 직면하는 문제를 다음과 같이 간결하게 요약한다. "드물고 특별한 경우를 제외하면 미래의 수요를 정확히 예측하는 것은 불가능하다. 여기에 수학 공식을 통해 구할 수 있는 일반적인 해답은 없다."[10]

그 '드물고 특별한 경우' 중 하나가 앞서 언급한 찰스 3세의 대관식일 것이다. 고객으로부터 명확한 주문을 받은 캐시컷과 그의 팀은 이를 충족할 수 있는지를 신속하게 계산해야 했다. 한편으로 그들은 오랫동안 퍼민하우스를 운영하고 자재 공급업체와 거래해 온 경험에서 얻은 지식을 바탕으로 재빠르게 어림짐작할 수 있었다. 다른 한편으로 그들은 보다 체계적인 접근법을 취하여 모델링 또는 시나리오 플래닝을 시도할 수 있었다. 이는 제품을 만드는 데 필요한 단계와 공급업체들의 납품 역량에 대한 이해에 기반한 방법이었다.

현실적으로 대다수 제조업체는 두 가지 접근법을 혼용한다. 이런 방식으로 잠재적 판매량과 실제 납품 역량을 연계하여 관리하는 기법을 '판매 및 운영 계획sales and operations planning'이라 부른다. 그 과정에서 스프레드시트를 작성하고 면밀히 살피며, 그래프와 막대 차트를 검토한다. 성공적인 회사는 이 작업을 스프레드시트 분석 전담 팀에게 맡기지 않고 영업, 인사, 재무부터 생산관리까지 전사적 차원에서 폭넓은 지식 기반을 활용하여 수행한다(그래야 마땅하다).

이처럼 통합적인 관점을 취한다고 해도 공장 관리자들이 실제로 해야 하는 일이 무엇인지 명확한 결론을 내지 못하는 경우가 많다. 기존 제품을 더 많이 생산해야 할까? 약간 수정된 버전 또는 아예 완전히 새로운 제품을 개발해야 할까? 이것이 조만간 끝날 일회성 수요 증가일까, 아니면 지속적인 증가 추세일까? 기업들은 어떻게 이 데이터를 활용하여 무엇을 만들지를 결정할까?

무엇을 얼마나 만들지에 대한 결정

내 앞에 흩어진 종이들● 위에는 일본의 미쓰비시연필Mitsubishi Pencil Company이 만든 '유니 볼 아이 마이크로 UB-150Uni-ball Eye Micor UB-150'라는 볼펜이 놓여 있다. 나는 이 볼펜이 '평준화 생산level production'

●   이 종이들에는 책에 추가할 내용이 가득 적혀 있었는데, 나의 악필 때문에 결국 넣지 못했다. 내가 적어놓은 "choice + make uv not wedlybink > fasting yam"이 무슨 뜻인지 아는 사람이 있다면 내게 연락하기를 바란다. 개정판에 반드시 넣도록 하겠다.

이라는 방식으로 만들어졌을 거로 생각한다. 이는 한 해 동안 수요가 늘거나 줄어도 거의 비슷한 수준으로 생산량을 유지하는 기법을 말한다. 이 기법은 매출이 줄어드는 기간에는 재고를 쌓고, 수요량이 생산량을 넘어서는 기간에는 재고를 풀어서 늘어난 수요에 대응하면 생산량을 급히 늘릴 필요가 없다는 개념에 기초한다. 다른 한편으로 볼펜이나 파스타(그리고 일부 자전거)처럼 유통기한이 상당히 긴 제품에는 잘 통하는 반면, 생크림 케이크나 스시처럼 쉽게 상하는 식품에는 잘 통하지 않는다. 설령 상하지 않는 제품이라 해도 수요 변화로 처치 곤란한 재고가 발생할 위험이 항상 존재한다.

평준화 생산의 대안으로는 '수요 추적demand chasing'을 들 수 있다. 이는 생산 기획자 입장에서 약간 더 긴장되는 기법이다. 수준 높은 예측이 필요한 데다가 기계, 인력, 공급업체가 수요 변화에 신속하게 대응하도록 유도해야 하기 때문이다. 수요 추적은 기본적으로 수요 예측 패턴을 그린 그래프를 면밀히 살핀 다음, 모든 증감을 최대한 밀접하게 따르려고 시도한다. 그러면 팔리지 않은 완제품 재고를 보관하기 위해 돈을 쓸 필요가 없다.

당연히 수요 추적을 잘하기는 굉장히 어렵다. 표적은 항상 이동하며, 수정구슬이 제공하는 정보는 결코 100퍼센트 정확하지 않다. 수요가 예측보다 더 많거나 더 적을 수 있고, 더 빨리 또는 더 늦게 발생할 수도 있다. 팬데믹 직후 시장이 크게 '달아올랐던' 항공기 산업을 예로 들어보자. 2023년어 항공기 주문량은 전년 대비 440퍼센트 증가했고, 주문 적체량은 1만 4,535대라는 기록적인 수준에 이르렀다. 이는 10년이 넘는 작업분으로서 영국에서만 2,190억 파운드의 가치에 달했다.[11] 이처럼 주문이 쏟아지는 상황은 보잉이나 에어버스 같은 기업에 아주 좋은 일이었지만, 품질을 저하하지 않고 그 모든 항공기를 제작해서 납품해야 하는 어려움이 따랐다.

제조업체들은 자사의 생산 용량(인력, 기계, 자재를 토대로 물건을 만들어낼 수 있는 능력)이 갑작스런 수요 변화를 극복할 수 있다고 확신해야 한다. 가령 새 공장을 짓거나, 신규 설비를 매입하거나, 공급업체와 인력을 추가하여 생산 용량을 빠르게 늘릴 수 있다. 하지만 수요 급증에 대응하는 데 필요한 모든 조처를 했는데, 수요가 둔화되는 바람에 생산 용량이 과잉 상태가 되면 어떻게 해야 할까? 당장 필요하지 않은 인력, 기계, 자재에 대한 비용을 계속 지출하기는 어렵다. 그렇더라도 앞으로 수요가 다시 급증할 때를 대비하여 계속 보유하는 편이 나을까? 지금 생산 용량을 감축하면 나중에 다시 확충할 수 있을까? 잉여 인력과 기계를 다른 곳에 활용할 수 있을까?

판매 및 운영 계획의 세계에서는 이런 힘든 결정들을 내려야 한다.

정리하자면, 제조업체들은 무엇을 만들어야 하는지를 알아내기 위해서 수요를 예측할 뿐 아니라 소비자를 특정한 선택지로 유도하려 시도한다. 이 모든 '수요 측면'의 작업은 '공급 측면'의 작업과 긴밀하게 연계되어 있으며, 제조업체들은 수요가 어떻든 간에 고객을 계속 만족시켜야 한다.

안타깝게도 현대 사회에서는 항상 그렇듯이 상황이 약간 더 복잡해졌다. 주요 이슈 중 하나는 이제 대다수 제조업체가 너무 많은 데이터에 접근할 수 있다는 것이다.

데이터 디지털화의 양면성

1970년대까지만 해도 컴퓨터는 중앙화된 대형 기계였으며, 온도가 조절되는 별도 공간에서 전문가들의 세심한 관리를 받았다. 이후 캘리포니아의 똑똑한 천재들이 컴퓨터 시스템 전체를 마이크로프로세서라는 작은 실리콘 조각에 넣는 데 성공했다. 이는 개인용 컴퓨터(PC) 시장의 탄생과 폭발적 성장을 이끌어냈다.

PC는 누구나 데이터를 가공할 수 있도록 해주었다. 중소기업도 컴퓨터를 활용하여 데이터를 가공하고 사업을 개선할 수 있었다. 다만 데이터를 가공하기 위해서는 먼저 데이터에 접근할 수 있어야 했다. 알다시피 고객이 원하는 것에 대한 유용한 데이터를 구하는 것은 굉장히 어려운 일이다. 모든 컴퓨터가 연결되어 인터넷을 형성하기 전까지는 더욱 그랬다.

인터넷이 등장하기 전까지 고객의 행동에 대한 정보를 얻을 수 있는 가장 중요한 수단은 POS 기기에 해당하는 현금등록기였다. 1990년대에 들어서면서 소매업체들은 인터넷에 연결된 PC를 활용할 수 있게 되었다. 그 결과 '전자판매시점관리(EPOS)' 기술을 활용해 신뢰도가 높은 고객 정보를 더 많이, 더 직접적으로 확보할 수 있게 되었다.[12] 이는 제조업체들이 수급 균형을 더 잘 맞추고, 수요 추적이라는 영리한 전략을 구사하는 데 도움이 되는 중요한 진전이었다.[13]

하지만 이런 변화는 새로운 문제를 초래했다. 바로 데이터가 '너무 많다'라는 것이었다. '매일' 약 3억 2,877테라바이트(또는 0.33제타바이트)의 데이터가 생성되었다. 24시간 동안 3,332억 2천만 통의 이메일이 발송되었다. 이 글을 쓰는 시점을 기준으로 전 세계 데이터의 90퍼센트가 지난 2년 동안 생성된 것으로 추정되었다.[14] 그에 따라 이제 유용한 데이터는 제타바이트 분량의 대부분 무의미한 데이터에 깊이 파묻히게 되는 '신호 대 잡음비'라는 문제가 생겼다.•

디지털화된 데이터는 제조업체들에 놀라운 기회도 제공한다. 앞서 그들이 과거 데이터를 활용하여 수요를 예측하는 방식에 대해 이야기했다. 모든 것이 네트워크로 통합되기 전에는 월별, 분기별 판매 데이터를 집계하는 사람들이 따로 있었다. 그들은 부지런히 수치를 확보하여 일일이 스프레드시트에 입력한 다음, 판매 및 운영 계획을 담당하는 사람들에게 돌렸다. 지금은 거의 끊임없이 데이터가 제공된다.

이처럼 방대한 데이터가 생성될 수 있었던 것은 우리 삶의 거의 모든 측면이 디지털화된 덕분이다. 이제 우리는 수요 추세를 과거보

• 이와 관련하여 데이터의 '질' 문제도 있다. 방대한 데이터가 주어지는 상황에서 모든 데이터 포인트가 실질적인 가치를 지니는지를 어떻게 확인할 수 있을까?

다 훨씬 세밀하게(그리고 훨씬 빠르게) 확인할 수 있다. 당신과 나 그리고 인터넷과 연결된 다른 모든 소비자는 수요와 공급을 잇는 지극히 정교한 접근법의 혜택을 누린다. 그리고 알든 모르든 간에 우리는 모두 이 놀라운 시스템에 정보를 공급하는 핵심 자원이다. 내가 미쓰비시연필의 볼펜(또는 다른 상품)을 주문하려고 아마존 앱을 훑어볼 때마다 나의 필요, 욕구, 선호에 대한 작은 정보가 제공된다. 이는 제조업체들이 섬뜩할 정도로 닮은 나의 '디지털 트윈digital twin'을 만드는 데 도움을 준다.

이 방대하고 풍부한 데이터는 제조업체들이 고객의 수요를 예측하고 이에 대응하는 방안을 결정하는 데 기여해 왔다. 컴퓨터의 성능이 비약적으로 향상되고 비용이 저렴해지면서 대응 속도까지 빨라졌다. 그에 따라 더 빠르고 효과적인 수요 추적이 가능해졌다.

이제 제조업체들이 이런 역량을 갖추게 된 것은 좋은 일이지만, 소비자들이 이를 당연하게 받아들인다는 것이 문제다. 우리는 원하는 것이 무엇이든 항상 제공되기를 기대하게 되었고, 일이 잘못되었을 때 더 큰 충격을 받게 되었다.

갈수록 까다로워지는 수요에 대한 대응

제조업체들은 고객의 욕구를 더 잘 이해하게 되었다. 그들은 고객의 굉장히 구체적이면서도 다양한 수요에 빠르게 대응할 수 있는 영리한 방법도 고안해냈다. 그 방법들은 '무엇', '누구', '어떻게'로 요약할 수 있다.

무엇　제조업체들은 다양한 고객의 욕구에 손쉽게 대응할 수 있는 제품을 기획할 수 있다. 한 예로 어느 자동차 브랜드에 대한 오랜 농담을 들 수 있다. 아마 1970년대에 영국에서 자란 사람들은 이 농담을 이해할 수 있을 것이다.

질문: 스코다Skoda 컨버터블을 뭐라고 부를까요?

답변: 쓰레기통입니다.

질문: 어떻게 하면 스코다의 가치를 2배로 높일 수 있을까요?

답변: 기름을 가득 채우면 됩니다.

많은 독자가 이 '농담'이 무슨 의미인지를 몰라 혼란스러울 것이다. 체코의 자동차 기업인 스코다는 요즘 아주 좋은 차를 만든다. 하지만 철의 장막이 여전히 유럽 전역에 확고하게 드리운 1970년대에는 사정이 달랐다. 당시 유럽 서부 사람들이 접할 수 있는 소수의 공산권 제품 중 하나가 스코다 자동차였다. 이 자동차는 단순하고 안정적이며 저렴했지만, 브랜드 측면에서 특별한 매력이 부족하고 가치를 잘 유지하지 못했다. 1980년대와 1990년대를 지나면서 동구권이 붕괴했고, 스코다는 유럽의 막강한 자동차 브랜드인 폭스바겐 그룹의 일원이 되었다. 그때 폭스바겐 엔지니어들은 상당히 영리한 일을 했다. 그것은 바로 다양한 소비자의 수요에 대응하기 위해 '플랫폼 전략'을 활용한 것이다.

자동차 설계에서 플랫폼 전략은 공통의 구성품과 기술을 토대로 여러 모델을 개발하고 생산하는 기법을 말한다. 이는 외양은 다르지만 주요 구성품(핵심 구조)은 같은 차들을 가성비 있게 생산하는 방식이다. 이 장의 주제와 특히 관련 있는 부분은 이 전략을 통해 폭넓은 고객의 선호에 대응할 수 있다는 점이다. 즉 고객의 선호가 바뀌어도 거액을 투자하여 처음부터 신차를 개발할 필요가 없다. 자동차의 전체 기본 설계를 바꾸는 절차를 거치지 않고 구성품과 사양을 바꾸기만 하면 된다. 폭스바겐 그룹의 '모듈형 가로 배치Modularer Querbaukasten(MQB)' 플랫폼은 폭스바겐, 아우디, 세아트, 스코다 브랜드의 다양한 모델을 뒷받침한다. 이는 자동차 산업에서 플랫폼 전략을 성공적으로 구현한 대표적인 사례다. 도요타와 렉서스가 활용하는 '도요타 뉴 글로벌 아키텍처Toyota New Global Architecture(TNGA)'도 마찬가지다. 도요타는 이를 활용해 구성품과 기술을 여러 모델에 적용하면서도 세부 시장의 수요에 맞춘 '브랜드 고유' 사양을 유지한다.

이제 도로가 막혀서 지루할 때는 지나가는 폭스바겐, 세아트, 아우디, 스코다 차량을 잠시 살펴보라. 자세히 들여다보면 각기 다른 브랜드의 로고가 붙어 있지만 비슷한 점이 많다는 사실을 알게 될 것이다. 세계 최대 자동차 기업인 폭스바겐은 플랫폼 전략 덕분에 복잡하고 끊임없이 바뀌는 고객의 수요에 효과적으로 대응할 수 있다.

누구 제조업체들은 또한 창의적인 방식으로 인력, 기계, 자재, 공정을 조율하여 수요 변동에 대응할 수 있다. 한 가지 검증된 방식은 단기 수요에 대응하기 위해 다른 업체에 임시로 생산 작업을 맡기는 것이다. 실제로 제1차 산업혁명이 일어나고 통합형 공장(모든 것을 한데 모아 제품을 생산하는 공장)이 등장하기 이전에는 한 지역에 흩어져 있는 여러 개인이 생산 작업을 나누어 맡았다. 이런 탈중앙화 생산 방식은 '가내수공업' 또는 '위탁생산' 시스템이라 불렸다.

위탁생산 시스템의 경우, 상인이 원자재와 제조법을 제공하면 농촌 주민이 온 가족을 동원하여 단순한 생산 공정을 완료했다. 농촌 주민이 그 결과물을 납품하면 상인이 대가를 지급하는 구조였다. 이는 직물 산업에서 매우 흔한 방식으로, 직물 상인은 양모나 면화 같은 원자재를 농촌 주민에게 주고 직조 작업을 맡겼다.

필요한 경우 다른 업체에 추가 생산 작업을 맡기는 일은 지금도 드물지 않다. 수요가 갑자기 늘어났는데 인력과 기계가 이미 완전 가동 상태라면, 적절한 기술과 여분의 생산 능력을 지닌 다른 업체의 도움을 구하는 것이 타당하다. 이는 코로나19 팬데믹 동안 (말 그대로) 생명을 구하는 전략이었다. 나중에 자세히 살피겠지만, 당시 개인보호장구 · 손 소독제 · 인공호흡기에 대한 수요가 주요 제조업체의 생산 능력을 훨씬 넘어서 버렸다. 그런 상황에서 아주 특별한 일이 일어났다. 비의료 부문 제조업체들이 공정을 재구성하면 필요한 의료 물품을 만들 수 있다는 사실을 알아낸 것이다. 이 절박하면서도 성공적이었던 경험은 제조업체들에 다른 기업의 자원을 활용하는 법을 배우면 갑작스런 수요 변화에 '유연하게' 대응할 수 있다는 귀중한 교훈을 주었다.

어떻게 제조업체가 빠르게 변하는 수요에 대응하는 세 번째 방법은, 한 가지 작업에 특화된 기계가 아니라 다양한 작업이 가능한 기계를 갖추는 것이다. 그러던 공장은 변덕스러운 고객이 요구하는 것이 무엇이든 빠르게 대응할 수 있다. 거기에 도움을 주는 몇 가지 기술이 있다.

넓게 보면 세 가지 종류의 도구와 기계가 있다. 첫 번째 유형은 한 가지 특정 작업만 하도록 설계된다. 극단적인 사례로는 퍼민하우스에서 기병대 투구를 제작할 때만 쓰던 특수 도구들이 있다.•

두 번째 유형은 다양한 용도를 지닌 한 가지 유형의 작업을 한다. 가령 드릴은 곧고 둥근 구멍을 뚫는 데 매우 유용하며, 드릴 비트의 크기와 재질에 따라 다양한 목적의 구멍을 뚫을 수 있다. 다만 모든 구멍은 곧고 둥글다.••

- 놀랍게도 왕실 기병대가 착용하는 투구의 주요 부분을 성형하는 도구인 '대장장이용 느릅나무틀blacksmith's elm'은 퍼민하우스가 설립된 1655년 이래 지금까지 계속 사용되고 있다(Grant, P.(2024). Less. William Collins. 105페이지). 이 도구는 지금도 쓸모가 있으며, 오직 하나만 있으면 된다. 그래서 퍼민하우스는 그 작업에 같은 특수 도구를 계속 쓰고 있다.
- 이 말에 반박하는 독자도 있을 것이다. 실제로는 각끌기mortiser 드릴을 사용하면 네모난 구멍을 뚫을 수 있다. 하지만 '대다수' 드릴 비트는 둥근 구멍을 뚫는다.

마지막 유형은 거의 모든 형태의 제품을 만든다. 3D 프린터가 대표적인 예다. 이런 기계는 설계자에게 매우 높은 수준의 '설계 자유도'를 부여한다. 구성품 중앙에 곧고 둥근 구멍을 뚫고 싶다면 드릴을 쓰면 된다. 하지만 한쪽에서 타원형 구멍으로 시작하여 모퉁이를 돌아 사각형 구멍으로 마무리하고 싶다면, 드릴은 쓸모가 없다. 3D 프린터를 사용하면 그런 구멍을 가진 물건을 찍어낼 수 있다. 육각형으로 시작하여 삼각형으로 끝나는 구멍을 만드는 것도 문제없다. 이처럼 3D 프린터는 높은 수준의 설계 자유도를 제공한다. 컴퓨터로 설계를 바꿔서 새 프린트 파일을 프린터로 전송하기만 하면 된다.

이는 상당히 인상적인 이야기이기는 하지만, 수요 변화에 대응하는 일과 무슨 관련이 있을까? 당신이 공장장이라고 가정해 보자. 당신의 공장에서는 대형 항공기 제조업체에 구성품을 납품한다. 그 회사는 앞서 말한 대로 전년 대비 440퍼센트나 늘어난 주문 때문에 힘들어하고 있다. 당신의 공장은 특수 구성품을 만드는 데 최적화되어 있어서 특수 기계로 정밀 부품을 만든다. 이런 상황에서 수요 급증에 어떻게 대응할 수 있을까? 이미 인력과 기계는 완전 가동 상태에 있다. 급히 특수 기계를 더 매입하여 주문량을 맞춰야 할까? 납품을 마치고 나면 그것들은 어떻게 될까?

알다시피 수요가 이전 수준으로 돌아가면 값비싼 기계와 전문 인력들을 놀리게 될 수 있다. 하지만 다용도 기계라서 임시로 특정 부품을 만들다가 나중에 수요가 생길 수 있는 다른 부품도 만들 수 있다면 어떨까? 이런 이유로 3D 프린팅 기술은 특정 분야에서 실로 유용하다.

이보다 훨씬 극단적인 방법도 있다. 아예 제품을 팔지 않는다면 어떨까?

'사람들이 원하는 건 구멍'이라는 사실에 대응하는 법[15]

이 말은 다소 세련되지 않은 용어인 '서비스화servitization'와 관련이 있다. 그 전제는 매우 단순하지만, 서비스화는 수많은 제조업(및 비제조업)이 돌아가는 방식을 바꿔놓았다. 이는 고객에게 제품을 파는 것이 아니라 고객의 실질적인 필요를 충족하고, 그들의 문제를 해결하는 데 집중하는 접근법을 말한다.

이 주제는 사례를 들어 설명하는 편이 이해하는 데 도움이 된다.

항공사는 항공기에 들어가는 제트 엔진을 매입하고 관리하기를 원치 않는다. 그들이 원하는 것은 어디든 원하는 곳으로 승객을 태워줄 수 있도록 항상 항공기가 준비되는 것이다. 서비스화 접근법에 따라 롤스로이스나 GE 같은 제트 엔진 제조회사는 '시간당 요금제'를 제공한다. 즉 연간 비행 시간만큼 요금을 받는 것이다. 모든 것은 제조회사에서 알아서 해주기 때문에 항공사는 귀찮게 제트 엔진을 관리하고 보수할 필요가 없다. 이 방식은 모두에게 좋을 수 있다. 왜 그럴까?

과거 제트 엔진 제조회사는 항공사에 부품을 팔고 수리비를 받아서 상당한 이익을 얻었다. 반면 서비스화 사업 모델에서는 제조회사에 정비하기 쉽고 고장 나지 않는 엔진을 제공하게 만드는 강력한 동기가 작용한다. 이제는 제조회사가 수리 및 정비 비용을 감당해야 하기 때문이다. 한편으로 항공사는 제조회사에서 모든 것을 알아서 해주기 때문에 정비창을 유지하고 기술자를 훈련하지 않아도 된다. 그들은 자신이 잘하는 일, 즉 압력이 조절되는 알루미늄 동체 안에 앉아서 시속 900킬로미터로 고도 1만 미터 상공을 날아가는 항공 여행을 더 빠르게, 더 저렴하게, 또는 조금이라도 더 쾌적하게 만드는 일에만 집중할 수 있다.

다른 부문에서도 이런 일이 일어난다. 자동차업계는 오랫동안 판매 모델이 아닌 리스 모델을 구상했다. 리스 모델은 근래에 집카Zipcar나 겟어라운드Getaround 같은 자동차 공유 모델로 확장되었다. 이런 모델을 활용하면 1톤짜리 비싼 쇳덩어리를 대부분의 시간 동안 세워두는 일 없이 필요할 때만 쓸 수 있다.•

항공기든, 자동차든, 또는 다른 제품이든 간에 서비스화 모델에 필수적인 자원이 바로 데이터다. 롤스로이스와 GE는 고객사의 엔진 운용 현황뿐 아니라 엔진 자체에 대해 대단히 상세한 데이터가

• 영국의 경우 승용차와 승합차가 주차 상태에 있는 시간의 비율이 96퍼센트에 이른다. https://www.racfoundation.org/wp-content/uploads/standing-still-Nagler-June-2021.pdf.

필요하다. 집카와 겟어라운드는 차량 위치와 상태 그리고 어느 고객이 어떤 차량을 쓰고 있는지에 대한 데이터가 필요하다. 이런 데이터를 확보하는 방식은 실로 놀라운데, 뒤에서 다시 다룰 것이다.

◎

이제 당신은 현재 제조업의 세계가 돌아가는 방식과 지금 같은 양상이 나타나게 된 이유를 이해하는 데 필요한 기본적인 도구와 지식을 갖추게 되었다. 하지만 우리가 물건을 만드는 방식은 항상 변한다. 지금부터는 제조업의 세계에서 일하는 사람들이 제조와 물류를 둘러싼 일상적 과제에 어떻게 대응하는지 그리고 제조, 운송, 소비에 영향을 미치는 거대한 변화를 어떻게 관리하는지를 보여줄 것이다. 미래가 현재를 변화시키는 양상을 이해하려면 제조업에서 변화, '혁신'이 어떻게 일어나는지를 이해해야 한다.

그러기 위해서는 일단 차를 한 잔 끓여야 한다.

PART 2

제조업의 세계는 어떻게 변화하고 있는가

YOUR LIFE IS MANUFACTURED

5장　변화

제조업과 세상이
서로를 변화시키는 양상

'딸깍'. 당신은 아마 하루에 몇 번씩 이 소리를 들을 것이다. 이 소리는 전 세계에서 하루에 수억 번씩 들릴 것이다. 이것은 우리의 행복에 필수적인 기계의 안전하고 지속가능한 작동을 위해 정확하게 정해진 순간에 전자의 흐름이 자동으로 차단되는 소리다. 바로 전기주전자에 담긴 물이 끓었음을 알리는 소리다.

이 소리를 만드는 것은 지름 2센티미터 미만의 작고 반짝이는 원형 장치로서, 세상의 거의 모든 전기주전자에 설치되어 있다. 지금 식탁 위 내 노트북 옆에 그 장치가 여러 개 놓여 있다. 그중에는 공장에서 바로 나온 원형 상태인 것도 있고, 전기주전자 제어 시스템을 구성하는 플라스틱 조립체 안에 들어 있는 것도 있다.

특별한 형태를 지닌 이 원반은 위 표면과 아래 표면이 서로 다른 금속으로 만들어져 가열하면 다른 속도로 팽창한다. 그 결과 전기주전자에서 발생한 수증기의 열기가 위로 지나갈 때 한쪽이 다른 쪽보다 빨리 팽창하면서 원반이 작은 '톡' 소리를 내며 휘어진다. 이 동작은 가열 장치로 들어가는 전자의 이동을 스위치처럼 차단할 수 있을만큼 아주 강력하다.

당신(그리고 전 세계 수십억 명)이 전기주전자로 물을 끓일 때마다 이런 일이 일어난다.

전기주전자는 어떻게 저절로 꺼지는 법을 배웠을까

아마 당신은 나와 마찬가지로 전기주전자가 꺼지는 방식에 대해 별로 생각해본 적이 없을 것이다. 어떻게 전 세계의 모든 전기주전자가 저절로 꺼지는 법을 배우게 되었는지도 깊이 생각해보지 않았을 것이다. 하지만 앞서 소개한 작은 장치를 개발한 이야기는 제조업의 세계에서 일어나는 변화의 양상을 아주 잘 예시한다.

그 이야기를 들려주려면 1970년대로 돌아가야 한다. 당시 주전자의 세계에서 조용한 혁명이 일어날 조짐을 보이고 있었다. 이 일은 당대의 다른 사건들*처럼 신문 헤드라인을 장식할 만한 영향력은 없었을지 몰라도, 향후 수십억 명의 사람에게 영향을 미치게 되었다.

1970년대까지 주전자는 금속으로 만들어졌으며, 두 가지 종류가 있었다. 하나는 수천 년 동안 크게 바뀌지 않은 방식을 썼다. 사람들이 주전자에 물을 채우고 불로 가열하는 방식으로, 열원이 장작불에서 가스레인지나 전기레인지로 교체되었을 뿐 바뀐 것이 거의 없었다. 그러다가 19세기 후반에 최초의 독립형 전기주전자가 시장에 등장하기 시작했다. 그때까지만 해도 가전기기에서 물과 전기가 만났을 때 발생하는 짜릿한 결과물을 피하는 방법이 알려지지 않아서, 초기 모델은 가열 장치가 물과 분리되어 있었다. 전자식 가열 장치를 안전하게 물에 담그는 기술이 개발되려면 1920년대까지 기다려야 했다.[1] 그 이후로 전기주전자를 설계하는 방식은 거의 고정되었다. 물을 넣은 다음 스위치를 켜면, 잠시 후 물이 끓는 소리가 들리고 수증기가 뿜어져 나오거나 휘파람 소리가 났다. 물이 다 끓었다는 신호였다. 한눈을 팔거나 자리를 뜨면 물이 계속 끓어서 다 증발해 버렸다. 이 경우 가열 장치가 과열로 고장 날 수 있었다. 이는 좋지 않은 일로 매캐한 냄새가 났지만 생명을 위협하는 정도는 아니었다.

하지만 플라스틱으로 만든 전기주전자라면 약간 더 문제가 심각했다. 결국에는 열에 의해 플라스틱 몸체가 녹아서 가열 장치 위로 무너질 것이다. 그러면 독성 연기와 불길이 발생할 것이고, 주방이나 사무실 또는 호텔방이 불타버릴 것이다. 이런 이유로 제조업체들

● 냉전, 로 대 웨이드 판결Roe vs. Wade(미 연방대법원이 낙태를 합법화한 기념비적인 판결─옮긴이), 영국의 첫 여성 총리 비틀즈 해체 등.

은 플라스틱 전기주전자가 지닌 장점[*]에도 불구하고 제조와 판매를
주저했다.

플라스틱 전기주전자를 안전하게 만들려면 물이 끓은 후 자동으
로 꺼주는 일종의 스위치가 필요했다. 나처럼 복잡한 아침 일과를 감
당하기 힘들어하는 사람들(전기주전자를 켜기 전에 물을 넣는 중요한 과
정을 빠트리는 사람들)을 위해 또 다른 스위치도 필요했다. 두 번째 스
위치는 플라스틱 몸체가 녹기 전에 일찌감치 자동으로 전원을 끄는
기능을 해야 했다.

앞서 설명한 이종二種 금속 재질 원반은 이 문제에 대한 놀랍도록
정교한 해결책의 핵심 요소다. 이 대목에서 이 작고 반짝이는 장치
를 개발한 존 테일러John C. Taylor 박사라는 발명가가 우리의 이야기
에 등장한다.

수십억 개의 스위치를 만드는 기계

2023년의 흐린 봄날, 이른 아침이었다. 나는 런던 시티 공항에서
나를 맨섬Isle of Man까지 데려다줄 단거리 비행용 소형 로건에어Loga-
nair 비행기를 내다보고 있었다. 비행기에 올라 체크무늬 헤드레스트
너머로 살펴보니, 다른 여행자들은 관광객과 주민 그리고 나중에 알

---

[*] 가볍고, 성형하기 쉬우며, 생산단가가 낮다.

게 되는 사실이지만 중국인 투자자들이었다. 내 머리 왼쪽에서 불안할 정도로 가까이 자리 잡은 프로펠러 엔진이 쿵쿵대고, 윙윙거리고, 삑 소리를 내면서 돌아가기 시작했다. 2개의 엔진이 회전 속도를 높이자, 비행기는 덜컹거리며 유도로를 달리다가 방향을 돌려서 막 잠에서 깨어나는 런던의 하늘로 날아올랐다.

커피 한 잔과 비스킷이 제공되고 얼마 후, 구름을 뚫고 하강이 시작되었다. 비행기는 아일랜드해 위를 활강하다가 녹색과 갈색의 해안선을 따라 방향을 튼 후, 영국 왕실령인 맨섬에 부드럽게 착륙했다. 공항 터미널을 걷다 보니 작은 지역 공항이 주는 즐거움을 느낄 수 있었다. 출구 바로 앞에 대기 중인 차가 1대뿐이었는데, 운전석에는 테일러 박사가 앉아 있었다.

그의 집에서 점심을 먹은 후, 우리는 목적지인 산업단지가 위치한 섬 건너편 북쪽에 있는 램지Ramsey라는 곳으로 향했다. 갈색 투톤의 낮고 길쭉한 산업용 건물 바깥에 차가 멈추었다. 그곳은 테일러 박사가 세운 스트릭스Strix라는 회사의 핵심 글로벌 생산 기지로, 주력 제품은 물을 안전하게, 전기를 아껴서 끓일 수 있도록 해주는 스위치였다.[2]

나는 수수한 공장 건물 안으로 들어서면서 사진을 찍거나 여기서 본 것을 자세히 말하면 안 된다는 명확한 주의사항을 전달받았다. 그럴만한 이유가 있었다. 건물 안에는 테일러 박사와 그의 팀이 설계하고 제작한 기계들이 있었는데, 이 기계들은 1980년대부터 '블레이드blade'라 불리는 완벽한 이종 금속 재질 원반을 수십억 개나 생산했다. 블레이드는 현재 전 세계 전기주전자의 표준 부품이 되었다.

내가 여기서 말할 수 있는 것은 이제 당신도 잘 알고 있을 기본적인 내용뿐이다. 스트릭스 공장 역시 여느 공장처럼 투입물을 가공하여(사람이 기계와 원자재에 공법을 적용하여) 가치 있는 산출물로 만든다. 투입물은 목재 원통에 끈 형태로 감긴 이종 금속이고, 산출물은 중국으로 운송될 완벽한 이종 금속 재질 블레이드다.

이종 금속 코일을 풀어서 정교한 전용 압형 및 압착 기계에 넣는 것으로 공정이 시작된다. 뒤이어 약간의 열처리와 라벨링, 테스트, 포장을 거친 블레이드가 1만 킬로미터 떨어진 중국 광저우에 있는 또 다른 스트릭스 공장으로 운송된다. 그곳에 공장을 둔 이유는 대다수 고객사(전기주전자 제조회사)가 거기서 제품을 만들고 있기 때문이다. 광저우 공장에 도착한 블레이드는 플라스틱 사출 성형으로 만든 스위치와 전원부 조립체 안에 삽입된다. 이 조립체는 시장조사를 통해 고객이 원할 것으로 예측되는 모양의 전기주전자 바닥에 내장된다. 완성된 전기주전자는 포장되어 소매업체로 운송된 후 주방이나 사무실 또는 호텔방에 놓인다.

더 나은 제품을 만들려면 누군가가 새로운 방식을 고안하고, 실험하고, 개선해야 한다. 전기주전자 제어 시스템의 경우, 테일러 박

사와 그의 팀이 완전히 새로운 시스템을 설계했다. 핵심은 정밀한 설계와 제작을 거친 이종 금속 재질 블레이드였다. 적절한 품질과 비용으로 필요한 양만큼 제품을 만들려면 공정 설계도 제품 설계만큼 중요하다. 지금까지 살핀 다른 공정과 마찬가지로 블레이드 생산 공정도 인력, 기계, 자재를 공장과 공급망 전체에 걸쳐 적절하게 통합하고 조율해야 한다. 고객사(전기주전자 제조회사)가 실제로 원하는 것이 무엇인지, 신제품이 고객사와 사용자에게 어떤 혜택을 주는지를 알지 못하면 구성품과 제품을 만들고 옮기는 모든 활동이 무의미해진다.•

하지만 신제품이 이미 제조되어 판매되는 제품을 대체하면 어떻게 될까? 각 제품에는 대개 3만여 개의 구성품이 필요하고, 이미 수백 개 기업이 이를 조립하고 있다. 수천 개의 공급업체가 그 모든 구성품을 만들고, 수백만 명의 직원이 공급업체에서 일하며, 고객도 수천만 명에 이른다면?

현재 내연기관차에서 전기차로 옮겨가는 중인 자동차 산업에서 바로 이런 일이 일어나고 있다. 이는 제조업 부문에서 전 지구적 규모로 전개되고 있는 혁신이다.

• 외부성도 고려해야 한다. 스트릭스가 추정한 바에 따르면, 전기주전자 제어 시스템을 활용하면 해마다 500만 톤의 이산화탄소를 감축할 수 있다. 이는 100만 대의 휘발유 자동차가 뿜어내는 이산호탄소의 양에 해당한다. 자동 전원 차단 기능으로 물을 끓이는 시간을 2초만 줄여도 영국에서 해마다 44기가와트시 또는 900만 파운드를 아낄 수 있다.

내연기관차에서 전기차로의 전환

어린 시절 우리 가족이 타고 다니던 폭스바겐 캠퍼밴Campervan에 대해 너무나 좋은 기억을 가진 나는, 성인이 된 후에도 다소 비합리적으로 폭스바겐 차만 샀다. 2022년에도 차를 사려고 동네에 있는 폭스바겐 매장으로 갔다. 놀랍게도 마지막으로 방문한 5년 전에 비해 너무나 많은 것이 변해 있었다. 무엇보다 전기차 1대가 입구 공간을 대부분 차지하고 있었다.

영업사원은 내가 몸을 옆으로 돌려서 안으로 들어가려 하자 이렇게 말했다. "완전 전기차 모델인 ID.3에 관심이 있으신 모양이네요. 자세히 설명을 드릴까요?"

자동차 산업이 초기 단계에 있던 19세기 말에 미국에서 가장 많이 팔린 차는 내연기관차가 아니라 전기차였다.[*] 나는 이 사실을 알고서 깜짝 놀랐다. 자동차 산업 초기에는 전기차의 상대적 편익이 엄청났다. 우선 구조적으로 단순했기 때문에 고장이 잘 나지 않았고 관리하기 쉬웠다. 내연기관차에 비해 승차감이 좋았고, 운전하기 쉬

[*] 구체적으로는 포프 매뉴팩처링 컴퍼니Pope Manufacturing Company에서 생산한 '컬럼비아Columbia' 모델이었다.

웠으며, 오염물질을 뿜어내지 않았다. 초기 전기차 모델은 무겁고 충전 시간이 오래 걸리는 납산 배터리를 썼지만, 시내 주행 용도로 쓰기에는 크게 문제가 되지 않았다.

그러면 왜 우리는 전기차를 버리고 내연기관차로 옮겨갔을까? 왜 1세기 넘게 오염물질을 뿜어내고 구조가 복잡한 내연기관차를 타고 다녔을까? 톰 스탠디지Tom Standage가 저서 『이동의 간략한 역사A Brief History of Motion』에서 밝힌 바에 따르면, 이는 기술적 이유와 심리적 이유가 복합적으로 작용한 결과다.[3]

휘발유는 기술적 측면에서 상당한 고유의 이점을 지닌다. 우선 배터리보다 '에너지 밀도'가 높다. 즉 단위 질량당 더 많은 에너지를 담는다. 1897년에 잠재 고객들은 지금도 많은 사람이 갖고 있는 심리적 우려를 표했는데, 바로 주행거리에 대한 불안이었다. 전기차를 사면 한 번에 목적지까지 갈 수 있을까? 그렇지 않다면 충전소를 쉽게 찾을 수 있을까?

지난 100여 년 동안 여러 차례에 걸쳐 전기차에 대한 관심이 일시적으로 되살아났다. 이는 지정학적 난국[4]이 초래한 유가 급등에 대한 반응인 경우가 많았으며, 그때마다 상당히 일정한 패턴의 사건들이 일어났다. 석유 공급이 줄어들면(또는 줄어들 것이라는 우려가 제기되면) 유가가 급등했다. 그러면 주유소에 긴 줄이 생기고, 보다 작고 연비 좋은 차에 대한 수요가 증가했다. 엔지니어들은 '휘발유가 필요 없는 차를 개발하면 어떨까? 그래, 전기차를 만들어야 해'라고 생각했다. 그 결과 매우 특이한 전기차가 출시되어 뉴스에 등장했다. 이 전기차들은 부실한 성능과 높은 가격에도 판매량이 늘었다. 그러다가 국제적 문제가 해결되고, 유가가 떨어지면 사람들은 다시 내연기관차로 돌아갔다. 결국 전기차 제조회사는 파산했고, 전기차를 만들던 대형 자동차 기업은 조용히 시장에서 철수했다. 지금까지 10년에서 15년 주기로 이 과정이 반복되었다.

그러던 차에 세 가지 중대한 변화가 일어났다.

첫 번째 변화는 전기에너지를 저장하는 방식이 개선된 것이었다. 납산 배터리보다 더 가볍고, 더 많은 에너지를 저장할 수 있으며, 더 빨리 충전할 수 있는 신기술이 개발되었다. 바로 리튬 이온 배터리였다.[5] 두 번째 변화는 우리가 이 지구에서 살아남으려면 이산화탄소 배출량을 줄여야 한다는 사실을 뒤늦게 깨달은 것이었다. 이를 위해서는 화석연료를 태우는 교통수단을 더 이상 이용하지 말아야 했다. 마지막으로 지구로서는 다행스럽게도 매우 중요한 변화가 일어났다. 그 주역은 2000년대 초반에 한 미국 자동차 기업이 내린 결정이 너무나 못마땅했던 두 명의 엔지니어였다.

2002년, 자동차 대기업인 제너럴모터스(GM)는 이름조차 따분한 EV1이라는 첫 전기차의 판매를 중단했다.• 이에 백지상태에서 개발

• 이 결정은 너무나 큰 논란을 일으켜서 〈누가 전기차를 죽였나?Who Killed the Electric Car?〉라는 다큐멘터리까지 만들어졌다.

한 전기차를 대량 생산하려는 최초의 본격적인 시도가 무산되었다. 마틴 에버하드Martin Eberhard와 마크 타페닝Marc Tarpenning은 이 결정에 크게 분노한 나머지, 아예 자신들이 직접 전기차를 만들어 팔아야겠다고 결심했다.

그들은 세르비아계 미국인 발명가이자 전기공학자인 니콜라이 테슬라Nikolai Tesla의 이름을 따서 회사명을 지었다.

2004년, 그 유명한 일론 머스크가 테슬라에 거액을 투자하여 회사의 빠른 성장을 도왔다. 덕분에 로드스터Roadster에 이어 모델 S, 모델 X, 모델 3, 모델 Y가 연달아 출시되었다.

테슬라는 한두 번의 위기에도 불구하고 엄청난 성공을 거두었다. 2010년에는 포드자동차가 1956년에 상장된 이래 자동차 기업으로서는 최초로 상장사가 되었고, 11년 후 기업 가치가 1조 달러를 넘는 기업 대열에 합류했다.[6] 이후 테슬라의 기업 가치는 줄어들었지만 2024년 여름에도 여전히 후순위 7개 자동차 기업의 시가총액을 모두 '합친' 것보다 더 많은 시가총액을 자랑했다.[7]

2008년에 첫 차를 출시한 전기차 회사로서는 나쁘지 않은 성적이었다.

'창조적 파괴'는 어떻게 변화를 이끄는가

테슬라는 오스트리아 경제학자인 조지프 슘페터Joseph Schumpeter

가 다소 과장되게 표현한 '창조적 파괴의 돌풍'을 만들어냈다. 슘페터의 설명에 따르면, 이는 "경제 구조를 내부로부터 끊임없이 혁신하는 산업의 돌연변이로서, 오래된 것을 파괴하고 새로운 것을 창조하는 과정"이다.[8] 슘페터는 이런 변화의 핵심에는 대개 기성 기업이 없다는 점을 지적한다. 즉 새로운 기업을 만들고 다른 방식으로 사업을 하는 창업자가 변화를 이루어낸다는 것이다. 테슬라 창업자들은 글로벌 자동차 산업을 혁신하여 내연기관으로부터 멀어지게 만드는 데 핵심적 역할을 했다.[9]

테슬라가 일으킨 돌풍의 영향으로 새로운 상업적 기회가 선명하게 드러났다. 전 세계의 주요 자동차 기업들은 고객의 선호가 바뀌고 있으며, 신속하게 자사의 고유한 특징을 담은 전기차를 출시해야 한다는 사실을 깨달았다.

이러한 양상은 하나의 의문을 제기한다. 충분한 자원을 보유한 대기업은 별난 스타트업보다 자동차 산업을 훨씬 잘 안다. 전기차 시장이 그토록 큰 기회라면, 그들은 왜 테슬라가 등장하기 전에 전기차 시장에 뛰어들지 않았을까?•

그 답은 관성이다.

• 공정하게 말하자면, 그들 중 다수는 오랫동안 하이브리드 모델을 제조하고 판매했다. 하지만 대부분의 모델은 내연기관을 주요 동력원으로 삼았으며, 별도의 전기 모터는 단거리 주행용이었다.

제조 대기업이 관행을 바꾸기 힘든 이유

오랫동안 사업을 해온 대기업은 수에즈 운하에 낀 대형 선박인 '에버기븐호'처럼 방향을 신속하게 바꾸기가 몹시 어렵다. 그들은 대규모 공장의 가동 방식을 효율화하고, 방대한 공급망을 최적화하고, 고객을 자세히 이해하고, 숙련된 노동력을 구축하는 데 엄청난 자금과 시간을 투자했다. 이처럼 복잡한 시스템을 바꾸는 일에는 '대단히 많은' 비용이 들어간다. 자동차 산업의 경우 차를 제조하고 판매하는 기업만 관련된 것이 아니라 화석연료 산업까지 부담을 가중한다. 그들 중 다수는 내연기관용 연료와 윤활제를 제공하는 데 주력한다.

복잡한 산업 구조는 대기업에 유리한 측면으로 비칠 수 있다. 자동차 산업에서 성공하기 위한 기본 요건은 특수 설비가 필요한 대규모 공장을 돌리는 것이다. 다수의 숙련공에 더하여 전문 공급업체들로 구성된 공급망도 필요해 도전하려는 신생 기업이 많지 않다. 하지만 산업에 변화가 일어나면 진입장벽에 균열이 생기면서 새로운 경쟁업체가 들어올 수 있다. 가령 대기업들이 갖지 못한 신기술이 변화의 토대라면 어떨까? 신기술을 보유한(그리고 오랜 제조 공정에 얽매이지 않은) 기민한 신생 기업이 느리고 오래된 기업들보다 먼저 새로운 시장에 뛰어들 수 있다. 테슬라가 바로 그런 경우다.

물론 대기업은 스타트업보다 유리한 이점을 갖고 있다. 그중 하나는 거대한 규모로 일을 추진하는 능력이다. 근래에 자동차 대기업들은 이 같은 이점을 활용하여 테슬라 및 동류 기업에 빼앗긴 입지를 되찾으려 시도했다. 그들은 최대한 빨리 신제품을 시장에 내놓아야 한다는 사실을 깨달았다. 일반적으로 콘셉트 모델에서 시작하여 신차를 매장에 선보이기까지 2년에서 5년이 걸리는데,[10] 이 기간에 충성고객들이 살 만한 차가 없다는 문제가 생길 수 있었다.

이런 이유로 그들은 단순하게 시작했다.

신형 전기차를 신속하게 설계하고 제조하는 법

주요 자동차 제조회사들은 최대한 신속하게 변화를 이루어야 했다. 그들은 설계 엔지니어들에게 기존 내연기관차 모델 중 일부를 전기차로 바꾸는 흥미로운 임무를 맡겼다. 엔진, 기어상자, 클러치, 변속기, 연료 시스템 등 내연기관차에 필요한 부품들을 들어내고 전기 구동 시스템을 욱여넣는 작업이 진행되었다. 이 투박한 작업 덕분에 대형 브랜드의 전기차들이 신속하게 만들어졌다.

하지만 처음부터 전기차로 설계된 차는 내연기관차와 크게 달랐다. 무엇보다 전기차는 훨씬 단순했다. 내연기관차는 대개 3만여 개의 구성품으로 구성된 반면, 전기차는 구성품이 그 절반도 안 된다.[11] 내연기관차는 수천 번의 작은 폭발을 조정하여 금속, 플라스틱, 고무, 유리로 된 1~2톤짜리 차체를 움직이기 때문에 놀라울 정도로 복잡한 장치들을 갖추고 있다.

우선 연료를 저장 및 주입하고, 액체 연료를 기화하며, 기화된 연료를 밀리초 단위로 정확하게 분사·압축·점화하여 피스톤을 실린더 아래로 밀어내는 시스템이 필요하다. 또한 실린더 아래로 밀리는 피스톤의 직선 운동을 커넥팅로드와 크랭크샤프트를 통해 회전 운동으로 전환해야 한다. 이 회전력을 기어상자를 통해 전달하여 바퀴에 적절한 수준의 토크와 회전 속도를 제공해야 한다. 분당 수천 번의 폭발을 일으키려면 정밀 가공된 밸브, 캠, 로드, 샤프트, 기어가 정확한 시점에 정확한 위치에서 가동하도록 만드는 정밀한 기계 및 전자 시스템이 필요하다. 모든 가동 부품에 적절하게 윤활유를 투입하기 위한 경로와 파이프도 필요하다. 수많은 폭발로 발생하는 막대한 열을 라디에이터와 팬으로 빠르게 식히기 위한 또 다른 시스템도 갖춰야 한다.

이 폭발적 화학 작용과 역동적 기계공학의 미친 듯한 교향곡은 좌석에서 불과 몇 센티미터 떨어진 곳에서 벌어진다. 그럼에도 운전자와 승객은 아무런 영향을 받지 않아야 한다. 운전자는 그저 가끔 연료를 채우고 1년에 한 번 점검을 받기만 하면 된다. 그리고 휴대전화가 멍청할 정도로 지나치게 복잡한 인포테인먼트 시스템과 아무 이유 없이 연결되지 않을 때 실컷 짜증을 내면 된다.•

이와 달리 전기차를 추동하는 기술은 우스울 정도로 단순하다. 모든 기계적 요소는 배터리 팩(가장 크고 무거운 구성품)과 최소한 하

• 나만 그런 것일 수도 있다.

나의 전기 모터 그리고 배터리에서 나오는 직류 전류를 모터에 필요한 교류 전류로 바꾸고 배터리를 관리하는 몇 가지 제어 장치로 대체된다. 그것이 전부다. 복잡한 변속기 시스템이나 클러치, 밸브, 크랭크샤프트, 연료 시스템, 윤활 시스템, 라디에이터 같은 건(이 정도만 나열해도 무슨 말인지 알 것이다) 필요 없다.•

전기차가 자동차를 만드는 방법과 장소를 바꾸는 양상

알다시피 제품의 속성은 그것을 만드는 공장의 속성을 좌우한다. 공급망 설계와 공장 입지도 제품의 핵심을 차지하는 기술의 영향을 받는다. 내연기관차를 조립하기 위한 생산 라인은 전기차를 조립하기 위한 그것과 같지 않다. 전기차는 필요한 구성품의 수가 적어 필요한 공급망도 더 단출하다. 내연기관차와 같은 공급업체가 일부 참여할 수도 있지만(바퀴, 브레이크, 시트는 여전히 필요하니까) 새로운 공급업체가 필요하다. 특히 전기차의 구성품 중 하나인 무거운 배터리 팩 공급업체는 당연히 장거리에 걸쳐 배터리를 운송하고 싶어 하지

• 재미있는 점은 전환기 동안 일부 자동차 기업이 여전히 가짜 라디에이터 그릴을 전기차 앞에 붙였다는 것이다. 그렇지 않으면 테슬라 모델 3처럼 라디에이터 그릴이 없는 매끈한 앞모습을 갖게 된다. 어떤 사람들은 그것이 마치 영화 〈매트릭스〉에서 입이 제거된 키아누 리브스를 보는 것처럼 약간 이상하다고 여긴다.

않는다.

이 모든 여건으로 인해 전기차를 제조하려는 기업은 기존 내연기관차 생산 공장을 개조하거나 새 공장을 지어야 하는데, 두 방식 모두 상당한 비용을 초래한다. 가령 폭스바겐은 내연기관 모델인 골프를 생산하던 츠비카우Zwickau 공장에서 완전 전기 모델인 ID.3를 생산하기 위해 10억 유로가 넘는 개조 비용을 들였다. 전기차를 안전하게 생산하는 데 필요한 특정한 공정을 가동하려면, 공장의 물리적 구조를 바꾸고 새 설비를 도입할 뿐 아니라 기존 직원을 재교육하거나 신규 직원을 채용해야 했기 때문이다.••

내연기관차에서 전기차로의 전환이 영향을 미치는 범위는 공장 및 관련 공급망의 재구성에 그치지 않는다. 전기차의 도래는 전 세계 자동차 산업의 구도까지 바꾸고 있다. 현재 중국은 전기차 제조(그리고 구매) 부문에서 가장 크고 빠르게 성장하는 중심 국가가 되었다. 중국 전기차 기업인 비야디BYD는 2023년 전 세계에서 판매된 1,400만 대의 전기차 중 300만여 대를 생산했다.[12] 판매 대수 측면에서도 중국은 전 세계 전기차 판매량의 거의 60퍼센트를 차지했다.[13] 미국에 이어 테슬라가 가장 많이 팔리는 나라가 어디일까? 바로 중국이다.[14]

•• 이 글을 쓰는 현재 기준으로 전 세계 자동차 산업이 고용한 인력은 1,400만 명으로 추정된다.

환경에 덜 해로운 차에 대한 수요가 지금의 산업 전환을 이끌고 있다. 이는 오래전부터 예고된 것이었다. 우리가 2020년대에 목격한 변화 중 다수는 자동차 산업에서만 일어나는 것이 아니다. 제조업의 세계에서 변화를 겪지 않은 부문을 찾기 어렵다.

사실 제조업은 과거에도 항상 변화하는 과정에 있었고, 앞으로도 그럴 것이다.

'모든 것이 변하고 어느 것도 멈추지 않은 상황에서'° 제조업체가 성공하는 법

제조 시스템은 모든 것이 안정적일 때, 모두가 어떤 일을 해야 하는지를 알 때, 오류와 변화가 최소한으로 유지될 때 가장 잘 돌아간다. 그러다가 전기주전자를 끄는 방식이든, 자동차를 구동하는 방식이든 새로운 아이디어가 등장한다. 제조 기업의 고위 경영자들은 신기술을 살핀 후 자문하게 된다. '이 기술을 진지하게 받아들여야 할까? 그렇다면 우리가 만드는 제품, 제조 방식, 판매 품목에 어떤 의미를 지닐까? 다른 장단점을 지닌 여러 신기술이 개발될 때, 우리는 어디에 노력을 집중해야 할까?'

이 모든 질문에 대한 답을 찾으려면 '지배적 디자인dominant design'

●   플라톤, 『크라틸로스 *Cratylus*』, 402a.

(개별 산업을 지배하는 제품과 서비스를 지칭 – 옮긴이)이 어떻게 부상하고 활용되는지를 이해해야 한다.

제조업체들이 지배적 디자인을 토대로 삼는 방식

동영상 스트리밍 서비스가 등장하기 훨씬 전인 2000년대 초, 소비자 가전업체들은 DVD에 고해상도 영상을 담기 위한 기술을 개발하고 있었다.

하지만 문제가 있었다.

관련 업체들은 무엇이 최고의 기술인지에 대해 합의하지 못했다. 결국 HD-DVD와 블루레이라는 두 가지 경쟁(그리고 비호환) 기술을 토대로 한 제품들이 발매되었다. 이런 이중 구도는 소비자들을 불안하게 만들었다. 고급 HD-DVD 플레이어를 구매하고 HD-DVD 영화를 사 모으기 시작했는데, 블루레이가 인기를 얻어서 더 이상 HD-DVD 영화가 나오지 않으면 어떻게 될까? 반대의 경우도 생길 수 있었다. 이 문제가 해결되기 전까지 두 기술업체 모두 매출이 아주 낮았다. 그러다가 HD-DVD 기술을 밀던 기업들이 사업을 포기하기로 하면서 블루레이는 지배적 디자인이 되었고, 시장은 급성장했다.[15]

지배적 디자인이 확정되면 기업들은 더 이상 어느 기술이 최고인지를 다투지 않으며, 해당 디자인을 토대로 한 제품을 개발하고 제조하고 판매하는 데 집중한다. 그러나 지배적 디자인의 부상은 제품이 시장에 이르기 전에 마쳐야 할 수많은 작업의 출발점에 불과한 경우가 많다.

자동차 산업의 초기가 이 점을 잘 보여준다.

19세기 말, 휘발유를 연료로 쓰고 배기가스를 뿜어내는 신형 자동차 시장이 성장하기까지 수많은 요소가 갖추어져야 했다. 첫째, 소비자들은 신형 자동차를 사면 필요할 때 언제 어디서든 연료를 구할 수 있을지를 알아야 했다. 그에 따라 자동차에 맞는 휘발유와 윤활유를 탐사·채굴·가공·표준화·판매하는 인프라 전체를 개발해야 했다.[16] 그다음으로 사람들이 실제로 차를 구경하고, 시승하고, 살 수 있는 판매망을 구축해야 했다. 거기에 더하여 초기 자동차는 내구성이 상당히 떨어진 나머지 문제가 생기면 고쳐준다는 보장이 필요했다. 즉 적절한 기술과 장비 그리고 부품을 갖춘 정비사가 차를 유지·보수해 줄 것이라는 믿음을 주어야 했다.

이런 것들은 꼭 필요한 기본적인 요소에 불과했다. 도로를 달리는 모든 차량이 안전한지를 검사하고 인증하는 시스템, 주유소 네트워크와 통합된 매끄러운 도로, 값비싼 차를 사거나 리스할 수 있도록 도와줄 금융상품, 매우 불안정한 연료를 싣고 빠르게 달리는 쇳덩어리들이 부딪히는 사고가 났을 때 처리해 줄 긴급 서비스도 필요했다. 우리는 이처럼 다층적인 내연기관 중심 산업을 100년 넘게 다듬어왔다. 이제 이 산업은 우리 삶과 공동체의 너무나 많은 측면에 깊이 자리 잡고 있다.

자동차 산업처럼 오래되고 깊이 뿌리내리고 복잡한 산업의 경우, 중대한 변화를 촉발하려면 따로 다른 누군가가 개입해야 한다. 전체 제조 부문의 대변혁은 지역사회와 국가 경제에 엄청난 영향을 미친다. 이런 이유로 그 '누군가'가 정부인 경우가 많다.

"저는 정부에서 일하고, 여러분을 도우러 왔습니다"[*]

제조 기업이 거대한 기술적 전환에 잘 대처하도록 정부가 도울 수 있는 일이 많다.[**] 거기에는 크게 세 가지 유형이 있다. 하나는 공급 측면으로서 기업들이 신기술에 적응하고 활용하도록 돕는 것이다. 다른 하나는 수요 측면으로서 소비자들이 신기술을 토대로 한 제품을 사도록 권장하는 것이다. 또 다른 하나는 말하자면 '의도치 않은 결과에 대한 대응'이다. 신기술 때문에 일자리를 잃은 지역사회를 돕는 일 등이 여기에 해당한다.

각 유형에 대해 보다 자세히 살펴보자.

[*] 로널드 레이건 미 대통령에 따르면, 이는 "영어에서 가장 무서운 문장"이다.
[**] 정부의 역할 대 시장의 역할 그리고 정치 이데올로기를 둘러싼 논쟁에 빠져들지 않으려고 의도적으로 '도울 수 있는'이라는 표현을 썼다.

공급 측면에서 다소 투박하지만 가장 간단한 방법은 단순하게 기존 기술을 쓰지 못하게 막는 것이다. 이 경우 제조업체는 다른 방식을 찾아야 한다. 가령 2020년 말에 영국 정부는 "2030년까지 휘발유 및 디젤 신차 판매를 종료한다"라고 발표했다. 어떤 단서 조항도 예외 조항도 없었다.[17] 이런 정책은 자동차 기업에 명확한 목표를 부여하지만,• 그들이 스스로 알아서 문제를 해결하도록 내버려두는 것은 다소 뻔뻔한 짓이다. 우리는 자동차 산업이 엄청나게 복잡하고, 수백만 명을 고용하며, 100년 넘게 개발되고 다듬어진 기술을 활용한다는 사실을 안다. 약간의 실질적 도움이 없다면, 그들은 변화하는 데 실로 어려움을 겪을 것이다.

그러면 어떤 실질적 도움이 필요할까?

정부가 신기술이 수반하는 위험을 줄이는 법

실망스러우리만치 시원했던 2023년 여름, 나는 영국 서부에 있는 산업지대로 차를 몰았다. 변화하는 자동차 산업을 돕기 위한 정부의 지원이 실제로 어떻게 이루어지는지를 확인하기 위한 여행이었다.

• 다만 선거철이 되어 약간 불안할 때는 이야기가 달라진다. 2023년 9월, 리시 수낙 Rishi Sunak 총리는 2035년까지 기한을 연장했다.

나는 고속도로를 빠져나와 녹음이 우거진 웨스트 미들랜즈West Midlands 교외 지역의 구불구불한 도로를 지나 워릭대학 캠퍼스로 자연스럽게 들어섰다. 사전에 그렇게 해도 된다고 말을 들었지만 '차량 진행 방향' 표지와 반대 방향으로 차를 돌릴 때는 약간 죄책감이 들었다. 나는 자전거를 타는 사람과 행인 들에게 미안하다는 손짓을 하며 보행자 전용 도로로 차를 몰았다. 나의 목적지는 워릭제조업그룹Warwick Manufacturing Group(WMG)에 속한 국제제조업연구소International Manufacturing Centre였다.

내가 터치스크린으로 로그인하는 데 애를 먹자, 친절한 리셉션 직원이 "저희가 지켜보지 않으면 아마 더 쉬울 겁니다"라고 웃으며 말했다. 나는 입장 관문을 간신히 통과하고 나서 안내인인 로빈Robin을 만났다. 그와 함께 점심을 먹은 후 국제제조업연구소에서 하는 일에 대해 이야기를 들었다.

WMG는 영국 정부가 산업 전환을 지원하기 위해, 구체적으로는 '추가적 추진력'을 제공하기 위해 수억 파운드를 투입한 사업의 일환으로 설립되었다. '고부가가치제조업혁신센터High Value Manufacturing Catapult'라 불리는 이 기구는 영국 전역에 존재하는 7개 연구소로 구성된다. 각 연구소는 뛰어난 공학자와 최신 제조 기술로 가득하며, 특정 생산 공정(가령 합성소재를 활용한 생산 공정)이나 부문(가령 재생에너지 생산)에 대해 하나 이상의 전문 영역을 가지고 있다. WMG는 기업들이 전기 동력 시스템으로 전환하는 속도를 높이는 데 전문성이 있다.

WMG 같은 연구소들은 공통점이 있다. 그것은 제조업체들이 신기술을 활용하지 못하게 막는 두 가지 특정한 문제에 대응한다는 것이다. 첫 번째 문제는 실험실에서 성공한 방식을 토대로 공장에서 안정적으로, 꾸준하게, 효율적으로 대량 생산하는 '산업적 규모화'에 대한 것이다.

국제제조업연구소 건너편에 있는 에너지혁신연구소Energy Innovation Centre도 근처에 있는 배터리산업화연구소Battery Industrialisation Centre와 함께 정부 지원 활동의 사례에 해당한다. 이 연구소들은 배터리 제조회사와 전기차 제조회사가 기가팩토리 규모로 배터리를 생산하는 데 따르는 문제점을 해결하도록 돕는다.

배터리 제조회사와 전기차 제조회사는 모든 차량에 들어가는 모든 배터리 팩의 모든 모듈의 모든 셀이 의도대로 작동할 것이라는 (그리고 제조 과정의 작은 결함 때문에 차량과 탑승자가 불길에 휩싸이지 않을 것이라는) 확신을 가져야 한다. 그러기 위해서는 배터리 제조 과정의 모든 측면을 철저하게 분석하고 시험해야 한다. 공정의 반복성과 제품의 일관성은 필수적이다. 제조업체는 불량 배터리가 공장을 떠나 누군가의 전기차에 들어가면 차량 탑승자뿐 아니라 사업 자체도 끝장날 수 있다는 사실을 안다.

제조업체들이 직접 개발과 시험을 하면 되지 않느냐고 물을 수 있다. 왜 굳이 정부가 혈세를 들여서 민간 기업이 문제를 해결하는 데 도움을 주어야 할까? 모든 기업이 이런 연구를 활용할 수 있으면, 더 많은 기업이 신기술을 받아들이게 될 것이다. 새로운 배터리 기술이 빠르게 확산되면 전기차로의 전환 속도도 빨라져 국가와 지구에 도움이 될 것이다.

만약 전기차 배터리에 '열폭주 현상'이 발생한다면, 그 장소가 통제된 환경을 갖춘 연구소인 게 낫다. 퇴근길에 고속도로를 달리다가 정말로 차에서 타는 냄새가 나는 건지 아니면 내가 착각을 하는 건지를 고민하는 것보다 말이다.

정부가 기업들의 신기술 활용을 지원하는 법

WMG 같은 연구소가 해결하려는 두 번째 문제는 산업 정책 전문가들이 말하는 '기술 확산'과 관련이 있다. 어떤 기술이 나온 지 꽤 되었다 해도, 일부 제조업체는 자사 공장에 활용하기를 주저한다. 이런 양상은 특히 중소 제조업체를 중심으로 다양한 제조 활동에 컴퓨터 기반 자동화 기술이 느리게 적용된 데서 명확하게 드러난다. 신기술 도입을 주저하는 이런 태도는 큰 문제로 이어질 수 있다.

최근 몇 년 동안 경제학자들은 영국의 중소 제조업체들이 해외 경쟁업체들만큼 생산성이 높지 않은 이유를 의아해했다.[18] 다른 나라의 중소 제조업체들은 생산성을 높여가는(즉 시간당 더 많은 물건을 만드는) 것처럼 보인 데 반해, 영국 중소 제조업체들의 생산성은 끈질기게 낮은 수준을 유지했다. 많은 논쟁을 거쳐, 영국 중소 제조업체들이 디지털 기술을 더 많이 수용하여 효율성을 개선하면 생산성을 높일 수 있다는 결론이 도출되었다.

그런데 왜 그렇게 하지 않는 것일까?

설문조사 결과, 여러 이유가 드러났다.[19] 하나는 노동자들이 신기술을 활용할 수 있을지 경영자들이 확신하지 못한다는 것이었다. 다른 하나는 자사 공장의 특정 작업에 신기술을 적용하는 일이 얼마나 어려울지(라고 쓰고 "돈이 많이 들지"라고 읽는다) 경영자들이 대체로 확신하지 못한다는 것이었다. 이는 전적으로 타당한 우려였다. 제대로 활용할 수 있고, 확실하게 실적을 개선할 수 있다는 확신이 없는데 굳이 비싼 설비를 새로 구매할 이유가 있을까?

정부는 이 두 가지 문제를 해결하는 데 있어서 중소기업을 도울 수 있다. 가령 교육 과정에 자금을 지원하여 제조업체 직원들이 신기술을 활용할 수 있도록 할 수 있다. 또한 시범 시설을 만들어서 제조업체 경영자들이 신기술을 직접 체험하고 자사에 실질적으로 어떤 도움을 줄 수 있는지 감을 잡을 수 있도록 할 수 있다.

이런 시범 시설의 좋은 사례가 바로 워릭에서 북쪽으로 약 100킬로미터 떨어진 곳에 있는 '옴니팩토리Omnifactory'라는 다소 음산한 이름의 시설이다.●

●　'옴니팩토리'라는 말을 읽거나, 쓰거나, 말할 때마다 픽사 영화 〈인크레더블〉에 나오는, 자가 학습을 하는 무섭고 파괴적인 로봇 '옴니드로이드Omnidroid'가 떠오른다. 나는 노팅엄대학의 동료 연구자들에게 그쪽 마케팅팀이 이 영화를 본 적이 있는지를 물어보고 싶었다.

반짝이는 황금색 건물인 옴니팩토리는 거대한 산업용 극장과 같다. 나는 현재 노팅엄대학 주빌리 캠퍼스Jubilee Campus 외곽에 자리한 옴니팩토리의 통제실에 들어와 있다. 벽 곳곳에는 대형 컴퓨터 화면들이 설치되어 있으며, 다양한 산업용 로봇과 이동형 플랫폼이 여러 구도로 배치되어 대형 항공기 구성품을 조립하는 모습을 보여준다. 마우스만 클릭하면 각 로봇과 플랫폼(그리고 전체 제조 시스템)의 움직임을 시뮬레이션하고, 신속하게 자동으로 시스템을 재구성하여 다양한 제품을 만드는 방법을 확인할 수 있다. 나는 스크린에서 그 과정이 전개되는 동안 다른 방문자들과 함께 예의 바르게 고개를 끄덕인다.

잠시 후 연구소장인 스베탄Svetan이 웃으며 버튼을 누른다. 제어실 한쪽 끝에 있던 거대한 불투명 유리창이 투명하게 변하며, 그 너머로 거대한 로봇과 다른 설비들을 갖춘 실제 공장이 보인다. 전체 시스템은 스크린에 나오는 그대로 재구성되어 있다. 이는 무엇이든 만들 수 있는 미래의 공장을 설계하기 위한 시범 공간이다. 옴니팩토리의 역할은 제조업체들에 최신 자동화 및 디지털 기술의 가능성과 효력을 보여주는 것이다.

나는 감탄을 금하지 못하면서 어쩔 수 없이 약간의 불안감을 느낀다. 거대한 로봇들의 움직임이 영화 〈아바타〉의 초반에 나오는 장면과 너무 비슷하기 때문이다.

하지만 위층에서 마주한 광경은 전혀 다른 반응을 끌어낸다. 거기에는 측면이 투명한 긴 진열장 안에 작고 하얀 쿠카Kuka 브랜드

로봇들이 움직이는 플랫폼 위에 놓여 있다. 이 로봇들은 조립 작업을 하는 것처럼 짧은 팔을 흔들고 있다. 마치 아래층에 있는 초대형 로봇의 작은 자손들이 일을 배우고 있는 것 같다. 이곳은 '미니 옴니 팩토리'의 시범 공간으로서 중소 제조업체들에 적은 예산으로 자동화의 혜택을 얻는 방법을 보여준다.

WMG와 옴니팩토리는 국민 세금을 들여 제조업체들이 신기술의 도래에 대응하도록 돕는 사례다. 두 기관은 신기술 도입을 고민하는 제조업체들을 위해 리스크와 불확실성을 줄여주려 노력한다. 이는 정부가 공급 측면에서 제조업체들이 자신감을 얻고 리스크를 줄이도록 돕는 방식이다.

수요 측면에서도 정부가 신기술을 위한 시장을 부양하기 위해 할 수 있는 일들이 있다.

정부가 신제품 수요를 촉진하는 법

누구도 먼저 나서서 신제품을 선뜻 구매하려 하지 않는 때가 있다. 이런 상황에서는 정부가 개입할 수 있다. 정부가 초기 고객이 되어 다른 사람들에게 신기술을 활용하는 방법을 보여주고, 혁신가들에게 초기 판매에서 나오는 절실한 수익을 제공할 수 있다.

다음 장에서 살펴보겠지만, 정부는 컴퓨터 등장 초기에 고객으로서 시장을 부양하는 대단히 중요한 역할을 했다. 미국과 영국의 컴퓨터 산업 여명기가 그 분명한 사례다. IBM이 컴퓨터 시장에 처음 진입할 때, 미국 정부는 수억 달러어치의 컴퓨터를 구매하여 리스크를 줄여주었다. 반면 앞으로 살펴보겠지만, 영국 정부는 그렇게 하지 '않기로' 결정함으로써 IBM과 경쟁할 것으로 기대하던 컴퓨터 기업의 잠재력을 꺾어버렸다.[20]

정부는 소비자들이 신기술에 기반한 제품을 사도록 장려할 수 있다. 내연기관차에서 전기차로 바꾸도록 지원하는 것은 가장 가시적인 정부의 소비 진흥책 중 하나다.[21] 가령 전기차 구입 가격을 낮추기 위해 지원금을 제공할 수 있다. 이는 2020년대 초에 중국에서 전기차 판매가 급증한 핵심적인 이유 중 하나다. 또한 전기차 초기 모델의 판매를 가로막은 '주행거리 불안' 문제에 대응하기 위해 충전소 네트워크 구축에 직간접적으로 투자할 수 있다.

다른 한편으로 정부는 당근뿐 아니라 특정 제품의 구매 및 사용에 불이익을 주는 정책을 시행하는 채찍도 활용할 수 있다. 가령 전기차 판매를 늘리기 위해 내연기관차를 사고 타는 일을 어렵게 만드는 식이다. 실제로 전 세계 여러 도시에서 '초저배출구역Ultra Low Emission Zones'이 지정되었고, 내연기관차 배출가스에 대한 규제가 갈수록 엄격해졌다. 단순히 세금을 올려서 휘발유과 경유를 아주 비싸게 만들기도 했다. 이 모든 정책은 소비자들을 저배출 또는 무배출 차량으로 유도하는 데 도움을 줄 수 있다.

제조업 전환에 따른 '뜻밖의 결과'에 대처하는 법

중대한 제조업 전환이 일어날 때마다 승자와 패자가 생긴다. 호환 부품 같은 기술의 도입은 생산성 개선으로 이어졌지만, 총기를 만들던 수많은 숙련공이 일자리를 잃기도 했다. 지금도 마찬가지다. 일부 근로자는 고용을 유지하고 새로운 일자리가 창출되기도 하지만, 제조업 부문의 지속적인 자동화는 거의 언제나 일자리 상실로 이어진다. 특히 내연기관차처럼 비교적 복잡한 제품에서 전기차처럼 단순한 제품으로 업계가 이동할 때 이런 일이 자주 발생하여 공급망 전체에 걸쳐 변화가 일어난다. 거기에 더하여 다른 경제 분야와 마찬가지로 제조업계에도 AI의 영향력이 드러나고 있으며, 일부 공정에서는 인력에 대한 수요가 갈수록 줄어든다.

기업은 노동자들이 이런 전환에 대응하도록 여러 측면에서 지원할 수 있지만, 그들의 통제력 또는 예산을 넘어서는 일들도 있다. 이런 부분에서는 정부가 개입하여 재교육 자금을 제공하거나 신규 채용 기회를 개발하도록 도울 수 있다. 기술적·경제적 변화의 멈출 수 없는 파도에 휩쓸린 지역사회에 복지 서비스를 제공할 수도 있다.

사우스 요크셔South Yorkshire에 있는 탄광 도시인 오그리브Orgreave는 영국 현대 산업사에서 가장 고통스러운 시기를 상징적으로 보여준다. 그 배경에는 멈출 수 없는 변화의 파도가 있다. 1980년대에 이곳은 잦은 위기에 시달리면서 제때 변화하지 못한 영국 철강 및 석탄 산업이 격렬한 분쟁을 겪는 과정에서 파업 광부와 경찰 사이에 폭력적 충돌이 벌어졌던 현장이다. 결국 정부는 오그리브의 광산을 폐쇄해 버렸다. 그 결과 수백 명이 일자리를 잃었고, 지역사회는 붕괴되었다.

그러나 2000년대에 들어서면서 오그리브는 지방자치단체와 중앙정부의 직접적인 도움으로 새로운 활력을 얻었다. 현재 오그리브에는 첨단제조업연구소Advanced Manufacturing Research Centre(AMRC)가 자리 잡고 있다. 이 연구소는 WMG와 옴니팩토리처럼 새로운 제조 기술을 시연하고 도입에 따르는 리스크를 줄여주는 일을 한다. 연구소 주위에는 그 성공을 증명하듯이 롤스로이스, 보잉, 맥라렌 같은 기업들의 제조 설비가 모여 있다. AMRC는 고숙련·고임금 제조업 일자리로 진출할 수 있는 연수생들을 위한 교육시설도 운영한다.

앞서 인용한 레이건 대통령의 말과 달리, 정부는 제조업체가 중대한 변화를 극복하도록 지원하고, 산업적 변화에 따른 뜻밖의 결과에 대응하는 일에서 핵심적인 역할을 한다.

모든 혁신이 획기적이거나, 단절적이거나, 변혁적이지는 않다

지금까지 이 장에서 다룬 내용은 대부분 현재의 제조 활동에 커다란 단절을 초래하는, 제품이나 공정의 중대한 변화 사례에 초점을 맞추었다. 하지만 이 장에서 다룰 필요가 있는 다른 유형의 변화도 있다. 이 변화 역시 엄청나게 중요하며, 모든 제조업체에 영향을 미치는데도 일각에서는 약간 신데렐라 취급을 한다.

이를 설명하기 위해 300명의 공대 1학년 학생들로 가득한 강의실로 당신을 안내한다. 나는 방금 그들 앞에 자동차 배터리만 한 크기의 1980년대 휴대전화를 내려놓은 참이다.

한 학생이 내게 "왜 그렇게 크게 만들었어요?"라고 묻는다.

나는 세상에서 가장 똑똑한 학생들을 가르치지만, 그들도 기대만큼 날카롭지 못할 때가 있다. 공정하게 말하자면, 11월의 흐린 화요일 아침 9시에 강의실에 앉아 있으면 누구라도 최선의 모습을 보여주기 어렵다. 그리고 앞선 질문은 불합리한 것이 아닐지도 모른다. 초기 휴대전화는 실제로 "너무나 컸다." 그럼에도 당시 활용할 수 있는 최신 기술을 도입한 놀라운 공학적 개가였다.

초기 휴대전화는 말도 안 되게 비쌌고, 배터리 지속 시간이 아주 짧았으며, 실제로 통화가 가능한 지역이 제한되어 있기도 했다. 당연히 구매자도 적을 수밖에 없었다. 그러나 일련의 사건들이 서서히 시작되면서, 휴대전화 시장은 소수의 부유한 기술 애호가와 허세 부리는 사람들에서 출발해 전 세계 인구보다 2배나 많은 휴대전화가 존재하는 수준으로 성장했다.[22]

어떻게 그런 일이 일어났을까?

사람들이 "여보세요? …네? …예. 지금 기차 안이에요"라고 소리치는 모습이 혁신을 위해 중요한 이유

휴대전화의 장점이 명확해지면서 구매자가 늘어났고, 이는 잠재 고객 사이에서 휴대전화의 존재감을 높이는 결과를 낳았다. 비록 기차에서 짜증 나는 통화 소리를 듣게 되었기는 하지만 말이다. 그만큼 기능을 개선하고 비용을 줄여서 더 많은 고객에게 팔기 위한 투자가 이루어졌고, 이러한 과정은 하나의 주기가 되었다. 1G에서 5G까지 진화하는 과정에서 나타난 대로 휴대전화의 성능은 계속 개선되었고, 가격은 계속 내려갔다. 그 결과 비교적 짧은 기간에 사람 수보다 휴대전화 수가 더 많은 세상이 되었다.

이는 제조업에서 일어나는 다른 유형의 변화, 즉 '점진적 혁신'을 보여주는 좋은 사례다. 이 경우 새로운 물건이 발견되거나 발명되는 초기 단계에 이어 단계별 개선이 이루어지고, 그에 따라 해당 아이디어에 기반한 시장의 규모가 커진다. 이런 반복적 단계는 제조 방식(신뢰도 높은 제품을 일관되게 만들어낼 수 있도록 공정을 최대한 효율적으로 설계했는가?)과 관련된다. 제품의 사용 방식(고객이 어디서든 휴대전화를 쓸 수 있는 통신망을 제공했는가?)에 초점을 맞출 수도 있고, 기술

● 물론 일부 스마트폰은 말도 안 되게 비싸다. 하지만 이는 단순히 성능 측면만 직접적으로 반영한 것이 아니라 브랜딩과 마케팅 요소도 크게 작용한다. 그래서 일부 기업은 상당한 고가도 기꺼이 감당하는 고객들을 찾아낼 수 있다.

자체(그렇다. 휴대전화를 '너무나 크지' 않게 만드는 것도 그 일부다)와 관련된 개선이 이루어질 수도 있다.

제조업체는 제품이 만들어지는 전체 기간에 걸쳐 이러한 점진적이고 지속적인 개선을 이룬다. 앞서 살핀 모든 활동(제조, 운송, 수요 충족)은 끊임없이 조정되고 다듬어진다.

지속적이고 줄기찬 변화의 관리

제품이 지속적으로 개선되면서 우리는 제조업체들이 현재 수준의 신뢰성, 가격, 품질을 달성하기 위해 어떤 일을 했는지를 잊어버리는(또는 전혀 모르는) 경우가 많다.

내 사무실 구석에는 대형 여행 가방만 한 크기의 커다란 플라스틱 상자가 놓여 있다. 그 안에는 전화기의 역사를 말해주는 표본들이 들어 있다. 구체적으로 말하자면, 1980년대 중반과 2010년대 사이에 팔린, 가장 인기 있었던(그리고 가장 이상했던) 휴대전화들이다.●

나는 휴대전화를 하나씩 꺼내어 연대순으로 늘어놓았다. 구두통만 하던 휴대전화는 2000년대 중반 무렵 성냥통 크기로 줄어들었

● 앞서 언급한 자동차 배터리만 한 휴대전화는 그 상자에 들어 있지 않다. 그 휴대전화는 여름에 바람이 세게 불 때 대단히 효과적인 사무실 문 지지대로 용도가 변경되었다.

다가 다시 크기가 커지기 시작했다. 전화와 문자서비스만이 아니라 온라인 콘텐츠에 접근하기 위해 더 큰 스크린이 필요했기 때문이다. 대략 중간 지점에 노키아 3310 모델이 있다. 강연장이나 행사장에서 이 휴대전화를 가진 적이 있는지를 물어보면 거의 언제나 놀라울 정도로 많은 사람이 손을 든다. 그들은 배터리가 몇 주씩 가고, 약하기 짝이 없는 요즘 스마트폰과는 달리 벽돌처럼 튼튼하던 옛날 휴대전화의 경이로움을 기억한다.•• 물론 그들은 노키아 휴대전화에 내장되어 있던 〈스네이크Snake〉라는 멋진 게임에 대한 향수도 느낄 것이다.•••

이 크기별 배열은 매우 피상적인 변화 과정을 보여준다. 휴대전화는 고객의 선호를 반영하여 계속 작아졌고, 엔지니어들은 갈수록 좁아지는 공간에 구성품을 끼워 넣는 마법을 발휘했다. 하지만 이동통신을 뒷받침하는 기술도 빠르게 발전하면서 더욱 복잡해짐에 따라, 엔지니어들은 계속해서 간소화를 추구해야 했다. 그러다가 스마트폰이 개발되면서 기능이 대폭 늘어났다. 이제 휴대전화만 있으면 전화와 문자서비스뿐 아니라 전 세계 거의 모든 곳에서 인터넷에 접근할 수 있게 되었다.

스마트폰을 구성하는 수백 개의 구성품과 하위 시스템은 단순히

•• 당시에 충격 흡수용 케이스나 화면 보호 필름 같은 제품은 일상적 용도보다 폭발로부터 휴대전화를 보호해야 하는 군사적 목적으로만 사용되었다.
••• 물론 애뮬레이터emulator를 쓰면 향수에 흠뻑 젖을 수 있다. 구글 플레이나 앱 스토어에서 '노키아 스네이크'라고 입력해 보라.

발명 단계에서 그치지 않고 (전기차 배터리처럼) 끊임없는 개발 과정을 거쳐야 수백만 개 단위로도 신뢰성과 효율성을 기하면서 대량 생산이 가능하다. 전 세계의 공장에서 역사상 가장 복잡하고 소형화된 전자기기를 줄기차게, 지속적으로 제조하고 개선하기 위해 수십억 달러의 투자가 이루어졌다.

소비자인 우리는 그 과정을 보지 못한다. 그저 현대 생활에 없어서는 안 될 도구가 된 아름답고 매끄러운 휴대기기를 바라보며, 기차가 터널을 지날 때 고해상도 영상이 끊긴다고 투덜댈 뿐이다. 나는 거의 드러나지 않고 흔히 잊히는 제조업 변천사의 한 측면을 상기하기 위해 옛날 휴대전화들을 보관한다.

이제 우리는 거의 모든 제조업 변천에는 공통된 주기가 있다는 사실을 안다. 이 주기는 한 시장의 필요에 가장 잘 맞는 신기술 또는 지배적 디자인이 개발되면서 시작된다. 이후 제조업체들은 적절한 비용을 들여서 결함 없는 제품을 대량 생산하기 위해 해당 제품과 제조 방식을 조금씩 개선하는 일에 노력을 기울인다. 일부 제품은 용도에 따라 (휘발유든, 전기든, 잉크든, 면도날이든, 총알이든) '소모품'을 필요로 한다. 이 경우 제조업체들은 적절한 품질과 비용으로, 적절한 곳에서 소모품을 제공하는 인프라도 만든다.

이 장을 마무리하기 전에 지금까지 당신이 궁금해할지도 모르는 몇 가지 의문에 답하고자 한다.

누가 줄기차고, 힘들고, 끝없는 이 모든 변화를 밀어붙일까? 왜 지속적인 개선이 필요할까? 왜 사람들은 현재 상태에 만족하지 못할까? '적당한 수준'은 무엇이 문제일까?

왜 우리는 계속 혁신할까

카노 노리아키狩野紀昭라는 일본의 한 교수는 이 모든 의문에 답하는 대단히 명쾌한 통찰을 제시했다.

당신이 자동차 산업 초기로 돌아갔다고 상상해 보라. 당시에는 시속 30킬로미터로 꾸준하게 달리는 자동차를 개발하는 것도 놀라운 공학적 개가였다. 당신이 그런 성과를 달성한다면 분명 충성고객을 확보할 수 있을 것이다. 하지만 모든 자동차의 신뢰성과 주행거리는 앞서 설명한 과정을 거쳐 꾸준히 개선되었다. 결국 시속 30킬로미터로 달리는 성능으로는 더 이상 차별화가 되지 않는다. 따라서 속도 측면에서 성능을 개선하든지, 상대적 우위를 내세울 다른 척도를 찾아야 한다. 가령 추운 날 아침에도 쉽게 시동을 걸 수 있다거나, 울퉁불퉁한 길도 부드럽게 지나갈 수 있어야 한다. 안락한 시트나 차 지붕의 존재처럼 고객을 기쁘게 할 수 있는 다른 장점을 내세울 수도 있다. 하지만 지붕이 달렸다고 해도 아침에 시동이 걸리지 않거나 툭하면 고장 나는 차는 팔리지 않을 것이다.

고객은 특정한 요건을 갖고 있는데, 카노는 이를 '기본 요건', '성능 요건', '매력 요건'으로 분류했다. 이와 관련하여 지속적이고 점진적인 개선 활동을 뒷받침하는 실로 중요한 사실이 있다. 바로 고객의 요건은 고정되어 있지 않다는 것이다.

잠시 생각해보라. 지금 당신이 차를 살지 고민 중이라면, 추운 날 아침에 시동이 잘 걸리는지는 중요한 고려 대상이 아닐 것이다. 차 지붕의 존재 여부도 구매 결정에 큰 영향을 미치지 않을 것이다. 시간이 흐르고 고객이 점차 많은 요소를 표준으로 여기게 되면서, '매력 요건'은 '성능 요건'이 된다("와, 이 차에는 문이 달렸어!"라고 말하다가 "이 차에는 잠글 수 있는 문이 있는데 저 차에는 없어"라고 말한다). 이후 누구도 아예 차 문에 대해서는 이야기하지 않는 때가 온다. 차 문이 모든 차의 '기본 요건'이 되었기 때문이다. 만약 영업사원이 손님에게 차 문의 품질을 유난히 강조한다면 안 좋은 다른 부분을 감추려는 시도일지도 모른다.

카노는 제조업체들이 계속 변화하는(실제로는 변화해야 하는) 이유를 명확하게 설명한다. 제조업체들은 자사 제품을 차별화해야 하는 지속적인 필요에 대응해야 한다. 한 기업이 성능 개선이나 새로운 기능으로 앞서 나가면, 다른 모든 기업도 동일한 조처를 해야 경쟁력을 유지할 수 있다. 그로 인해 격차가 줄어들면, 기업들은 다시 자사 제품을 경쟁사 제품보다 '더 낫게' 만드는 개선 방법을 찾아내야 한다. 제조업체들이 계속 혁신해야 하는 이유가 거기에 있다.

지금까지 살핀 모든 이야기를 엮어보면, 제조업체 경영자들이 흔히 너무나 지쳐 보이는 이유를 알게 된다. 이제는 아주 명확해진 사실이겠지만, 제조업은 예측 가능한 수요와 신뢰성 높은 공급업체, 원활하게 작동하는 기계, 일에 만족하는 직원들 등 모든 것이 안정되어 있을 때 가장 잘 돌아간다. 하지만 어느 것도 안정적인 상태에 머물지 않는다. 고객은 까다롭고, 공급업체는 상시 공급을 하지 못한다. 기계는 고장 나고, 직원들도 사람이라 불만이 많다. 거기에 더하여 즉각적인 위기를 초래하는 수많은 사태(팬데믹, 전쟁 등)와 서서히 진행되는 변화(신기술의 등장이나 사회적 태도 변화)도 있다. 때로는 이 모든 문제가 한꺼번에 닥치는 끔찍한 일도 생긴다.

지금까지 거대한 변화가 제조업의 세계에서 일어나며, 거의 모두에게 영향을 미친다는 사실을 보여주었다. 이런 양상을 관리하는 일은 쉽지 않아도 가능하다는 점도 확인했다.

나는 다시 맨섬에 있는 스트릭스 공장의 작업 현장에 서 있다. 스팀펑크 스타일의 기계에서 반제품 블레이드가 반짝이는 사슬처럼 쏟아져 나오는 모습은 매혹적이다. 이것이야말로 '제대로 된' 제조업처럼 느껴진다. 기름투성이에 시끄럽고, 생생하고, 정밀하고, 수익을 내고, 정교하고, 금속을 두들기는 제조업 말이다. 이것은 최고의 아날로그 제조업이다.

그러나 우리 삶의 다른 모든 것이 갈수록 디지털화되면서, 나는 이런 생각을 하지 않을 수 없다. 이런 공장은 앞으로 어떻게 될까?

6장 연결

고도로 연결된
디지털 제조업 시대

열쇠를 현관문에 꽂던 중 뭔가 이상한 낌새를 느꼈다. 늦겨울 아침의 흐린 거리 끝자락에 자전거 한 대가 쓰러져 있었고, 후드티를 입은 사람이 이웃집 문 앞에 몸을 웅크리고 있었다. 나는 몸을 돌려 그 사람을 향해 걸어갔다. 맥박이 빨라졌고, 호흡이 가빠졌다. 가까이 다가가서 그 사람이 무엇을 하고 있는지를 보고 깜짝 놀랐다. 그는 조간신문을 배달하고 있었다.

우리 동네에서 신문을 배달하는 모습을 마지막으로 본 게 언제인지 기억나지 않았다. 사실 내가 마지막으로 신문을 산 게 언제인지도 기억하기 어려웠다. 나는 한 명의 샘플에 불과하고 여전히 많은 사람이 종이 신문으로 뉴스를 접하지만, 근래에 신문업계는 극심한 부진에 시달렸다. 이 점은 지난 수십 년간의 통계치만 봐도 알 수 있다.

- 영국의 가계가 신문에 쓰는 연간 지출액이 2005년 90억 파운드에서 2021년 30억 파운드로 감소했다.
- 영국 16개 유료 신문의 총발행부수는 2000년 2천만 부 이상에서 2020년에는 그 수가 3분의 2 가까이 줄었다.
- 신문 제작용 종이 수요는 2000년에서 2017년 사이에 250만 톤에서 100만 톤 남짓으로 감소했다.[1]

무슨 일이 생긴 걸까? 간단하게 설명하자면 뉴스를 전달하는 수단이 원자 이동에서 전자 이동으로 바뀌었다. (특히 휴대전화로 접속할 수 있는) 인터넷의 발달은 우리가 콘텐츠를 소비하는 양상을 완전히 바꿔놓았다. 같은 콘텐츠를 손에 쥔 휴대전화나 책상 위에 있는 컴퓨터로 즉시 접할 수 있는데, 굳이 건조된 목재 펄프 위에 내용을 인쇄한 종이 뭉치를 집으로 배달시키거나, 가판대에서 사야 할 이유가 있을까?

신문업계에서 일어나는 변혁의 뿌리에는 디지털화가 있다. 데이터를 확보하고, 분석하고, 전달하는 일련의 절차가 디지털 형태로 이루어지고 있다. 이처럼 평범해 보이는 절차가 제조업의 세계, 뒤이어 우리 삶의 거의 모든 측면을 바꿔놓았다.

그 과정은 혁명, 광적인 발명가, 케이크 그리고 2대의 거대한 기계 제작에 얽힌 인상적인 이야기를 담고 있다. 지금부터 당신에게 들려줄 이 이야기는 현재 우리가 물건을 제조·운송·소비하는 방식에 디지털화가 엄청난 영향을 미친 양상을 보여줄 것이다. 나는 제조업이 계속 디지털 경로로 빠르게 나아갈 경우 일어날 수 있는 놀라우면서도 상당히 두려운 일들도 알려주고자 한다. 이야기를 시작하기에 앞서 3개의 장면을 제시하고자 한다.

장면 1　일요일 늦은 저녁 시간. 방금 콘퍼런스 참석차 중국에 가기 위해 짐을 싸고 났더니 도저히 저녁을 하고 싶은 마음이 들지 않는다. 휴대전화를 집어서 '게으름'이라고 이름 붙인 폴더의 앱들을 훑는다. 얼마 전에 할인 코드를 이메일로 보내준 앱을 찾아서 동네의 인기 매장에 피자를 주문한다. 30분이 채 지나지 않아 모$_{Mo}$가 전기 스쿠터를 타고 와서 내가 주문한 피자가 담긴 따끈한 골판지 상자를 건넨다. 피자가 만들어지고 배달되는 전 과정은 휴대전화로 확인할 수 있었다.

장면 2　다음 날 저녁, 나는 에어버스 A350-900의 43A 좌석에 앉아 종이컵에 담긴 커피를 마신다. 창밖으로는 러시아를 지나 중국까지 날아가는 긴 곡선 항로의 시작점인 북해가 보인다. 왼쪽 날개에서는 롤스로이스 트렌트$_{Trent}$ 엔진이 굉음을 내고 있다. 이 엔진들은 수백 톤짜리 항공기와 연료, 나를 포함한 승객 그리고 모든 수하물을 얼어붙은 시베리아 툰드라 위로 순탄하고 빠르게 이동시키는 데 필요한 추력을 제공한다. 10시간의 비행 동안 각 엔진의 고압력 중심부는 1,700도의 온도에서 약 1만 2,500rpm의 속도로 별다른 문제 없이 회전한다. 승객들이 점심시간 무렵 베이징 공항에 착륙하면서 무사히 여정이 끝난다.

장면 3 며칠 후 나는 미니버스에 앉아 중국 닝보시의 외곽에 자리한 눈부시게 흰 신축 공장의 정문을 지나간다. 흰색 외에 공장의 눈에 띄는 특징은 크기다. 전체 공장부지의 면적이 8제곱킬로미터에 달한다. 미니버스가 주 출입구에 멈춰선다. 대형 중국 국기가 옆에 걸린 다른 기업 깃발들보다 약간 더 높은 곳에서 펄럭인다. 안내인들이 검은색 티셔츠를 입고 위압적인 유리문 앞에 서서 세계에서 손꼽히는 최신 및 최첨단 전기차 공장을 보여주기 위해 우리를 기다리는 중이다. 이 공장은 그냥 공장이 아니라 스마트 공장이다.[2]

이 장면들을 하나로 이어주는 것은 무엇일까? 그것은 현재 모든 제조업체에 가장 가치 있는 자원 중 하나인 디지털화된 데이터를 상업적으로 잘 활용한 사례라는 것이다.

그 기원이 여러 세기를 거슬러 올라가는 기술적 진보 덕분에, 현재 제조업체들은 엄청나게 방대하고 갈수록 늘어나는 데이터에 접근하고 있다. 알다시피 갈수록 산처럼 불어나는 데이터를 어떻게 활용할지를 고민하는 기업이 많지만, 일부 기업은 그것으로 무엇을 할 수 있는지를 정확하게 안다. 피자 배달, 제트 엔진 정비, 자동차 조립 사례를 보면 그 사실을 알 수 있다.

먼저, 피자

왜 피자일까? 처음 '인터넷으로 시켜 먹을 수 있는' 음식이었기 때문이다.

피자와 같은 음식은 아주 오랜 역사가 있지만,[3] 우리에게 가장 친숙한 버전은 (이 책에 어울리게) 제1차 산업혁명이 시작되던 시기에 나폴리에서 처음 등장했다. 이탈리아 출신 이민자들이 유럽과 미국으로 서서히 피자를 퍼트렸다. 유럽과 대서양, 1950년대에 미국 경제가 호황을 맞으면서 두 가지 혁신이 피자 소비를 레스토랑에서 집으로 확대했다. 그것은 냉동(1957년에 처음 광고되었다)[4]과 배달(1960년에 처음 생겼다)[5]이었다.

이후 1994년에 '피자넷PizzaNet'이 등장하면서 세상이 다시 한번 바뀌었다.* 피자넷이 등장하여 컴퓨터와 모뎀만 있으면 누구라도 '최초로 인터넷을 통해 동네 피자헛에서 피자를 주문할 수 있게 되었다.'[6] 초기에는 캘리포니아주 산타크루즈 주민만 활용할 수 있었던 이 서비스는 최초의 온라인 음식 배달 서비스로 알려져 있다.**

온라인 음식 배달 서비스는 1990년대부터 2000년대 초까지 점차 인기를 끌었다. 문제는 데이터 전송 속도 때문에 주문 가능한 피

* 아마존이라는 흥미로운 스타트업도 같은 해에 등장해 세상에 약간 더 폭넓은 영향을 미쳤다.
** 당신도 향수를 느껴보라고 이 책의 웹사이트에 피자헛이 만든 온라인 주문 사이트의 초기 버전을 올려두었다.

자의 투박한 이미지를 떠우는 기나긴 시간을 견뎌야 한다는 것이었다. 게다가 '주문' 버튼을 클릭한 후에도 실제로 주문이 들어갔는지, 결제가 되었는지(아니면 온라인 사기꾼에게 카드 정보를 넘겨준 건지), 정말로 배달이 될지 불안해하며 기다려야 했다.

지금은 휴대전화를 통해 거의 즉시 음식 배달 서비스를 이용할 수 있다. 선택지가 엄청나게 많고, 금융 사기로부터 안전할 뿐 아니라 제조 및 배달 과정을 거의 실시간으로 확인할 수 있다

피자넷에서 딜리버루Deliveroo나 우버이츠Uber Eats로 나아가려면 막대한 투자와 대단한 기업가정신이 필요하다. 누군가는 공급자(레스토랑)와 배달자(배달기사) 그리고 고객 사이의 정보 흐름을 확보·분석·조율하는 방법을 개발해야 했다. 또 다른 누군가는 세 부문이 모두 쉽고 원활하게 이용될 수 있고 신뢰할 수 있는 결제 시스템을 구축하고 유지해야 했다. 다음으로는 고객이 원하는 상품을 신속하게 안내받으면서도, 특정 시점에 공급자가 제공할 수 있는(또는 제공하기를 원하는) 상품과 일치할 수 있도록 이용 가능한 방대한 선택지를 선별하는 방법이 필요했다. 끝으로 이런 과정의 각 단계가 생산자와 소비자 모두에게 보여야 한다.

소비자는 이 모든 정보에 거의 즉시 접근할 수 있어야 한다. 그들 중 대다수는 작은 스크린을 두어 번만 두드리면 검색과 선택이 가능하기를 원한다.[7]

비행 데이터 수집 시스템 관리

다시 중국행 비행기 43A 좌석으로 돌아가 보자. 우리가 피자 배달 서비스에 대해 배운 사실과 대다수 상업용 항공기 엔진 운용과 관련하여 우리가 탐구할 내용 사이에는 몇 가지 공통점이 있다.

이제 제트 엔진은 수백만 달러 가치의 비행 데이터 수집 시스템이 되었다. 에어버스 A350의 양 날개에 달린 2대의 롤스로이스 엔진에는 여러 개의 센서가 내장되어 있다. 이 센서들은 비행하는 내내 데이터를 생성하고 저장한 다음, 유럽의 통제실에 있는 엔지니어들에게 전송한다.[8] 엔지니어들은 전 세계에서 가동 중인 모든 엔진으로부터 들어오는 데이터를 스크린으로 지켜본다. 이 데이터를 검토해 예정보다 약간 일찍 정비가 필요하다는 사실을 경고하는 작은 신호를 포착하거나, 조정이나 수리를 해야 하는 부분을 조기에 파악할 수 있다. 그렇게 습득한 정보를 바탕으로 적절한 기술력을 갖춘 엔지니어가 필요한 부품이나 공구를 가지고 비행기가 착륙하기를 기다렸다가 구체적인 문제를 바로잡도록 준비할 수 있다. 이 시스템의 최신 버전의 경우, 엔지니어들이 비행 중에도 센서를 활용해 포착한 특정 문제를 보다 자세히 살펴보는 맞춤형 명령을 엔진에 전달하는 것이 가능하다.[9]

내가 창밖을 멍하니 바라보다가 기내식 냄새를 맡고 치킨을 먹을지 파스타를 먹을지를 고민하는 와중에 이 모든 일이 진행되었다.

디지털화는 공장을 스마트하게 만든다

며칠 후 나는 중국 닝보시에 자리한 지커의 거대한 신형 전기차 생산 시설 중심에 있는 시원하고 세련된 전시장에 들어섰다.[*] 정면의 높은 전시대 위에는 밝은 오렌지색의 모델 001 단 1대만이 놓여 있었다. 뒤쪽의 초대형 스크린에서는 쿵쿵대는 테크노 사운드트랙과 함께 홍보 영상이 흘러나왔다. 우리가 정중하게 기다리는 사이에 스크린이 옆으로 밀리면서 구성품, 자재, 도장 작업 샘플이 전시된 또 다른 공간이 드러났다. 이 모든 것은 여느 자동차 전시장에서 볼 수 있는 모습처럼 아름답게 연출되었고, 눈이 부실 정도로 아주 반짝거렸다.

하지만 내게 훨씬 흥미로운 대상이자, 우리가 그곳을 방문한 이유를 설명해 주는 것은 그 왼쪽에 있었다.

그것은 방대한 생산 시설 전체에 걸쳐 이루어지는 활동의 이미지와 산출되는 실시간 데이터를 보여주는 또 다른 대형 스크린이었다. 이는 자체 전용 5G 네트워크를 갖추었기에 가능한 일이었다. 관리자들은 이 시스템을 통해 수백 대의 공작 기계·로봇·무인운반차[**]

---

[*] 이 글을 쓰는 시점에 지커는 볼보, 프로톤, 로터스, 폴스타 브랜드를 보유한 지리 Geely 그룹 산하에 있었다.

[**] 무인운반차는 이 네트워크를 기반으로 슬램SLAM(동시 위치 측정 및 지도 작성) 기술을 활용해 사람이 개입하지 않아도 현재 위치, 이동해야 할 목적지, 주변 상황을 스스로 파악할 수 있다.

·컨베이어·창고·에너지 시스템에 부착된 수천 개 센서로부터 지속적으로 데이터를 얻는다. 이 센서들은 전기차의 구조를 이루는 주요 구성품의 주조 및 가공부터 시작해 약 1만 5천 개의 기계 및 전자 구성품 조립, 끝으로 자동차에 생명을 불어넣는 수백만 줄의 코드 탑재까지 제조 공정 전반을 포괄한다.[10]

관리자들은 이 데이터와 고속 분석 시스템을 활용해 고장 난 로봇처럼 원활한 가동을 방해하는 장애를 거의 즉시 파악할 수 있고, 그에 대응하는 동안 공정을 다른 경로로 돌릴 수 있다. 심지어 제트 엔진의 경우 문제가 확대되기 전에 미리 포착하여 사전 정비까지 할 수 있다.

고객 측면에서도 지속적인 데이터가 들어온다. 지커는 많은 신생 자동차 기업처럼 온라인 기업의 성격이 강하다. 그들은 인터넷 기반 판매망을 구축하는 데 막대한 돈을 투자했다. 특히 고객이 휴대전화를 통해 자사와 소통하도록 유도하는 데 심혈을 기울였다. 여기서 나온 데이터를 참고해 지커와 수백 개 구성품 공급업체들은 끊임없이 바뀌는 고객 수요에 대비한다. 이는 앞서 설명한 '수요 추적', 즉 수요 예측과 적절한 제품 생산을 긴밀하게 연계하는 까다로운 전략을 활용할 수 있도록 해준다.

이제 지커 경영자들은 개별 고객과 그들의 고유한 선호를 정교한 생산 시스템과 이어주는 디지털 데이터 줄기를 확보하고 있다. 이 연결은 차량의 수명이 다할 때까지 유지되어 소프트웨어 업그레이드를 제공하고, 운용 데이터를 확보하여 필요한 경우 정비가 이루어진다. 이 데이터는 제조업체에 차세대 차량 디자인을 개선하는 방법에 대해 귀중한 통찰을 제공하기도 한다.

이 사례들은 디지털화가 제조업에 영향을 미친 양상을 일부 보여준다. 구체적으로 지커는 제품의 '제조' 방식, 피자는 제품의 '운송' 방식, 제트 엔진은 제품의 '활용' 방식이 어떻게 변화했는지를 알려준다. 이 세 가지 사례는 디지털화가 갈수록 매끄러운 통합을 뒷받침하는 양상을 나타낸다.

디지털 기술은 거의 모든 제조업 부문에서 같은 역할을 하고 있다. 이런 변화의 속도와 규모는 대단히 인상적이지만, 현재 우리가 목격하고 있는 변화는 250년 전에 시작된 제조업 변신의 최근 단계일 뿐이다.

그리고 이 변신이 끝나려면 아직 한참 멀었다.

2023년 늦여름, 나는 아주 진한 커피의 힘을 빌려 이 장의 자료 조사 및 집필 작업을 하기 위해 자리에 앉았다. 내가 해야 할 일은 제조업 디지털화와 관련된 현재 및 새로운 추세를 간략하게 정리하는 것이었다.

불과 몇 분 후, 나는 인터넷 연구자인 마누엘 카스텔Manuel Castells이 말한 '정보 과잉에 따른 혼란informed bewilderment' 상태에 빠졌다.[11]

대충 얼버무리는 듯한 장황하고 모호한 정보, 새로운 용어와 약어, 지나치게 과장된 미래 전망이 너무 많았다. 한숨이 절로 나왔다. 나는 먼저 기본으로 돌아가야 한다는 사실을 깨달았다. 지난 세 차례의 산업혁명에 걸쳐 '디지털성'이 어떻게 등장하여 제조·운송·소비 과정과 통합되었는지를 이해해야 했다. 나는 노트북을 닫고 머리를 식히러 밖으로 나갔다.

집으로 돌아왔을 때, 나는 학창 시절에 배운 내용에 대한 어렴풋한 기억을 출발점으로 삼아 생각을 풀어나가기 시작했다. 수백 년 전 직조기를 제어하기 위해 일종의 천공카드가 사용되었고, 그에 대한 저항이 있었다는 내용이었다. 하지만 직조기를 자동화하거나 박살을 내던 혁명기 프랑스에서 5G 기술을 활용하는 스마트 공장이 등장하고, 스눕 독Snoop Dogg이 배달 앱을 홍보하는 현대로 넘어가는 과정에 대해서는 아는 것이 많지 않았다.

그 공백을 메우려면 제1차 산업혁명 때로 돌아가야 했다.

디지털화와 제1차 산업혁명

1800년대 초 프랑스 방직공 조제프 자카르Joseph Jacquard는 하나의 문제에 직면했다. 패턴이 들어간 직물에 대한 수요가 늘어나고, 중산층 소비자의 수가 불어나면서 직조기를 설정하고 조작할 숙련공이 부족했다. 자카르는 이 문제를 해결하기 위해 일련의 천공카드에 패턴에 대한 정보를 저장하는 방법을 개발했다. 천공카드에 뚫린 구멍의 존재 여부에 따라 실을 올릴지 또는 내릴지를 제어하는 방식이었다. 이 기술을 적용한 직조기를 쓰면 인간의 개입을 최소화하면서 원하는 패턴을 넣을 수 있었다. 블랑의 총기용 호환 부품 제조법처럼 새로운 생산 기술의 등장은 대다수 숙련공의 분노를 불러일으켰다. 그들이 고액의 급여를 받으면서 일할 기회가 줄어들기 때문이었다.[12]

하지만 자카르의 천공카드 기술을 활용하는 일은 제조업에 있어서 직조기 제어를 훌쩍 넘어서는 가능성을 증명했다.

찰스 배비지Charles Babbage가 1830년대에 개발한 '해석기관analytical engine'은 최초의 범용 연산 기계로 인정받는다. 이 장치는 인간의 개입 없이 폭넓은 산술 및 논리 연산을 할 수 있었다.[•] '차분기관difference engine'(매우 인상적이지만 컴퓨터보다는 계산기에 가까움)을 개발하기 위한 배비지의 초기 연구와 자카르를 포함한 다른 사람들의 작업이 해석기관의 토대가 되었다. 이 놀라운 장치를 제어하는 명령은 천공카드에 뚫린 구멍의 존재 여부를 통해 인코딩되었다. 하지만 배비지는

• 배비지는 제조업에 상당한 열의가 있었으며, 이에 대해 다룬 고전을 펴내기도 했다. Babbage, C.(1832). *On the Economy of Machinery and Manufactures*. 그의 이름을 딴 '배비지 원칙'은 직무와 기술을 연계하는 데 따른 이점을 설명한다. 이런 이유로 케임브리지대학의 제조업연구소가 찰스 배비지 로드Charles Babbage Road에 자리한 것은 너무나 적절하다.

해석기관이 따를 '조리법' 또는 프로그램을 제시할 방법을 찾아야 했다. 그는 천공카드에 인코딩될 소프트웨어를 작성할 사람이 필요했다. 영국 귀족인 에이다 러브레이스Ada Lovelace가 배비지와 협력하여 세계 최초의 컴퓨터 프로그램을 작성했다.[13]

이 시대에는 데이터를 멀리 떨어진 곳에 전송하는 기술도 일부 발전했다. 이는 오늘날의 인터넷을 향한 핵심적이면서도 비교적 작은 진전이었다.

초기의 가장 성공적인 데이터 전송 기술은 주방에서 시작되었다.

클로드 샤프Claude Chappe는 원래 성직자가 되려 했지만 프랑스 혁명이 발발하는 바람에 꿈을 이루지 못했다. 이후 그는 갑작스레 진로를 바꾸어 장거리 통신 기술 개발에 매달리기 시작했다. 간단한 메시지를 전달하기 위해 초기에는 개조한 시계를 이용하여 주방용품들을 세게 두드리는 것부터 시도했다(정말로 그랬다).[14] 이후 청각 기반에서 시각 기반으로 접근법을 바꾸면서 더 많은 진척이 이루어졌다. 시계·망원경·암호 책을 이용하여 회전하는 흑백 목재 패널들을 동기화하는 그의 광학 신호 시스템은●● 놀라울 정도로 잘 작동했다.[15]

다만 어둡거나 안개가 낀 날은 예외였다.

●● 처음에는 그리스어로 '고속 기록기'를 뜻하는 '타키그라프tachygraphe'라 불리다가 오늘날 더 익숙한 용어인 '텔레그라프télégraphe'(원격 기록기)로 바뀌었다.

시야와 날씨에 덜 의존하는 시스템을 개발하기 위해 많은 발명가가 전기를 활용하는 다양한 아이디어를 시험했다.[16] 그중에서 가장 성공적인 사례는 화가 출신 발명가인 새무얼 모스Samuel Morse가 개발한 시스템이었다. 모스는 자신의 이름을 딴 점과 선 부호화 시스템뿐 아니라 구리 전선을 통해 메시지를 멀리 전송하는 방식까지 개발했다.[17]

디지털화와 제2차 산업혁명

제2차 산업혁명은 제품의 수량뿐 아니라 지리적 측면에서 규모도 키웠다. 무엇보다 철강이 저렴해진 덕분에 철도가 확장되면서 원자재와 완제품을 멀리 운송할 수 있게 되었다. 전기가 보급되면서 발전원에서 멀리 떨어진 곳에서도 기계에 동력을 제공할 수 있었다. 이는 원자재 및 전력의 공급원 그리고 시장에서 멀리 떨어진 곳에도 공장을 세울 수 있음을 뜻했다. (모스의 기술이 지배적 디자인이 된 후) 전신이 폭넓게 도입되면서 통신이 가능해졌다.

이처럼 제2차 산업혁명 동안 이미 오래전부터 존재해 온 기술이 훨씬 큰 규모로 전개되었다.

이 시기가 혁명적인 시대로 불리는 이유는 오늘날 우리가 '정보통신기술'이라고 부르는 수많은 새로운 아이디어들이 대규모로, 빠르게 채택되었기 때문이기도 하다. 당시에 어떤 변화가 일어났는지 감을 잡기 위해 몇 가지 예를 살펴보자.

통신 분야의 경우 알렉산더 그레이엄 벨Alexander Graham Bell을 위시한 여러 발명가 덕분에 구리 전선을 통해 점과 선이 아닌 목소리를 실시간으로 동시에 전달할 수 있게 되었다.[18] 이후 이탈리아 귀족인 굴리엘모 조반니 마리아 마르코니Guglielmo Giovanni Maria Marconi의 연구 덕분에 인류는 전선으로부터 해방되었다.● 마르코니의 기술은 두 지점 사이에 메시지를 저렴한 비용으로 전송할 수 있고(구리 전선을 전신주에 매달거나 지하에 묻을 필요가 없었다), 해운에 특히 유용한 것으로 드러난 이동통신을 가능하게 해주었다.[19]

제조업체의 규모가 커지면서 데이터를 확보·처리·분석하는 새로운 접근법이 필요해졌다. 이 문제에 대한 핵심적인 해결책을 제시한 사람은 독일계 미국인 통계학자이자 발명가인 허먼 홀러리스Herman Hollerith였다. 미국 정부는 그에게 급증하는 인구에 대한 정보를 확보할 방법을 찾아달라고 주문했다. 그는 제1차 산업혁명 동안 촉발된 아이디어에 기반하여 인구 조사 데이터를 자동으로 처리

● 어떤 잘난 척하는 사람이 유선 전신과 신기술인 무선 전신의 차이를 설명하려고 이런 비유를 들었다.
"뉴욕에서 올버니까지 닿는 아주 긴 고양이가 있다고 치자. 뉴욕에서 그 고양이의 꼬리를 밟으면 올버니에서 울음소리가 날 거야. 그게 유선 전신이고, 무선 전신은 그 고양이가 없어도 똑같이 되는 거지."
이는 아인슈타인이 한 말로 알려졌지만, 안타깝게도 실제로 그가 그렇게 말했다는 증거는 없다.

하는 기계적 방식을 개발했다. 그가 만든 장치(자카르의 천공카드 제어 직조기와 연계되는 또 다른 장치)는 대단히 성공적이었다. 실제로 '너무 나' 성공적이어서 나중에 세계 최대 컴퓨터 제조회사가 될 IBM의 토대가 될 정도였다.

디지털화와 제3차 산업혁명

제2차 세계대전 말, 산업 생산량은 어마어마할 정도로 늘어났다.[20] 위기 시 흔히 그렇듯이 엔지니어들은 '반드시 해내야 한다'라는 마음가짐으로 수많은 난관을 극복하고 혁신을 이루었다. 5장에서 설명한 혁신의 난관들은 대개 존재론적 위기 앞에서 쉽게 무너졌다.● 이 시기의 핵심적인 발견은 컴퓨터(아날로그식과 전기기계식 모두)를 활용하면, 독일군의 에니그마Enigma 암호 체계를 해독하거나, 원자폭탄을 제조하는 것 같은 골치 아플 만큼 복잡한 문제를 해결할 수 있다는 점이었다.

대규모 전쟁 이후에는 대개 경기 침체가 찾아온다. 1940년대 말 제조업체들은 이에 대응하기 위해 새로운 기회를 찾아나섰다. 그들 중 일부는 컴퓨터라는 새로운 기기를 통해 효율성을 높일 가능성을

● 가령 페니실린, 레이더, 합성 고무, 제트 엔진은 모두 세계대전 기간에 폭넓게 전파되었다.

발견했다. 재미있는 사실은, 일찍이 그 일에 성공한 기업이 로켓이나 첨단 금융 또는 신약 개발 부문이 아니라 케이크 제조 및 판매 부문에 속한 기업이라는 점이었다. 나는 2000년대 초반 케임브리지대학이 주최한 만찬에서 우연히 이 사실을 알게 되었다.

내가 긴 테이블로 의자를 당겨 앉자, 오른쪽에 앉아 있던 사람이 몸을 돌려 자신을 소개했다.

"모리스 윌크스Maurice Wilkes라고 합니다."

나는 방금 들은 말을 머릿속에서 받아들이느라 애를 먹었다. 윌크스는 컴퓨터 개발 초기에 가장 영향력 있는 인사 중 한 명이었다. 나는 컴퓨터 부문에서 다빈치나 아인슈타인과 동급인 거물 옆에 앉은 셈이었다. 만찬이 진행되면서 마음의 평정을 되찾은 나는, 옆자리에 앉은 사람과 컴퓨터 그리고 상업적 제빵 사이에 매우 단순한 연관성이 존재한다는 사실을 알게 되었다.

1940년대 말, 모리스는 세계 최초의 프로그램 저장형 컴퓨터이자 배비지가 개발한 기계식 해석기관의 자손인 에드삭EDSAC**을 설계하고 제작한 팀을 이끌었다. 모리스와 동료들은 처음에 케임브리지대학에서 연구 도구로 에드삭을 활용했다.

그 무렵 영국에서 가장 성공적인 케이터링 업체 중 하나였던 제

●● 전자식 지연 저장 자동 연산기Electric Delay Storage Automatic Calculator의 약자로 케임브리지대학 컴퓨터공학과 로비에 그 잔해가 전시되어 있다.

이라이언스앤드코J. Lyons and Co.의 두 고위 관리자는 갈수록 복잡해지는 대규모 생산 시스템의 효율성을 개선할 새로운 방식을 찾고 있었다.

그들은 정보 수집차 미국 출장을 가서야 케임브리지의 윌크스와 에드삭을 알게 되었다. 이후 차례로 일이 진행된 결과, 에드삭은 곧 최초의 업무용 전자식 컴퓨터 시스템인 '라이언스 전자 사무실Lyons Electronic Office(LEO)'을 낳았다.[21] 관리자들은 레오를 활용하여 판매, 공급, 운영에 관한 대량의 데이터를 분석했다.

레오는 거대하고(거의 테니스장 크기), 비쌌으며(대당 현재 가치로 300만 파운드), 가동하려면 숙련된 기술자들로 구성된 전담 팀이 필요했다. 그럼에도 라이언스는 레오를 활용해 실로 중요한 사실을 증명해 보였다. 그들은 신기술을 실제 현장에서 최초로 활용한 필수적인 조기 수용자 중 하나로서 그 잠재력을 증명하는 데 기여했다.[•] 이는 기술 개발을 위한 투자와 성능 개선으로 이어졌다. 컴퓨터는 더 많은 고객에게 더 매력적으로 다가갔고, 더 많은 컴퓨터가 시장에 풀리면서 더 많은 기업에 상업적 잠재력을 증명했다. 그렇게 선순환이 이루어졌다.

초대형 컴퓨터 시장이 성장하는 가운데, 아주 똑똑한 일부 사람

•   미국의 경우 정부가 IBM이 제작한 대형 컴퓨터의 초기 고객이 되어 IBM이 시장을 지배하는 데 도움을 주었다. 반면 당시 영국 정부는 왜 케이크 회사가 컴퓨터를 만드는지 약간 의아해했다.

들은 컴퓨터를 온도가 조절되는 전용 가동실에서 공장 작업장과 사무실 책상으로 옮길 수 있는 신기술을 연구했다.

1950년대까지 모든 디지털 전자식 컴퓨터의 가장 근본적인 기능, 즉 1과 0을 저장하고 전환하면서 논리 연산을 수행하는 기능은 진공관으로 처리되었다. 진공관은 약간 구형 전구처럼 생겼으며, 유리로 밀폐된 진공 상태에서 전극 사이의 전류 흐름을 제어할 수 있었다. 디지털 스위치의 역할은 잘 수행했지만 전력 소모가 많고, 열을 많이 발생시키며, 고장이 잦다는 단점이 있었다.[22] 문제는 유용한 작업을 하려면 이처럼 취약하고 까다로운 진공관이 수천 개나 필요하다는 점이었다. 초기 컴퓨터가 엄청나게 큰 데다가 연구복을 입은 전문가들이 집중적으로 관리해야 했던 데는 이런 이유가 있었다.

그러던 차에 대단한 기술적 진보가 컴퓨터의 세계를 완전히 바꿔 놓았다.

소형화: 밸브에서 트랜지스터로

1956년, 세 명의 미국 과학자[**]가 전도체와 절연체의 중간에 해당하는 물질, 즉 '반도체'에 대한 연구로 노벨상을 받았다. 반도체는

6장 요결

[**] 윌리엄 브래드포드 쇼클리William Bradford Shockley, 존 바딘John Bardeen, 월터 하우저 브래튼Walter Houser Brattain.

1 또는 0의 디지털 신호를 나타내는 전자식 스위치인 진공관과 같은 기능을 하면서도, 훨씬 더 작고 신뢰도가 높은 장치를 만들 수 있도록 해주었다. 이 소형 전자식 스위치는 전자를 전달하는 역할과 전자의 흐름을 차단하는 역할을 번갈아 가며 수행할 수 있었기 때문에 '트랜지스터transistor'라고 불리게 되었다.

반도체 재료의 개발과 진공관을 대체할 트랜지스터로의 응용은 대단히 중대한 일로서, 컴퓨팅 기술의 신뢰도를 한 단계 높일 뿐 아니라 크기와 비용을 크게 낮추었다. 여기에 더하여 (비교적) 사용자 친화적인 프로그래밍 언어가 개발되면서, 기업용 컴퓨터 시장이 커지기 시작했다. 당시의 컴퓨터는 여전히 아주 크고 비쌌다. 그럼에도 처리 속도와 신뢰도 측면에서 일반 기업에서도 상업적 가치를 지니게 되었다. 라이언스가 레오를 활용하면서 증명한 혜택이 훨씬 많은 기업에 제공되었다.

점진적 혁신을 통해 소위 '미니컴퓨터minicomputer'가 시장에 등장하기 시작했다.[*] 덕분에 예산이 넉넉지 않은 제조업체도 강력한 연산 능력의 혜택을 볼 수 있었다.

게다가 발전 속도가 빨라지면서 또 다른 혁신이 컴퓨터의 성능을 거의 기하급수적으로 향상하려던 참이었다.

[*] 현대적 기준으로는 그다지 '미니' 사이즈는 아니었다. 초기 모델은 여전히 냉장고만큼 컸지만, 방 하나를 차지하던 메인프레임에 비하면 훨씬 작았다.

극소형화 및 집적화

초기 트랜지스터는 지름이 몇 밀리미터밖에 안 되는 작은 컵처럼 생겼으며, 세 가닥 전선이 튀어나와 있었다. 크기가 진공관보다 훨씬 작아서 컴퓨터뿐 아니라 아예 명칭의 일부가 된 트랜지스터라디오 같은 다양한 소형 전자 제품에 사용될 수 있었다. 엔지니어들은 한 걸음 더 나아가, 트랜지스터를 실리콘 웨이퍼에 식각하여 평평하게('평면' 트랜지스터) 만드는 방법을 찾아냈다. 그들은 점점 더 흥분한 나머지, 다른 전자 부품도 같은 방식으로 만들어서 한 기기에 통합할 수 있을지를 탐구했다. 확인 결과 놀랍게도 그 같은 일이 가능했다.

그렇게 '집적회로'가 만들어졌다.

뒤이어 엔지니어들은 놀라운 일을 해냈다. 트랜지스터뿐 아니라 저항기·다이오드·커패시터까지 전자식 컴퓨터를 만들기 위해 필요한 모든 부품을 하나의 실리콘 '칩'에 집적하는 데 성공한 것이다. 그것이 바로 '마이크로프로세서'였다.

이제 새로운 컴퓨터 혁명을 일으키는 데 필요한 핵심 요소가 모두 갖추어졌다.

하지만 초기에는 아무런 일도 일어나지 않았다.

앞서 설명한 대로 영리한 엔지니어들은 컴퓨터 전체를 작은 실리콘 칩에 넣는 방법을 찾아냈다. 그러나 지금은 이상하게 보이겠지만, 당시에는 누가 실제로 그것을 활용할지 명확하게 드러나지 않았다.

대다수 컴퓨터 기업은 대형 컴퓨터(그리고 컴퓨터를 활용하는 데 필요한 수익성 좋은 온갖 연관 서비스)를 판매하여 규모를 키웠고, 엄청난 부를 쌓았다. 그들은 소형화된 컴퓨터의 가치를 곧바로 인식하지 못했고, 설령 그 가치를 인식했다 해도 기존 제품과 경쟁할지 모른다고 걱정했다. 잠재 고객들도 소형 컴퓨터로 무엇을 해야 할지 알지 못했다.

곧 제조업의 세계를 바꿔놓을 새로운 컴퓨터의 시대를 열기 위해서는 두 가지 요소가 필요했다.

무엇이 소형 컴퓨터를 위한 '킬러 앱'이 될 것인가

사람들이 '소형 컴퓨터를 갖고 싶다!'라고 생각하게 만들려면 설득력 있는 용도가 필요했다. 분명한 필요성이 없으면 수요가 생기지 않을 것이었고, 수요가 없으면 제조업체들이 생산 공장을 세우지 않을 것이었다.

결과적으로 소형 '개인용 컴퓨터(PC)'를 위한 킬러 앱은 현재 우리가 당연히 있어야 한다고 여기는 스프레드시트 소프트웨어였다.

PC용 스프레드시트 소프트웨어의 개발은 데이터 처리 및 분석 작업을 보편화하는 엄청나게 강력한 변화를 일으켰다. 덕분에 중소기업도 비교적 저렴한 PC를 활용해 이전에는 대기업의 값비싼 대형 시스템에서만 가능했던 기능을 이용할 수 있게 되었다. 회계 같은 분야에서 수작업으로 처리하던 수많은 번거로운 문서 업무를 이제는 스프레드시트로 훨씬 빠르고 효율적으로 처리할 수 있게 되면서 생산성이 높아졌다. 데스크톱으로 데이터 분석 작업이 가능해지면서 새로운 사업 기회를 빠르게 파악하고 겨냥할 수 있게 되었다. 그 결과 PC 가격이 내려가면서 규모가 아주 작은 기업도 이 모든 혜택을 누리게 되었다.

하지만 컴퓨터의 힘을 대중에게 나눠주려면 누군가가 수백만 대의 소형 저가 컴퓨터를 만들어서 팔아야 했다. 그러기 위해서는 창업자와 투자자가 나타나서 슘페터가 말한 창조적 파괴의 돌풍을 일으켜야 했다.

또다시 힘을 발휘하는 창조적 파괴

당시 약간의 선견지명을 가진 사람들은 컴퓨터가 제공하는 기회가 얼마나 큰지를 예견하고 자금을 모아서 새로운 기업을 만들었다.* 이 기업들은 타성에 젖은 대기업들이 남긴 간극을 메웠다. PC

---

* 이 창업자들은 미국의 경우 빌 게이츠와 폴 앨런(마이크로소프트), 스티브 잡스와 스티브 워즈니악(애플), 마이클 델(델), 영국의 경우 허먼 하우저Hermann Hauser, 앤디 호퍼Andy Hopper, 크리스 커리Chris Curry(에이콘컴퓨터스Acorn Computers), 클라이브 싱클레어Clive Sinclair(싱클레어리서치Sinclair Research) 등이었다. 다른 나라들에서도 수백 명의 창업자가 스타트업을 만들었다.

시장은 앞서 전기차 시장에서 확인한 패턴과 동일하게 너무나 엄청난 속도와 규모로 성장했다. 대기업들은 중요한 기회를 놓치고 있다는 사실을 재빨리 깨달았다.

막강한 대기업인 IBM은 서둘러 자사 PC를 출시했다. 보수적인 기업들에 소형 데스크톱의 혜택과 더불어 IBM이라는 브랜드가 지닌 신뢰성까지 제공한다는 의도였다.● IBM 제품은 애플이나 마이크로소프트처럼 언제 없어질지 모르는, 괴짜 같은 스타트업이 제공하는 컴퓨터나 소프트웨어와는 달랐다.[23]

1970년대와 80년대, 90년대를 지나면서 소형 컴퓨터 시장은 하드웨어 및 소프트웨어 시장이 결합한 덕분에 수만 대에서 수억 대 수준으로 성장했다.[24] 새로운 소프트웨어는 고성능 PC에서 잘 구현되는 흥미로운 기능을 제공했다. 뒤이어 제조업체들은 속도가 더 빠른 마이크로프로세서와 용량이 더 큰 메모리 칩 및 하드디스크 드라이브를 개발하여 새로운 소프트웨어를 신형 PC에 탑재했다. 이에 자극을 받은 소프트웨어 개발업체들이 더 많은 기능과 특징을 추가하면서 PC의 속도와 저장용량이 지닌 한계가 다시 확대되었다. 그에 따라 제조업체들은 더 성능이 뛰어난 PC를 설계하고 제조해야 했으며, 이는 소프트웨어 개발업체들이 더 많은 기능을 추가할 여지를 제공했다. 이런 식으로 선순환이 이루어졌다.

● 과거 기업용 컴퓨터 업계에서는 "IBM 제품을 구매해서 잘린 사람은 없다"라는 말이 공공연하게 나돌기도 했다.

이 모든 엄청난 변화가 일어나는 동안 나는 제조업 현장에서 일하는 사람들의 실제 경험이 어떤지 전혀 감을 잡지 못했다. 그래서 근래에 은퇴한 두 명의 동료인 톰Tom과 존John에게 연락했다. 두 사람은 컴퓨터 혁명이 한창 진행 중이던 1970년대에 공장에서 일한 경험이 있었다.

'너무 뒤늦은'에서 '물밑에서'를 거쳐 보편화된 데이터 분석

크고 복잡한 제조업체에서 게인프레임과 미니컴퓨터를 활용하는 일은 1970년대와 80년대에 상당히 흔해졌다. 다만 컴퓨터는 프로그래머만 접근할 수 있는 매우 특수한 대상으로 여겨졌다. 데이터를 분석하려는 엔지니어는 신청서를 작성하여 허가 절차를 밟은 다음, 며칠 때로는 몇 주 동안 참을성 있게 결과를 기다려야 했다. 존의 말에 따르면, 그럼에도 "엔지니어가 받는 정보는 그다지 유용하지 않았고, 항상 '너무 뒤늦은' 것이었다."

PC가 시장에 등장하자 일부 관리자는 새로운 스프레드시트를 활용하면 그 자리에서 신속하게 분석 작업을 할 수 있다는 사실을 알게 되었다. 제조업 부문에서 소형 컴퓨터를 처음 활용한 사람들은 대개 톰과 존 같은 젊고 열정적인 직원들이었다. 그들은 '물밑에서' 분석 작업을 진행했다. 소형 컴퓨터를 활용하면 데이터가 처리되기를 참을성 있게 기다릴 필요가 없었다. 비서의 손을 빌려서 문서를 타이핑하고 보고서를 작성할 필요도 없었다.

그러나 이처럼 컴퓨터의 힘이 보급되는 것을 모두가 좋아하지는 않았다. 톰의 상사들은 데이터를 생성하고 분석하는 역량이 분산되는 것을 못마땅해했다. 그에 따른 혼란과 권력 상실이 공장을 원활하게 돌리는 데 지장을 초래할까 봐 우려했다.

그러나 성과를 개선하는 수단으로서 PC의 가치는 곧 명확하게 드러났다. 제조, 운송, 소비 전반에 걸쳐 소형 컴퓨터의 활용을 통한 개선이 이루어졌다. 이제 관리자들은 공장 및 공급망 운용에 따른 문제에 더 체계적으로 대응할 수 있게 되었다. 데이터를 더 빨리 처리하여 추세를 포착하고, 수요 변화에 대응하는 과정에서도 큰 도움을 받을 수 있게 되었다. 컴퓨터가 제조업의 거의 모든 측면을 뒷받침하면서 곧 CAD, CAE, CIM, CAM, CAPP, CAQA 같은 온갖 약자가 등장했다.•

톰과 존은 당시에 일어난 다른 아주 중요한 변화를 강조했다. 제조업에서 소형 컴퓨터 도입은 자카르와 그의 직조기로 직접 이어지는 보다 폭넓은 기술적 변혁의 일부에 불과했다. 제3차 산업혁명의 또 다른 부분은 인간과 기계 사이에 직무를 분담하는 양상이 바뀌었다는 것이다.

• 각각 CAD(컴퓨터 지원 설계), CAE(컴퓨터 지원 공학), CIM(컴퓨터 통합 생산), CAM(컴퓨터 지원 생산), CAPP(컴퓨터 지원 공정 계획), CAQA(컴퓨터 지원 품질 보증)를 뜻한다.

그 핵심은 자동화였다.

로봇이 자동화의 전부는 아니다

1950년대에 미국의 사업가이자 자동화 전문가인 존 디볼드John Diebold는 이렇게 말했다.

"자동화는 지금까지 산업이 직면해 온 다른 무엇보다 더 큰 도전과 보상을 안겨준다고 해도 과언이 아니다."[25]

이는 다소 과감한 발언처럼 느껴져서 나는 내용을 조사해 봐야겠다고 생각했다. 어디서부터 시작해야 할지 난감해하던 차에, "과연 자동화가 필요한가?"라는 제목의 강연에 대한 광고를 보았다. 강연자이자 나의 동료인 던컨Duncan은 이 질문에 답하려면 우선 자동화가 무엇인지부터 설명해야 했다.

그날 저녁 내가 작고 낡은 몰스킨 노트에 휘갈겨 쓴 내용을 정리해 보면 두 가지로 요약된다.[26]

- 모든 생산 공정은 '결정, 실행, 가동, 감지'의 4단계를 거친다. 각각의 또는 모든 단계는 인력으로 진행할 수도, 기계를 활용하여 자동화할 수도 있다.
- 자동화가 가능하다고 해서 무조건 해야 하는 것은 아니다.

던컨은 디볼드의 말이 결정, 실행, 가동, 감지의 각 단계에서 기계를 활용하는 데 따른 영향력에 대해 언급한 것이라고 설명했다. 도전과 보상의 규모에 대한 디볼드의 말은 옳았다. 자동화를 성공적으로 적용하면 생산성, 품질, 안전성이 크게 개선되는 동시에 비용은 감소한다. 다만 이를 실제로 실현하기는 엄청나게 힘들다.

당연한 사실이지만, 이는 단순히 산업용 로봇을 사서 플러그만 꽂는다고 해서 되는 일은 절대 아니다.

실제로 산업용 로봇은 '실행' 부분을 수행하고, 일부 물리적 '가동' 부분을 완료하는 여러 기기의 한 가지 유형일 뿐이다. 산업용 자동화 기기는 컨베이어, 모터, 스위치, 펌프 등 수백 가지가 있다. 단지 이 기기들은 불꽃을 튀기며 자동차를 용접하는 밝은색의 대형 산업용 로봇처럼 카메라를 잘 받지 못할 뿐이다.

가동 단계가 올바로 진행되었는지를 '감지'하기 위해 촉각(로봇이 약한 자재를 부수거나 떨어트리지 않도록), 시각(간단한 바코드 스캐너부터 완전한 시각 시스템까지), 전파(무선 주파수 인식, RFID, 태그 등), 청각(정상적으로 가동되지 않는 기계의 소음 인식), 후각과 미각(영리하게 조정된 화학물질 센서)을 처리하는 자동화 기기가 개발되었다.

끝으로 수행해야 할 작업과 전체 공정을 통제하는 방법을 결정하는 데(또는 인간의 결정을 돕는 데) 필요한 기술이 있다. 이를 위한 핵심 기술 중 하나가 1960년대 후반에 개발된 '프로그램 가능 논리 제어기(PLC)'라 불리는 특수하게 내구성이 강화된 컴퓨터다.

이 모든 기술은 놀라울 정도로 훌륭한 한편으로 또 다른 문제를 초래한다. 그것은 수많은 자동화 기술을 사업 전반에 걸쳐 통합해야 한다는 것이다. 이 같은 기회를 포착한 일군의 컨설턴트와 더불어 새로운 소프트웨어 기술이 등장했다. 이 기술은 톰과 존 같은 관리자들이 공장과 공급망 전체에 걸쳐 자동화 기술을 통합하게 해주는 '단일 해법'을 약속했다.•

그러나 자동화 기술의 통합을 완전히 새로운 수준으로 끌어올릴 기술이 곧 등장할 예정이었다.

온 세상이 연결되다

어린 시절 내가 좋아하던 TV 프로그램 중 하나는 BBC의 〈내일의 세계Tomorrow's World〉였다. 진행자들은 흥분한 모습으로 미래에 우리 생활의 일부가 될 놀라운 기술을 설명하거나 시연했다(성공 정도는 제각각이었다). 몇 년 전 나는 이 프로그램의 온라인 아카이브를 뒤지다가 1967년에 방송된 '가정용 컴퓨터 단말기' 편의 동영상을 발견했다.[27] 이 3분짜리 흑백 영상은 시청자에게 당시 일반적인 가정용 기기와 거리가 먼 기기를 설치하는 산업 컨설턴트인 렉스 말

•   인기 소프트웨어로는 CIM, MRP(자재 소요 계획), MRP II(제조 자원 계획), ERP (전사적 자원 관리), MES(생산 실행 시스템)가 있다.

릭**Rex Malik**의 하루를 보여준다.

당신도 이 영상을 한 번 볼 것을 권한다. 거기에는 두 가지 이유가 있다.● 첫째, 현재 우리가 당연시하는 많은 것을 대단히 잘 예측한다. 둘째, 1967년 당시 시청자의 눈으로 보면 완전히 정신 나간 소리처럼 들린다. 그때는 아직 컴퓨터를 온도가 조절되는 방에 설치하고 연구복을 입은 사람들이 제어하던 시절이었다.

영상을 보면 렉스는 방송용 조명 아래 잠옷 차림으로 어색하게 침대에 앉아 쉬고 있다. 그는 신문을 보다가 요란한 '텔레타이프**teletype**'(바퀴 달린 거대한 전자 타자기처럼 생겼다) 단말기 소리에 시선을 돌린다. 그때 듣기 좋은 부드러운 목소리의 내레이션이 흘러나온다.

렉스는 침대에 앉아 기업계의 맥박을 느낍니다. 유럽 최초의 가정용 컴퓨터 단말기를 통해 주가와 시장 추세가 전달됩니다. 이 단말기는 약 16킬로미터 떨어진 런던 중심부에 있는 거대한 뇌와 연결되어 있습니다. 렉스는 자기 일과 가사를 대신해 줄 수 있는지를 알고 싶어서 실험 목적으로 두 대를 집에 설치했습니다.

곧 이런 내레이션이 이어진다.

●   이 책의 웹사이트에 링크가 있다.

전문가들의 예측에 따르면, 20년 후에는 모든 신축 주택에 특수한 컴퓨터용 접속 포인트가 설치되고, 모든 단말기는 지금의 전화기보다 저렴하게 임대될 것입니다. 복잡한 언어를 익히지 않아도 컴퓨터가 하는 말을 이해할 수 있게 될 것입니다. … 컴퓨터는 매일 렉스 말릭에게 어디로 가야 하는지를 알려줍니다. 그가 매일의 일정을 뇌에 저장해 두었기 때문입니다.

50여 년이 지난 지금 보면, 이 영상은 앞으로 일어날 일에 대해 놀라울 정도로 좋은 힌트를 준다. 우리가 '거대한 뇌'에 해당하는 온라인 세계와 연결된 이야기는 다른 글들에서도 아주 잘 정리되어 있는데,[28] 그 과정은 3단계로 요약할 수 있다.

- 1960년대 말 미국의 고등연구계획국(ARPA)이 전국의 대형 연구용 컴퓨터를 연결하기 위해 아르파넷ARPANET을 만들었다.
- 한편 다른 나라들도 자체 컴퓨터 네트워크를 개발했다. 영리한 통신 프로토콜이 개발된 덕분에 이 별도 네트워크를 하나의 거대한 네트워크인 인터넷으로 통합할 수 있게 되었다.
- 1990년대 중반에 인터넷의 상업적 이용을 허용하는 합의가 이루어졌다. 이후 월드와이드웹World Wide Web이 개발되면서 접속률 및 이용률이 폭증했다.

이 3단계(거기에 더해 내가 간략히 언급한 다른 수많은 진전) 덕분에

1967년에 BBC 연구진이 보여준 말릭의 생활상 그리고 그들이 상상한 것보다 훨씬 많은 변화가 현실이 되었다.

물론 그들도 예측하지 못한 것이 있다. 이제 우리는 세상 어디에 있든 손에 든 작은 기기로 거대한 뇌'에 접속하는 것을 당연한 일로 여긴다.

이동식으로 바뀌는 통신

일단 눈에 띄기 시작하면 사방에서 보게 된다. 이동통신 기지국은 도시와 농촌에서 흔히 볼 수 있는 풍경의 일부가 되었다. 나는 지금 매크로macro 기지국, 마이크로micro 기지국, 피코pico 기지국, 펨토femto 기지국에 더하여 수천 개의 저궤도 위성들[29]에 관한 (적어도 내 생각에는) 흥미진진한 정보를 쏟아내고 싶다는 충동을 간신히 억누르고 있다. 이 모든 것이 통합적으로 작동함으로써 우리는 어디에 있든 좋아하는 프로그램을 몰아보거나, 페이스타임 전화를 걸거나, 심지어 공장의 가동 상태까지 모니터링할 수 있게 되었다.[30]

지난 40년 동안 휴대전화 시장이 얼마나 커졌는지를 단적으로 보여주는 2개의 숫자가 있다.

0 = 1982년에 팔린 휴대전화 숫자•

1,300,000,000 = 2023년에 판매된 휴대전화 숫자 [31]

1980년대 이후 휴대전화가 한 대도 없던 세상은 (평균적으로) 모든 사람이 한 대를 가진 세상으로 바뀌었다.[32] 물론 2007년 무렵 스마트폰이 등장하면서 거의 모든 기기는 단순한 통화 및 문자메시지 기능을 넘어섰다. 이제 모든 휴대용 기기는 이동식 인터넷 접속기가 되었다. 2010년대로 접어들면서 전 세계에는 약 10억 대의 PC와 50억 명의 휴대전화 사용자가 생겼다. 인터넷은 계속 성장하고 변화하면서 우리 삶의 거의 모든 측면과 연결되었다.

2010년대 중반이 되자, 연결성의 규모가 끊임없이 확장되고 그것이 생산, 운송, 소비에 미치는 영향이 엄청나게 커졌다. 우리가 또 다른 산업혁명의 시작점에 서 있다고 주장하는 사람들까지 등장했다.

제4차 산업혁명은 실제로 일어나고 있을까

내가 이 글을 쓰는 2024년에는 우리가 정말로 새로운 산업혁명의 초입에 있는지 아니면 단지 제3차 산업혁명의 고도화된 버전으로 빠르게 진화하는 중인지 알기 어렵다. 내 생각에 이는 정의의 문제다. 세계경제포럼wef**의 창립자로서 제4차 산업혁명이라는 용

• 이동식 무선 전화기는 수십 년 동안 존재했다. 그러나 상업적으로 판매된 최초의 휴대용 셀룰러 전화기는 모토로라 다이나택DynaTAC으로 1983년에 출시되었다.

•• 해마다 스위스 다보스에서 전 세계 엘리트들을 초청하여 콘퍼런스를 여는 단체를 뜻한다.

어를 대중화시킨 인물로 널리 알려진 클라우스 슈밥Klaus Schwab은 그 문제에 대해 이렇게 설명한다.

> 이전의 산업혁명은 인류를 동물의 힘에서 해방했고, 대량 생산을 가능하게 만들었으며, 디지털 역량을 수십억 명에게 선사했다. 반면 이제4차 산업혁명은 근본적으로 달라서 물리적 세계, 디지털 세계, 생물학적 세계를 융합하는 다양한 신기술이라는 점이 특징이다. 모든 학문, 경제, 산업에 영향을 미칠 뿐 아니라 인간성의 의미까지 따져 묻고 있다.[33]

대단히 흥분되는 말이지 않은가? 이 말은 오늘날의 제조업체에 어떤 의미를 지닐까? 지금 실제로 진행되고 있으며, 우리의 삶에 즉각적인 영향을 미치는 새로운 생산 환경은 두 가지 중요한 특징을 지닌다.

불과 몇 년 전과 비교해도 전체 생산·운송·소비 단계에서 나오는 데이터의 규모가 훨씬 커졌다. 제조업체들은 이 모든 데이터를 활용할 수 있으며, 엄청나게 빠른 저비용 컴퓨터 시스템에 원격으로 접속하여 이전에는 꿈도 꾸지 못한 방식으로 우리의 바람과 욕구를 충족할 수 있다.

먼저 제조업체들이 이 모든 데이터에 접근하는 방식부터 살펴보자.

모든 것을 인터넷에 연결하다

소비재 제조업체인 프록터앤드갬블(P&G)의 브랜드 매니저인 케빈 애슈턴Kevin Ashton은 1999년에 이런 말을 했다. "컴퓨터에 정보를 수집할 수 있는 힘을 부여해야 합니다. 그래서 스스로 변화무쌍한 세상을 보고, 듣고, 냄새 맡게 해야 합니다."[34] 그가 말한 것은 바로 '사물인터넷(IoT)'이었다.

사물인터넷은 실제로 존재하며, 이름 그대로의 뜻을 가진다. 인터넷이 컴퓨터를 연결한 것이라면, 사물인터넷은 사물에 인터넷 기술을 적용하여 데이터를 생성·전송·수신·활용할 수 있도록 한 것이다. 여기서 '사물'은 휴대전화, 시계, 자동차, 도난경보기, 베이비 모니터, 냉장고 등이 될 수 있다.•

현재 전송 장치, 수신 장치, 센서, 프로세서로 구성된 사물인터넷 기술은 제조업 부문 전반에 퍼져 있다. 예측 가능한 대로 제조업 부문에서는 이를 '산업용 사물인터넷(IIoT)' 장치라 부른다. 이 기술 덕분에 비행기가 러시아 툰드라 지대 위 1만 미터 상공의 얼어붙은 대기를 날아갈 때 그 제트 엔진에서 나오는 데이터를 확보할 수 있다. 이 데이터는 온도가 조절되는 영국의 통제실에 있는 스크린으로 전

• '인터넷 기능을 갖춘 냉장고'가 흔히 사물인터넷의 잠재력을 보여주는 사례로 제시되는데, 나로서는 그 이유를 알 수 없다.

송되어 분석된다. 이 기술은 배달기사인 모가 언제, 어디서 내가 주문한 물건을 수령하고 배달하는지를 알려준다. 나는 전체 진행 과정에 대한 알림을 휴대전화로 받을 수 있다. 이 기술은 닝보시의 지커 공장에 있는 모든 로봇과 무인운반차에서 얻는 데이터를 조율하여, 수요 변화나 공급망 문제에 즉시 대응하면서 최대한 효율적으로 공장을 운영하도록 해준다.

이처럼 고도로 연결된 세상에서 거의 즉시 접근할 수 있는 데이터가 방대한 연산력과 결합하면서 놀라운 일이 일어나기 시작했다. 우리는 이제 평행 우주를 창조할 수 있게 되었다.

'디지털 트윈'의 창조

어쩌면 '평행 우주'라는 표현은 약간 과장된 것인지도 모른다. 하지만 우리가 대단히 인상적인 일을 할 수 있는 것은 사실이다. 가령 제트 엔진에 부착된 산업용 사물인터넷 장치와 곧바로 접근할 수 있는 슈퍼컴퓨터급 연산력이 결합하면서, 엔지니어들은 비행 중에 일어나는 상황을 실시간으로 살피는 것 이상의 일이 가능해졌다. 그들은 각 엔진을 완벽하게 가상으로 구현한 '디지털 트윈'을 만들 수 있게 되었다.

완벽하게 구동하는 가상 엔진을 활용하면 저위험 환경에서 다양한 변수를 시험해 볼 수 있다. 가령 엔진 중 하나가 예상보다 약간 더 많은 연료를 소모하는 상황이 생길 수 있다. 이 경우 엔지니어들은 디지털 트윈을 활용하여 해결책을 모색할 수 있다. 가상 엔진에서 통하는 방법을 찾으면, 비행기가 착륙한 후 실제 엔진에 적용할 수 있다. 당연히 디지털 트윈 기술은 여러 제조업 부문에 종사하는 대기업의 많은 관심을 받고 있다.

이처럼 방대한 규모로 데이터를 확보하고 분석하는 능력은 '새로운 혁명'이라는 딱지를 붙일 만한 가치를 지닐까? 아마 그럴지도 모른다. 다만 그것이 혁명 수준이든 아니든 간에 고도로 연결된 디지털 제조업 시대로 더 깊이 나아가는 지금, 우리가 고려해야 할 네 가지 중요한 문제가 있다.

1. 미래는 이미 당도해 있다. 단지 고루 퍼지지 않았을 뿐이다 [35] 몇 년 전 나는 작은 공장 한편에 있는 좁은 회의실에 학생들과 함께 앉아 있었다. 우리가 찾아간 회사는 다양한 유형의 오염을 감지하는 센서를 제조했다. 대표는 우리에게 회사가 직면한 문제들이 무엇인지를 설명했다. 사업은 빠르게 성장하고 있었지만 운영 측면에서 몇 가지 문제가 있었다. 고객의 주문이 늘면서 '작업 진척도', 즉 개별 고객의 주문이 어느 정도 진척되었는지를 확인하는 일이 약간 어려워졌다.

마침 학생들은 근래에 디지털화에 대한 강의를 듣고 약간 의욕이 넘치는 상태였다. 그들은 즉각 산업용 사물인터넷 기술을 활용하면 구성품과 반제품을 추적할 수 있다고 제안했다. 작업 현장에 설치한 스크린에 모든 데이터가 알기 쉽게 표시되기 때문에 문제를 빠르게 포착할 수 있었다. 심지어 작업이 원활하게 진행되지 않을 때 관리자의 휴대전화로 알림을 보낼 수도 있었다.

대표는 학생들의 말을 정중하게 들은 후 목청을 가다듬으며 말했다. 그는 모두 좋은 의견이지만 지금은 대다수 데이터가 여러 문서에 흩어져 있으므로, 스프레드시트를 만들어 수치를 입력해 주면 가장 도움이 될 듯하다고 지적했다.

이 말을 들은 학생들의 얼굴에는 낙담한 표정과 멋쩍은 표정이 뒤섞여 있었다. 그들은 새로운 시대의 도래와 함께 흔히 간과된 현실에 직면했다. 대다수 제조업체는 롤스로이스나 폭스바겐, 아스트라제네카AstraAZeneca처럼 자원이 풍부한 대기업이 아니다. 엄청나게 돈이 많은 F1 팀이나 넉넉한 투자를 받은 하이테크 스타트업도 아니다. 제조업체의 99.9퍼센트는 '중소기업'으로 분류되며, 규모가 작고 특정 분야의 기술을 보유하고 있으나 새로운 시도를 할 자원이 부족하다.[36]

이는 상당히 큰 문제다. 수십만 개의 중소기업이 필요한 기술이나 역량을 갖추지 못하면 최근의 산업혁명은 느리게 나아갈 수밖에 없다.

2. 한 번 걷어차 봐도 되나요? 이는 산업 박람회에서 놀라운 로봇을 시연하고 있는 사람에게 누군가가 던진 다소 당황스러운 질문이었다.• 그 로봇의 이름은 '스폿Spot'이었다. 스폿은 미국 기업인 보스턴다이내믹스가 판매하는 로봇 개다. 그들은 인간이 하기에는 너무 위험하거나 지루한 작업을 대신할 로봇의 사례로서 스폿을 소개하며 전시했다. 가령 로봇은 멀거나 위험한 지역에 있는 시설을 감시할 수 있다.

이 신기술은 데이터 홍수에 뒤덮인 제조업 부문에 종사하는 사람뿐 아니라 우리 같은 소비자에게도 상당한 잠재적 혜택을 제공한다.[37] 하지만 새로운 세상에서 번창하는 기업도, 고전하는 기업도 있듯이 개인도 마찬가지일 것이다.

디지털 기술을 활용하는 제조업 물류의 한 분야가 그 좋은 사례다. 그 분야는 연 1,500억 달러의 매출을 기록하는 배달 서비스다.[38]

튀르키예 음식 배달 플랫폼 게티르Getir의 영국 책임자인 투란칸 살루Turancan Salur는 2021년에 배달 사업이 "게으를 권리를 보편화하고 있다"라고 말했다.[39] 왜 부자들만 매장에 가지 않아도 되는 권리를 누려야 하는가? 새로운 산업혁명으로 누구나 배달 서비스를 이용할 수 있다면 모두에게 좋은 일 아닐까?

• 혹시 궁금하다면 시연자는 "안 돼요!"라고 대답했다. 질문한 사람은 사이코패스가 아니었다. 단지 스폿이 경로 이탈에 대응할 수 있는지 알고 싶었을 뿐이었다. 그 답을 알고 싶다면 이 책의 웹사이트에 올려놓은 영상을 참고하라.

하지만 거기에는 다른 측면도 있다.

디지털 기술로 수월하게 음식을 배달시키는 경험은 여전히 인력 중심 활동에 의존한다. 앞서 이야기한 피자 배달기사 모는 스쿠터를 타고 케임브리지의 어둡고, 비에 젖어 있고, 노면 홈투성이인 도로를 장시간 달려야 한다. 그 덕분에 나 같은 사람이 따듯한 집에 앉아 많지 않은 수수료를 내고 음식을 배달시킬 수 있다.

배달 서비스는 "이윤이 적고 규모가 중요한 비용 집약적 사업"이다.[40] 이 말은 무슨 뜻일까? 일단 배달 서비스 사업은 규모가 커야 한다. 기업들은 로버트 드니로와 스눕 독 같은 유명인의 인기를 활용하기 위해 엄청난 광고비를 지출해야 하기 때문이다. 또한 배달 서비스 사업은 대단히 효율적이어야 한다. 최대한 비용을 줄여야 이익을 낼 수 있기 때문이다. 이를 위해 기업들은 전 세계에 걸쳐 어떤 날씨든 시내 도로를 달려 물건을 전달해 줄 모 같은 수십만 명의 배달기사에게 의존한다.

3. 의사결정의 자동화 2022년 11월, 나의 연구생인 칼Carl이 연구단 회의 중에 당시 새로 출시된 챗GPT를 시연하겠다고 제안했다. 처음에는 그냥 재미있는 기술로 보였다. 우리는 여러 사람의 문체로 글을 쓰도록 시키는 등 덕후스러운 일들을 했다. 챗GPT는 '거대언어모델'(LLM)로서 AI를 활용하여 인간 같은 반응을 보여준다. 그 비결은 방대한 규모로 저장된 텍스트로부터 패턴을 학습하는 것이다. 거대언어모델은 더욱 효과적인 고객 서비스(사람처럼 질문에 답

변하는 챗봇)[41]나 더욱 효율적인 사무 작업[42] 같은 혜택을 제공한다. 이제는 학생들이 몇 시간이 아니라 몇 초 만에 과제를 마칠 수 있다는 놀라운 사실을 교수들에게 일깨우기도 한다.

AI는 분명 제조업에도 영향을 미치고 있다. 1장에서 나의 동료인 알렉산드라가 제조업 공급망을 표현한 엄청나게 복잡한 이미지를 보여준 일을 기억할 것이다. 그녀의 팀은 자동차나 항공기를 제조하는 데 관여하는 모든 기업 사이의 연결고리를 시각화하는 것 이상의 일을 했다.

이 공급망은 너무나 복잡해서 어떤 기업도 자신들의 주변에서 무슨 일이 일어나고 있는지를 완전히 알 수 없다. 어떤 제조업체 경영자도 멕시코에서 발생한 허리케인이나 극동 지역의 지정학적 긴장, 전 세계적 팬데믹 같은 사태에 공급망이 어떻게 반응할지 알 수 없다. 그러나 그녀의 팀은 AI를 활용하여 소위 '숨겨진 의존성'을 드러낼 수 있다. 이 의존성은 폭넓은 원천에서 나온 방대한 양의 데이터를 분석한 결과로 드러난다. 경영자들은 이를 토대로 위기에 대비하고 갑작스럽게 발생한 문제에 대응할 수 있다.

이런 방식으로 AI는 제조업 종사자들이 앞서 던컨이 강연에서 말한 4단계 중 '결정' 부분을 해결하는 데 도움을 준다.

그리고 이 대목이 다소 우려스러운 지점이다. 앞서 살핀 대로 자동화는 제1차 산업혁명 이후 제조업의 한 특성이었다. 자카르가 개발한 직조기는 일종의 로봇형 자동화 사례로서 기계가 숙련공을 대체했다. 지금은 기계가 일정한 형태의 지능을 갖추고 갈수록 복잡해

지는 생산 시스템에서 (때로 제대로 이해되지 않은)• 결정 부분을 수행할 수 있다는 점이 다르다.[43]

중소기업이 새로운 제조업의 세계에 전적으로 참여할 수 있는 미래를 상상해 보라. 그때가 되면 인간과 기계 사이에 적절한 역할 분배가 이루어지고, AI는 우리의 의사결정 능력을 대체하기보다 보강하는 데 사용될 것이다. 그러기 위해서는 새로운 산업혁명을 뒷받침하는 디지털 기술과 시스템이 안정적이고 일관되게 작동해야 한다.

하지만 그렇게 될 것이라는 생각은 순진한 가정일지도 모른다.

4. 2개의 거대한 기계, 두 가지 중대한 문제 우리가 생산자로서든 소비자로서든 새로운 산업혁명에 참여하려면 2개의 거대한 '기계'가 완벽하게 작동해야 한다. 하지만 안타깝게도 이 기계들은 전혀 완벽하지 않다.

인터넷은 제조·운송·소비에 영향을 미쳤을 뿐 아니라, 그 자체로 제조업의 세계가 만든 최대 산물일지도 모른다. 현재 우리는 '클라우드'라는 부드럽고 편안한 단어로 (대부분의 사람에게 전혀 보이지 않는) 데이터로 부호화된, 우리의 모든 욕구와 필요가 충족되는 공간을 표현한다. 그러나 인터넷은 케이블[44]과 연결 장치 그리고 기본적

• 설명형 AI(XAI)라는 개념이 매우 중요한 이유가 거기에 있다. XAI는 알고리듬이 만든 결과와 산출물을 인간 사용자가 이해하고 신뢰할 수 있도록 해준다. 그 반대는 블랙박스 AI로서 어떻게 판단이 이루어졌는지를 사용자가 알 수 없다.

으로 '다른 사람들의 컴퓨터'를 망라하는 방대한 네트워크로서 매우 단단하고 물리적인 성격을 지닌다. 이 모든 요소는 누구도 전체적으로 제어하지 않는 가운데 일종의 조화를 이루어 작동한다.[45]

인터넷은 구축하고 관리해야 하며, 끊임없이 개발되고 개선된다. 우리 삶의 거의 모든 측면에 엄청난 혜택을 제공하는 한편으로 상당한 비용을 초래하기도 한다. 인터넷망이 더 뛰어나고, 더 빠르고, 더 안전한 연결성에 대한 우리의 끝없는 요구를 따라잡을 수 있으려면 해마다 수천억 달러가 투자되어야 한다.[46] 시스템이 과열되지 않고 계속 작동하도록 하려면 막대한 양의 에너지와 물도 소모되어야 한다.[47]

인터넷은 근본적으로 회복탄력성을 지니도록 설계되어 있음에도[48] 악용될 소지가 있는 수많은 취약점을 갖고 있다. 그 결과 내가 새 신발을 온라인으로 구매하려 할 때 (약간 부끄럽게도) 사기를 당하거나, 랜섬웨어 공격으로 의료 요원들이 수천 대 병원 컴퓨터에 저장된 자료에 접근하지 못하는 (분명히 큰 비용을 초래하고 생명까지 위협할 수 있는) 일이 생긴다.[49]

현재 그리고 미래의 제조업은 인터넷이라는 방대한 네트워크가 안정적으로 작동하는 데 의존한다. 이를 위해서는 언제 어디서나 연결이 이루어져야 한다. 수십억 개의 산업용 사물인터넷 기기와 클라우드라는 방대한 연산 및 저장 네트워크 사이에 페타바이트(PB)급 데이터가 끊김 없이, 안전하게, 빛의 속도로 흘러가야 한다.

우리 삶의 너무나 많은 측면과 긴밀하게 연결된 두 번째 거대한 '기계'는 전 세계에 걸쳐 수많은 전문 기업으로 이루어진 방대한 반도체 산업 네트워크다. 이 두 번째 기계가 첫 번째 기계를 먹여 살리지 않으면 현대 세계는 존재할 수 없다. 나는 의도적으로 "먹여 살린다"라는 표현을 썼다. 클라우드를 구동하는 수천 대의 서버와 제타바이트(ZB)급• 데이터를 유도하는 모든 스위치는 지속적인 개선 과정을 거친다. 이 모든 장치는 고성능 마이크로프로세서가 있어야만 휴대전화를 통한 고화질 영상 스트리밍, 금융시장에서 이루어지는 마이크로초 단위 의사결정, 지연 없는 원격 로봇 수술, AI 구동 등 우리의 다양한 수요에 발맞출 수 있다.

반도체 산업은 지금까지 이룬 성과만 해도 엄청나다. 이 장의 서두에서 영리한 엔지니어들이 수천 개의 트랜지스터를 작은 실리콘 웨이퍼에 식각하는 데 성공했으며, 덕분에 소형 컴퓨터가 탄생했다고 이야기했다. 마이크로프로세서를 구성하는 최초의 적절한 '집적 회로'(인텔 4004)에는 무려 2,250개의 트랜지스터가 들어 있었다. 이전에는 방 하나 크기 또는 적어도 대형 냉장고 크기의 컴퓨터가 지닌 연산력을 구현하는 데 필요한 장치의 크기는 새끼손가락 손톱보다 작아졌다. 그러나 1970년대에서 2024년으로 넘어오면서 말도 안 되는 수준의 숫자가 나온다. 오죽하면 내가 연구 조교인 리지Lizzy

---

• 1,000,000,000,000,000,000,000바이트. 이는 1TB 하드디스크 드라이브 10억 개에 저장된 데이터와 같은 양이다.

에게 숫자가 맞는지 두 번이나 확인해 달라고 요청했을 정도다.

그 숫자는 자그마치 920억 개다.[50]

이는 2024년형 애플 맥 데스크톱에 사용된 M3 맥스 마이크로프로세서를 구성하는 트랜지스터의 숫자다.[51] 실제 칩의 크기는 여전히 새끼손가락 손톱만 하다. 그토록 많은 구성품을 말도 안 되게 작은 칩에 넣기 위해 얼마나 많은 기술적 난관을 극복해야 했을까? 실로 대단한 성과다. 이는 믿기 힘든 정도로 정밀하고 복잡한 수준의 공학 기술이다.

이런 일은 연구실에서 일회성으로 놀라운 일을 해낸다고 해서 되는 것이 아니다. 제조업체들이 수십억 개의 칩을 반복적으로, 효율적으로 제조할 수 있어야 한다. 이를 위해서는 대단히 뛰어난 엔지니어들뿐 아니라 ASML이라는 네델란드 기업이 만드는 트윈스캔TWINSCAN NXE EUV 같은 실로 놀라운 장비가 필요하다.

기술 저널리스트인 윌 나이트Will Knight는 이 기계가 비용, 규모, 복잡성 면에서 "약간 미친 수준"이라는 절묘한 표현을 썼다. 실제로 이 기계는 크기는 버스만 하고, 가격은 대당 1억 5천만 달러이며, 10만 개의 부품(2킬로미터 길이의 케이블 포함)으로 구성되어 있다. 고객사의 생산 설비에 설치하는 데 필요한 부품을 옮기려면 40개의 컨테이너가 필요하다.[52]

이처럼 반도체 산업은 ASML의 장비처럼 거대하고, 복잡하며, 약간 미친 수준이다. 이 세 가지 표현은 반도체 산업을 정리하기에 유용한 라벨을 제공한다.

① **거대함**　다음에 거론되는 수치들을 보면 반도체 산업의 규모가 어느 정도인지 감을 잡을 수 있다. 현재 반도체는 석유(원유 및 정제유)와 자동차에 이어 세 번째로 많이 거래되는 품목이다.[53] 전 세계 반도체 산업의 연 매출은 6천억 달러이고,[54] 신형 칩을 개발하는 데 드는 비용은 최소 10억 달러 이상이다.[55]

반도체 공장 건설 비용은 120억 달러다. 인텔과 삼성 같은 기업들은 각각 전 세계에 걸쳐 여러 개의 공장을 운영한다.[56]

전문가 예측에 따르면, 향후 10년 동안 반도체 업계가 더 많고 더 뛰어난 반도체에 대한 끝없는 수요를 충족하기 위해서는 약 3조 달러를 투자해야 한다.[57] 이는 프랑스의 연간 GDP와 맞먹는 금액이다.

② **복잡함**　가장 높은 수준에서 보면 반도체 산업은 꽤 단순하다. 설계하고, 제조하고, 시험하는 것이 전부이기 때문이다. 새 칩을 설계하려면　EDA(전자식 설계 자동화)라는 아주 비싼 전용 소프트웨어가 필요하다. 그다음에는 실제 제조 단계에 들어간다. 이 과정은 광산에서 시작되어 실리콘 잉곳을 주조하고, 얇은 웨이퍼 형태로 절단한 다음, 그 위에 전자 회로를 '인쇄'하는 작업을 거친다. 이후에는 조립, 패키징, 최종 검사 그리고 출하가 뒤따른다.[58]

이 '주요' 단계들은 언뜻 단순해 보이지만, 사실은 엄청난 수준의 복잡성을 숨기고 있다. 실제 칩에 따라 전체 제조 공정에는 1천 개에서 2천 개 사이의 하부 단계가 있다.[59] 처음부터 끝까지 50종이 넘는 (ASML의 괴물 장비 같은) 매우 전문적이고 극도로 비싼 기계가 필요하다.

반도체 제조업은 엄청난 비용과 지속적인 기술 발전 그리고 계속 변화하는 시장 때문에 파편화되어 있다. 인텔, 삼성, 인피니언Infineo, 텍사스인스트루먼트Texas Instruments 같은 대기업은 여전히 모든 작업을 자체적으로 수행한다. 반면 다른 많은 기업은 설계, 제조, 조립, 시험 공정 중에서 하나 이상의 작업을 전문적으로 담당하는 쪽을 택했다. 지금은 수백 개의 기업(최근 집계로는 500여 개의 주요 기업)[60]이 모여서 세계적인 '반도체 생태계'를 구성하고 있다.

잠시 당신의 휴대전화를 보라. 휴대전화의 핵심부에 자리한 작은 실리콘 웨이퍼는 노스캐롤라이나 블루릿지마운틴Blue Ridge Mountain에 있는 석영 광산에서 왔을 가능성이 높다. 왜 그럴까? 거기가 가장 순도 높은 석영이 나오는 지역이기 때문이다. 세상에서 가장 순도 높은 실리콘을 그 석영에서 추출한다. 수십억 개의 실리콘을 배치하는 방식은 영국 기업인 암이 설계했고, 수많은 칩 중 적어도 하나는 대만의 드넓은 산업 지구에 자리한 TSMC의 파운드리에서 ASML의 설비로 제조되었을 가능성이 아주 높다.

이 칩들은 소비자 가전과 컴퓨터뿐 아니라 다른 10여 개 부문에서 생산하는 수천 가지 제품에서도 필수적인 요소다. 이처럼 아주 복잡한 반도체 생태계는 자동차부터 의료기기, 항공기, 농기계까지 너무나 많은 산업의 생명줄이 되었다. 만약 반도체 생태계가 흔들리면, 전 세계 제조업에 미치는 여파는 실로 엄청날 것이다.

③ **미침** 2023년 중반 신문 1면에는 "왜 엔비디아는 갑자기 세상에서 가장 높은 가치를 지닌 기업이 되었는가?" 같은 제목의 기사가 실렸다.[61] 엔비디아가 세계 최고 가치를 지닌 기업이 된 이유는 무엇일까? 반도체 기업인 엔비디아는 이전에는 그래픽카드(GPU) 설계 능력을 바탕으로 성공을 거두었다. 그래픽카드는 게임을 현실적으로 구현하는 데 필요한 병렬처리 작업을 아주 빠르게 수행한다.

AI 기반 도구(챗GPT는 근래의 사례 중 하나일 뿐이다)가 널리 사용되면서 처리 능력에 대한 수요가 늘어났다. 엔비디아는 자사 GPU를 AI용으로 프로그래밍하는 도구로 개발했는데, 이는 실로 영리한 전략이었던 것으로 드러났다. 덕분에 엔비디아는 AI용 GPU 시장을 지배하면서(2023년 기준 시장 점유율 95퍼센트) 기업 가치가 1조 달러를 넘겨 엘리트 클럽에 가입하게 되었다.[62]

하지만 이제는 순환 구조의 고리가 닫혀가고 있다. AI 도구를 활용하려면 엄청나게 빠르고 막대한 규모의 처리 능력이 필요하다. 이런 능력을 확보하기 위해서는 엔비디아 같은 기업이 생산하는 고성능 칩이 있어야 한다. 문제는 AI용 수요를 감당하기 위해 더 강력한 칩을 설계하는 반도체 기업 역시 AI를 활용하여 칩 설계와 제조 활동을 가속해야 한다는 점이다.[63] 엔비디아 같은 기업은 AI를 구동하는 칩이 보다 강력해져야만 AI를 활용하여 더 강력한 AI용 칩을 설계하고 제조할 수 있다. 하지만 그런 칩을 설계하고 제조하려건 AI가 필요하고, AI를 돌리려면 더 강력한 칩이 필요하다…. 이쯤 되면 당신도 나처럼 머리가 아프기 시작하면서 잠깐 누워야겠다는 기분이 들 것이다.

이제 당신도 잠시 휴식을 취했다고 가정하고, 초기 단계인 제4차 산업혁명에 대해 표면적으로 살펴본 탐구의 요점들을 정리해 보려 한다. 또한 이 혁명이 우리 삶의 수많은 측면에 영향을 미치게 될 이유도 제시할 것이다.

제4차 산업혁명은 실체가 있는 것처럼 보이며, 물건을 만들고 옮기는 기업 그리고 물건을 구매하고 이용하는 소비자 모두에게 많은 혜택을 안길 잠재력을 지니고 있다. 다만 여전히 해결해야 할 몇 가지 문제가 있다.

제조업 부문의 많은 중소기업은 신기술을 활용할 수 있도록 도움을 주지 않으면 새로운 세상에 참여하지 못할 것이다. 디지털화를 통한 자동화는 더럽고, 위험하고, 지루한 작업으로부터 인간을 해방하는 데 도움을 주고 있다. 그러나 현재 상황으로 보면, 저임금 노동자가 여전히 많이 필요한 것으로 보인다.

AI는 새로운 제조업 시대의 많은 측면에서 갈수록 광범위한 역할을 맡고 있다. 거기에는 기계 고장을 예측하는 일부터 지역(피자) 또는 글로벌(자동차 구성품) 공급망을 최적화하는 일, 수요를 정확하게 추종하는 일 등이 포함된다.

새로운 제조업의 세계를 유지하려면 엄청나게 복잡하고 끊임없이 진화하는 2개의 '기계', 즉 인터넷과 글로벌 반도체 산업이 지속적이고 안정적으로 가동되어야 한다. 문제는 둘 다 이미 알려진 수많은 결함을 지니고 있으며, 아마도 조만간 훨씬 더 많은 결함이 드러나리라는 것이다.

케임브리지의 주택가 도로를 따라 운전하던 중, 인도 위의 어떤 광경이 내 눈에 들어왔다. 한 무리의 어른과 아이 들이 둥글게 모여서 무언가를 보며 감탄하고 있었다. 처음에는 그 대상이 유모차에 탄 아기인 줄 알았는데, 더 가까이 가 보니 완전히 다른 대상이었다.

그것은 동네 마트에서 물건을 가져온 소형 배달 로봇이었다. 전 세계에서 시험 운용 중인 이 AI 기반 로봇은 '최종 구간' 배송 문제를 해결할 잠재력을 지니고 있다.[64] 이 AI 기반 로봇은 저임금 배달 기사들의 장시간 노동 문제를 해결하고 '게으름의 민주화'를 실현하는 대안이 될 수 있다.

냉장고에 설치된 사물인터넷 기기가 인터넷으로 데이터를 전송하는 미래를 상상하는 일은 그리 어렵지 않다. 그렇게 되면 말릭이 활용하던 '거대한 뇌'가 실현되는 셈이다. 뒤이어 사물인터넷 기기는 AI를 활용하여 부족한 식재료를 구할 최적의 장소를 찾은 후 자동으로 로봇을 보내서 문 앞까지 배달시킬 것이다.

이것은 유토피아의 이상일까 아니면 인류가 스카이넷skynet에 대한 통제력을 잃는 사태에 너무 가까이 다가가는 단계일까?

내 아내는 기계가 세상을 지배하기 전까지 아직 약간의 시간이 남아 있을지도 모른다고 말했다. 내가 거리에서 식료품 배달 로봇을 본 후 며칠 지나서 그녀도 약간 다른 상황에서 그 로봇을 목격했다. 당시 그 작은 로봇은 붐비는 도로를 건너려는 중이었는데, 이를 위해서는 횡단보도에 사람이 와서 버튼을 눌러주기를 기다려야 했다.

기계는 여전히 우리의 도움이 필요하다. 아직은.

고도로 연결된 새로운 제조업의 세계에서 인간은 어떤 역할을 하게 될까? 이를 이해하기 위한 좋은 출발점은 우리에게 가장 필요할 때 제조업 부문이 어떻게 도움을 주는지를 살피는 것이다.

7장 결합

갈수록 경계가 흐릿해지는
제조와 소비

2020년까지 나와 의료 부문의 관계는 다행스럽게도 피상적인 수준이었다. 대다수 접촉은 단단한 물체에 부딪히거나 새로운 병에 걸리려는 내 아이들의 줄기찬 열의에서 비롯되었다. 다만 울고 있는 아이에게 주사기로 끈적한 시럽을 먹이거나, 팔다리를 지혈하려고 반창고를 이로 찢어서 꺼낼 때마다 분명 급하게 써야 하는 것들인데, 왜 하나같이 성가시게 만들었을까 하는 의문이 들었다. 난데없는 통증을 달래려고 또 다른 파라세타몰Paracetamol (해열·진통제 – 옮긴이) 알약을 먹을 때면, 이 약은 전 세계에서 1년에 얼마나 많이 생산될까 하는 다소 한가한 의문이 들기도 했다.● 윙윙거리며 신체를 스캔

● 궁금하다면 약 16만 톤이다.

하는 기계 안에 긴장한 상태로 누워 있을 때면, 도대체 어떻게 문안으로 들여온 건지 궁금하지 않을 수 없었다. 그 외에는 다른 대다수 사람처럼 의료와 의료기기 그리고 기타 의료용품에 대해 깊이 생각해본 적이 거의 없었으며, 그저 필요할 때 찾을 수 있으면 아주 기쁠 따름이었다.

하지만 2020년에 이 모든 상황이 바뀌었다.

코로나19 팬데믹은 우리의 생명과 건강을 지키는 일에 있어서 제조업이 얼마나 중요하고 복잡한 역할을 하는지를 보여주었다. 일상적인 의료용품의 부재와 의료 시스템의 붕괴는 우리 모두에게 직접 영향을 미쳤다. 의료 부문 종사자들은 간단한 보호장구도 갖추지 못한 채 큰 위험을 감수하며 일해야 했다. 우리는 백신이 없어서 우리 자신과 가족을 보호할 수 없었고, 정상적인 생활을 재개할 수도 없었다. 병원이 갑자기 과부하에 시달리면서 의료 시스템이 제대로 돌아가지 않았다.

우리는 기본적인 용품조차 빠르게 사라지는 것에 절망했고, 도대체 어떻게 해서 의료용 장갑을 충분히 갖추지 못했는지를 의아해했다. 한편으로는 지역사회가 하나로 뭉쳐서 지역 병원과 요양원에 용품을 기부하는 영웅적인 이야기에 기뻐하기도 했다. 뉴스는 효과적인 코로나 백신을 개발하려는 전 세계적 경주를 실시간으로 중계했다. 쓰나미처럼 들이닥칠 환자들을 수용하기 위해 엄청나게 빠른 속도로 임시 병원들이 세워졌다.

의료용품 공급망을 관리하고, 신약을 개발하고, 병원을 세우는 것은 사실 상당히 일상적인 활동이다. 매일 새로운 의약품이 개발되고, 제조되어, 전 세계로 운송된다. 의료용품 및 의료기기 제조 부문은 계속 성장하고 있는 거대 산업이고,[1] 병원 건설 및 운영은 대다수 국가에서 가장 큰 지출 부문 중 하나다.[2] 이런 정기적이고 일상적인 활동은 계획 단계를 거쳐 대부분 문 뒤에서 천천히, 체계적으로 실행된다.

코로나19는 그 문을 부수고 난입하여 고속 진행 버튼을 눌러버렸다.

사실 팬데믹이 발생하기 오래전부터 의료 시스템의 균열이 서서히 발생하고 있었다. 코로나19는 단지 그 균열을 넓혀서 의료 시스템이 얼마나 놀라울 정도로 취약한지를 드러냈을 뿐이다. 하지만 이 비극적이고 고통스러운 이야기에는 긍정적인 측면도 있다. 팬데믹은 의료 관련 제조업 부문에서 다른 방식으로 일을 진행할 수 있다는 사실도 보여주었다. 이 사태는 오랫동안 구석에 웅크리고 있던 흥미로운 아이디어를 실현하는 속도를 높였고, 시간을 과거로 되돌려서 '현지' 생산 방식을 부활시켰다. 이는 제조와 소비의 거리를 줄이기 위해 불가피한 선택이었다.

어떻게 이런 일이 일어났고, 이 같은 경험은 생산 시스템의 발전 방향과 관련해 무엇을 말해줄까?

위기를 통해 드러나는 제조업의 미래

코로나19의 여파가 얼마나 큰지 분명하게 밝혀진 후, 우리 연구소의 직원과 연구생 들은 전 세계의 다른 수많은 사람처럼 우리 지역의 의료 시스템을 돕는 일에 뛰어들었다.

나는 코로나 사태가 진행되는 내내 우리와 다른 사람들의 활동을 기록했고, 상황이 실시간으로 진행되는 양상을 보여주는 뉴스와 데이터를 정리했다.[*] 최악의 사태가 지나간 후 낡은 노트에 끄적인 글과 그동안 수집한 이야기, 메시지, 데이터를 검토했다. 지금까지 우리가 살핀 모든 내용의 맥락 속에서 이 정보들을 훑어보니 다소 놀라운 사실을 깨닫게 되었다.

코로나19 사태는 제조업 부문이 나아갈 하나의 미래를 엿보게 해주었다. 이 새로운 세계에서 제조업과 우리 삶의 다른 영역 사이 경계는 더욱 흐릿해진다. 우리는 더 이상 수동적인 소비자가 아니며, 개별적으로 그리고 집단적으로 생산 시스템의 필수적인 구성 요소가 되어간다.

지금부터 팬데믹 사태의 한복판으로 돌아가, 나를 이러한 결론으로 이끈 제조업 관련 이슈들을 살펴보자.

---

[*] 우리가 작성한 논문과 사례 연구 중 일부를 이 책의 웹사이트에 올려두었다.

의약품 제조

당시 수천 명이 죽어가고 있었다. 지역 봉쇄 조치가 단행되었고, 의료 시스템은 붕괴 위기에 처했다. 유효한 백신이 나오지 않는다면 이 악몽을 끝낼 분명한 길이 보이지 않았다.

나는 2020년 초에 뉴스를 듣고 약간의 혼란에 빠졌다. 과학자와 정부 관료 들이 전하는 말에 따르면, 몇 달 만에 백신이 나올 것 같았다. 내가 보기에 이는 말도 안 되게 낙관적인 전망이었다. 신약이 연구실에서 환자에게 이르기까지 대개 약 10년이 걸린다고 알고 있었다. 그들의 전망은 너무 좋은 소식이라 믿기 어려운 걸까?

알고 보니 그렇지 않았다.

2020년 12월, 옥스퍼드대학과 아스트라제네카가 공동 개발한 백신이 영국에서 승인되어 수백만 회분이 생산될 예정이었다. 전체 과정이 진행되는 데 1년이 채 걸리지 않았다.

도대체 어떻게 이런 일이 가능했을까? 나는 의약품 개발과 관련하여 부족한 지식을 채우기 전에는 이 질문에 답할 수 없다는 사실을 깨달았다. 의약품 제조 부문의 최신 동향을 잘 아는 동료 연구원인 에토레Ettore에게 연락했더니, 그는 의약품 제조에 대한 일종의 아동용 교재를 먼저 읽어보고 질문해 달라고 요청했다.

지금부터 내가 공부한 내용을 들려주겠다.

신약 개발이 아주 오래 걸리는 이유

신약 개발은 대개 시간이 오래 걸릴 뿐 아니라 비용도 많이 든다. 하얀 연구복에 보라색 장갑을 낀 과학자가 뉴스에 나와 획기적인 연구 성과를 설명할 때부터, 우리가 신약을 약국에서 사거나 병원에서 주사로 맞을 수 있을 때까지 대개 10년에서 15년이 걸린다. 개발 비용은 '최소' 10억 달러에 이른다. 이렇게 많은 시간과 비용이 소요되는 이유는 세 가지 어려운 질문에 명확하게 답해야 하기 때문이다.

- 실제로 효과가 있는가?
- 안전한가?
- 기존 약보다 나은가?

먼저 과학자들은 인체 내에서 질병이나 질환을 초래하는 대상인 '표적'과 유용한 방식으로 상호작용을 하는 물질을 파악하거나 만들어낸다.* 이 같은 유망한 물질이 발견되면 3단계에 걸친 임상시험을 시작한다.

1상에서는 신약이 건강한 사람에게 해롭지 않다는 점을 증명한다. 2상에서는 소수의 실제 환자를 치료할 수 있다는 점을 증명한다. 마지막 3상에서는 수천 명의 환자를 대상으로 효과를 검증한다. 임

---

* 코로나19의 경우 소위 '스파이크 단백질spike protein'이 표적이다.

상시험 단계별로 몇 개월 또는 흔히 몇 년이 소요된다.

연구실에서 환자까지 모든 단계를 통과하는 신약은 아주 드물다. 나는 임상시험에 들어가는 잠재적 치료약의 96퍼센트가 실제 사용 단계에 이르는 데 실패한다는 사실을 알고 깜짝 놀랐다.[3] 확률이 이렇게 낮다면 효과적인 코로나19 백신을 아주 빠르게 개발할 가능성은 그다지 높아 보이지 않았다.

극소수 신약이 기나긴 임상시험 과정을 성공적으로 통과한다고 해도, 환자에게 도달하기까지는 여전히 머나먼 길이 남아 있다.

다음 단계로 제약회사는 앞으로 제조할 모든 알약, 캡슐, 주사제가 동일한 안전성과 효력을 지닌 것임을 규제당국에 효과적으로 증명해야 한다. 또한 임상시험에 필요한 적은 분량에서 전 세계의 환자들을 치료하는 데 필요한 수백만, 수십억 회분으로 생산량을 늘릴 수 있음을 입증해야 한다. 이를 위해서는 다소 따분하게 들리는 '우수의약품제조관리기준Good Manufacturing Practice(GMP)'을 준수했음을 보여주어야 한다.[4]

GMP는 특정 약품을 제조할 때 따라야 할 공정을 집요할 만큼 세부적으로 규정한다. 제약회사는 전체 원료가 무엇이고, 어디서 매입할 것이며, 어떤 기계를 어디에 설치하고 쓸 것인지, 심지어 각 단계를 완료할 때 작업자들이 어떤 복장을 할지도 정해두어야 한다. 다음으로 신약이 공장에서 환자에게 전달되는 경로를 제시하며 해당 공급망을 구성하는 각 단계를 보여주어야 한다. 모든 물류 활동을 감독하는 엄격한 규칙도 존재한다. 이 규칙은 (짐작했겠지만) '우수의 약품유통관리기준Good Distribution Practice(GDP)'이라 부른다. 의약품 사용 승인을 받으려면 수많은 페이지에 걸친 GMP와 GDP 점검 사항을 모두 확인하고 수백 개의 항목을 충족해야 한다.

뒤이어 실제로 누군가가 신약을 사게 만드는 최종 단계가 나온다. 그 '누군가'는 대개 공립병원, 사립병원 그리고 보험회사에서 일한다. 그들은 신약이 비용 대비 적절한 가치를 지니는지를 판단하기 위해 방대한 증거 자료를 검토한 후, 적정한 가격을 협상한다.

'비용 대비 가치'와 '적정한 가격'은 상당히 까다로운 이슈다.

수십억 달러에 이르는 투자금을 최대한 빨리 회수하고 싶어 하는 제약회사(더 정확히는 주주)는 가능한 수준에서 최대한 높은 가격을 책정하려 든다. 반면 철저히 경제 논리에 기반하여 냉정한 결정을 내려야 하는 보험회사나 병원은 여러 상충하는 이슈를 저울질해야 한다. 가령 소수 환자의 수명을 늘려주지만 치료할 때마다 수십만 달러가 드는 약을 구매해야 할까? 아니면 장기 질환에 시달리는 수많은 취약 계층에 기본적이고 저렴한 치료를 제공하는 데 그 돈을 쓰는 게 나을까? 이런 선택은 환자들의 삶의 질뿐 아니라 어떤 경우에는 누가 살고 누가 죽을지를 좌우하기도 한다.[5]

군이 말할 필요도 없이 이런 협상은 단순하지도, 신속하지도 않다. 이런 이유로 신약을 출시하기까지 10년에서 15년이라는 시간이 훌쩍 지나가 버리는 것이다.

기적이 일어나다

"옥스퍼드대학-아스트라제네카 백신이 영국에서 사용 승인을 받았으며, 월요일에 첫 접종이 시작될 예정." 2020년 12월 30일에 BBC 뉴스 웹사이트에 올라온 이 헤드라인은 실로 경이로운 성과를 함축하고 있다.[6]

연구실에서 백신 개발을 시작한 후 사용 승인을 받기까지 채 1년이 걸리지 않았다. 게다가 겨우 2년 만에 전 세계적으로 20억 회의 접종이 성공적으로 이루어졌다.•

많은 사람은 이 이야기 그리고 뒤이어 승인받은 다른 모든 백신의 이야기를 접하고 아주 타당한 의문을 제기했다. 새로운 백신을 12개월 안에 개발했다면, 왜 신약을 출시하기까지 대개 최소 10년이 걸릴까?

팬데믹 당시 신속한 백신 개발이 가능했던 한 가지 이유는 하나의 강력하고 긴급한 목표가 있었기 때문이다. 당시에는 수십억 명의 정상적인 생활을 중단시킨 전 세계적 팬데믹에 대처하는 데 총력을 기울여야 했다. 이런 목표가 있으면 일반적인 난관은 마법처럼 사라

• 이 프로젝트를 이끈 사람들이 들려주는 자세한 이야기를 꼭 읽어볼 것을 권한다. Sarah Gilbert and Catherine Green, *Vaxxers: The Inside Story of the Oxford AstraZeneca Vaccine and the Race against the Virus*(2021, Hodder & Stoughton).

진다.

일을 빨리 진행하기 위해서는 위험을 감수하려는 의지가 있어야 한다. 환자의 안전은 절대로 침해할 수 없는 대신 재무적 위험은 감수해야 한다. 팬데믹 동안 정부, 대학, 기업 들은 거대한 도박을 감행했다. 그들은 실패할 수도 있는(그리고 많은 경우 실패한) 백신을 개발하기 위해 수백만 달러의 비용을 신속하게 집행했다.

평소라면 납세자나 주주 또는 연구비 지원자들이 이런 일을 용인하지 않을 것이다. 하지만 전 세계적 위기를 맞아 과감한 자금 지원이 이루어진 덕분에 규제 단계별로 지연이 대폭 줄어들었고, 심지어 일부 단계는 동시에 진행되기도 했다. 이를테면 특정 단계를 성공적으로 통과할 것으로 가정하고 다음 단계를 바로 착수하는 식이었다. 이 경우 틀리면 모든 것을 폐기해야 했지만 가정이 맞으면 훨씬 앞서나갈 수 있었다.

이처럼 신속한 접근법은 결국 2022년 봄, 놀라운 발표로 이어졌다. 언론이 러시아의 우크라이나 침공에 주목하던 무렵, 세계 주요 경제대국의 보건부 장관들이 조용히 노르웨이의 오슬로에 모였다. 그들은 대단히 야심 찬 도전에 15억 달러를 투입하겠다고 공개적으로 약속했다. 하지만 의약품 제조 시스템을 강화하여 새로운 전염병이나 팬데믹, 소위 '질병 X'가 확인된 후 100일 안에 안전하고 효과적인 백신을 만들 수 있을까?[7]

팬데믹 동안 백신을 빠르게 개발하는 데 성공한 경험은 무엇이 가능한지에 대한 제약업계의 인식을 바꿔놓았다.

지금까지 마라톤 같은 신약 개발 과정을 다소 거칠지만 비교적 상세하게 설명했다. 한편으로는 코로나바이러스 백신 개발에 활용된 신속한 접근법을 매우 압축된 버전으로 소개했다. 비유하자면 원래는 A4 용지 1장에 그려야 할 그림을 2센티미터 크기로 줄였다.

이러한 시간 단축은 분명 인상적이었지만 또 다른 의문을 낳았다. 신약 개발 및 승인에 필요한 시간을 그만큼 짧게 단축할 수 있다면, 공장에서 환자에게 전달하는 다음 과정도 충분히 개선할 수 있지 않을까?

다른 기업의 공급망 빌리기

탄자니아 정부는 2009년에 하나의 문제에 직면했다. 의약품 유통 시스템을 감사한 결과, 가장 필요한 사람들에게 치료약을 전달하는 데 장애가 되는 수많은 병목 구간이 드러났다.

탄자니아는 동아프리카에서 가장 큰 나라로 인구는 5,500만 명이 넘는다. 당시 수도인 다르에스살람Dar es Salaam을 벗어나면 의료 서비스가 부실했으며, 오지 병원들은 자주 의약품 부족에 시달렸다. 이 문제를 해결할 방도를 고민하던 보건 전문가들은 실로 흥미로운 사실을 발견했다. 오지까지 이어진 의약품 공급망의 연결고리는 곳곳이 끊어져 있었던 반면 다른 제품을 유통하는 공급망의 연결고리는 훨씬 단단했다. 그중에서도 특히 두드러진 것이 코카콜라 공급망이었다.

이 같은 발견을 통해 '최종 구간 프로젝트'가 시작되었다. 여러 국제 기구의 자금 지원으로 코카콜라와 탄자니아 정부의 의약품관리부Medical Stores Department 사이에 협력 기구가 만들어졌다. 코카콜라는 전 세계 거의 모든 오지에 제품을 효율적으로 운송하는 능력이 탁월했다. 그들은 탄자니아의 의약품 유통 시스템을 강화하는 일을 도왔다. 그 결과는 어땠을까? 의약품 운송 기간이 30일에서 5일로 줄었고, 필요한 곳으로 배송되기를 기다리다가 창고에서 유통기한을 넘기는 약품이 90퍼센트나 감소한 것으로 추정되었다.[8]

공장을 환자 근처로 옮기기

때로는 의약품의 취약성 또는 필요로 하는 곳의 의료 상황 때문에 아주 잘 조직된 공급망도 압박을 받을 수 있다. 어떤 의약품은 공장에서 환자에게 이르기까지 모든 단계에서 아주 정확한 온도로 보관해야 한다. 어느 지점에서든 온도가 너무 오르거나 내려가면 사용할 수 없다. 일부 코로나바이러스 백신의 경우, 영하 90도에서 60도 사이를 유지하면서 운송하고 보관해야 해 온도 유지가 커다란 문제가 되었다.

길고 복잡한 공급망 전체에 걸쳐 엄격한 콜드 체인을 유지하는 것은 몹시 어려운 일이다. 일부 의약품은 특정한 장소에서 단기간에 많은 수량이 필요할 수 있다. 한 지역에서 발생한 바이러스가 더 이상 퍼지지 않도록 막기 위한 백신이 그런 경우다. 특정 지역에 의약품을 대량으로 공급하기 위해 공급망을 조직하는 일도 대단히 어려운 과제라 할 수 있었다.

이 두 가지 문제를 모두 해결할 수 있는 잠재적 해법이 '분산 제조distributed manufacturing'이다. 이는 제품을 필요로 하는 곳 근처로 공장을 옮기는 것을 말한다. 현재 제약업계는 '모듈형 GMP 설비'를 통해 분산 제조를 실행하고 있다. 품질 인증을 받은 완전한 미니 공장인 이 설비는 컨테이너에 실어서 필요한 곳으로 옮길 수 있으며, 전력만 공급하면 곧바로 관계당국의 완전한 승인을 받은 의약품을 제조할 수 있다.

이 아이디어는 오랫동안 검토되었다. 문제는 '아이디어 단계'를 넘어서 실제로 작동하게 만드는 데 필요한 수많은 세부 과정을 거치는 것이었다. 코로나19와 앞으로 발생할 또 다른 팬데믹은 공정의 진전 속도를 높였다. 바이오엔테크BioNTech라는 기업은 백신 제조 역량이 없는 곳으로 보낼 수 있는 '바이오엔테이너BioNTainer'(누가 이런 이름을 짓는 걸까?)라는 미니 백신 공장을 설계했다.[9]

구글 자동 완성 기능 덕분에 상당히 놀라운 사실을 알게 되는 경우가 많다. 한 번은 의약품 물류에 대한 새로운 접근법을 조사하기 위해 '효과적인 의약품'까지 입력한 적이 있었다. 미처 '유통'이라고 적기도 전에 몇 가지 제안 문구가 제시되었다. 그 결과 의약품 제조와 관련된 정보를 탐색하는 일에 완전히 새로운 차원이 열리게 되었다.

"시판 약은 모두에게 효과가 있는 것은 아니다" [10]

알고 보면 현재 우리가 복용하는 대다수 약이 실제 효력을 발휘할 가능성은 반반이다.[11] 왜 그럴까? 시판 약은 평균적인 사람을 치료하도록 설계된다. 하지만 우리 각자의 몸은 유전자, 생활 습관 그리고 다른 질환들(또는 '동반 질환')의 영향을 받는 독특한 특성의 집합체다.

나는 지금 당신이 무슨 생각을 하는지를 안다. 이는 제조업의 효율성 측면에서 보면 끔찍한 일이다. 상당수 소비자에게 아무 효과가 없는 제품을 개발하고, 제조하고, 운송하는 데 많은 돈을 들일 이유가 있을까?

이 문제는 제약업계에서 널리 알려져 있다. 그나마 다행인 점은 이를 해결하기 위해 상당히 대단한 일들이 진행되고 있다는 것이다. 의약품 제조 부문은 우리 각자가 맞춤형 의약품 제조의 중심에 서는 결과를 가져올 수 있는 변화의 한가운데에 있다.

우리는 지금 '맞춤형 의료'의 시대를 향해 빠르게 나아가고 있다.

당신만을 위한 제조업

맞춤형 의료의 일부 형태는 유전적 특성이나 동반 질환처럼 공통된 특성을 가진 환자 집단을 대상으로 치료법을 개발한다. 하지만 가장 순수한 형태의 맞춤형 의료는 이름 그대로 특정한 삶의 시점에 개별 환자에게 제공되는 특정한 치료법을 개발한다.[12]

이런 순수한 개인 중심 맞춤형 의료에서 실제 의약품을 제조하고 유통하는 방식은 상당히 다르다.

내 동료인 재그Jag와 그의 팀은 이 새로운 세계의 제조업이 보여줄 양상을 단적으로 제시한다.

복잡한 의학적 문제를 가진 환자가 있다고 가정하자. 그는 시간이 지남에 따라 복용량이 달라지는 여러 종류의 약을 복용해야 한다. 정확한 시각에 정확한 약을 챙겨 먹는 일은 쉽지 않다. 그 해결책으로 액체 및 분말 취급 로봇을 이용하여 사전에 지정된 방식에 따라 1회 복용분 약을 조제하는 '알약 프린터'를 지역에서 활용할 수 있다. 이 '알약 제조기'는 환자의 처방전에 맞춰 프로그램되며, 약물은 결합제와 혼합된 뒤 알약 형태로 만들어진다.[13]

이 모두는 지금과 비교할 때 약간 허황되게 보일 수 있다. 하지만 우리가 이미 경험한 변화를 생각해보라. 한때 TV나 라디오로 방송되던 뉴스가 지금은 각자의 휴대전화에 맞춤형으로 제공된다. 광고 부문이 얼마나 많이 발전했는지도 생각해보라. 표준화된 무차별적 광고는 우리의 온라인 활동을 몰래 추적하는 맞춤형 표적 광고로 바뀌었다. 맞춤형 의료는 이러한 변화의 의료판이라 볼 수 있다.

그렇다면 미래의 맞춤형 의료는 실생활에서 어떤 방식으로 제공될까? 가령 당신은 아침에 하품을 하며 주방으로 간다. 전기주전자의 물이 끓기를 기다리는 동안 네스프레소 커피머신처럼 생긴 알약 제조기의 '프린트' 버튼을 누른다. 알약 제조기는 윙윙거리고 덜컹거리다가 몇 초 후 당신만을 위한 알약을 뱉어낸다. 이 알약 안에는 당신이 가진 특정 질환을 치료하는 데 필요한 약물이 정확하게 배합되어 있다.

약이 맞춤형으로 그 자리에서 즉시 제공되는 것이다. 거기에 문제가 될 것이 있을까?

사실 상당히 많다.

나는 2016년에 라디오 인터뷰에서 알약 제조기에 대한 아이디어를 언급한 적이 있다. 그 직후에 한 청취자가 게시판에 댓글을 달았다. "누가 그런 기계의 데이터를 해킹해서 장난을 치면 어떻게 할 건데요?"

사람들이 이처럼 회의적인 반응을 보이는 것은 당연하다. 앞서 살핀 대로 현재 의약품 개발·제조·유통과 관련된 모든 측면은 긴밀하게 통제되고, 매우 특수한 설비에서 이루어지며, 숙련된 과학자와 엔지니어 들이 관리한다. 여기에는 타당한 이유가 있다. 이 과정의 아주 작은 부분이라도 잘못되면 환자에게 치명적일 수 있으며, 관련 기업이 망할 수도 있다. GMP와 GDP가 제공하는 안전망을 허술하게 만들 일을 굳이 할 필요가 있을까?

나는 식탁 위에 있는 반쯤 빈 파라세타몰 봉지를 한 손으로 만지 작거리면서 의약품 제조의 미래를 깊이 분석하는 웹사이트를 훑어보았다. 그때 한 페이지에 적힌 내용이 눈길을 사로잡았다.

앞으로는 의료 시스템이 당신의 고유한 상황을 토대로 질환을 더 빨리 진단하고, 당신에게 가장 효과적일 뿐 아니라 부작용이 없거나 적은 맞춤형 치료법을 제공할 수 있다고 상상해 보라. … 게다가 단지 아픈 후에 질병을 관리하는 수준에서 더 나아가 특정 질환을 예측하고 예방함으로써 건강을 촉진한다고 상상해 보라. … 그것이 가능한 이유는 우리의 건강과 관련하여 DNA가 맡은 역할을 이해하고 있기 때문이다. 이는 의료에 관한 우리의 사고방식을 바꾸는 데 도움을 준다.[14]

놀라운 미래상을 보여주는 이 글은 이상한 유사 의학 사이트가 아니라 영국의 국민보건서비스(NHS) 사이트에 올라온 것이다. 거기에 담긴 이상은 단지 효과적인 의약품을 효율적으로 제조하는 단계를 훌쩍 뛰어넘는다. 우리는 정확하고 시기적절한 진단을 통해 질병을 보다 잘 예측하고 예방하게 될 것이다. 보다 정밀하게 표적을 맞추는 치료를 수행하게 될 것이다. 환자의 역할도 더 커지면서 개인 정보의 소유와 활용(오용)부터 치료 기회의 형평성에 이르기까지 매우 복잡한 윤리적 문제들이 제기될 것이다.[15]

이는 환자가 갈수록 의약품 제조의 세계와 융합되어 가는 미래상을 담고 있다.

의약품 제조업 부문에서 일하는 내 동료들은 이 아이디어 중 일부는 실현 가능하지만, 조만간 그런 일이 일어날 가능성은 작다고 본다. 한 동료와 나눈 대화 내용을 기록한 노트를 보니, "아직 해결해야 할 이슈가 한두 가지 남아 있있다"라는 절제된 표현이 적혀 있다.

앞서 제시한 사례들은 코로나19 팬데믹 동안 한 유형의 의약품이 개발된 양상을 보여준다. 우리는 의약품을 개발하고 전달하는 방식을 근본적으로 바꾸는, 보다 광범위한 변화가 진행되고 있는 양상도 확인했다.

의약품 제조 부문의 다른 부분에서도 비슷한 규모의 변화가 일어나고 있을까?

팬데믹 동안 의료기기 제조 방식을 바꿀 수밖에 없었던 양상은 상당히 많은 것을 드러낸다. 지금부터 당신에게 들려줄 이야기는 어떻게 제조업 부문이 요란스러운 제4차 산업혁명의 한 형태로 진화할지를 미리 알려줄지도 모른다.

의료기기 제조

세계보건기구는 (수요 증가, 사재기 및 오용으로 인해) 전 세계적으로 개인 보호장구의 공급에 심각한 차질이 발생하면서, 사람들이 코로나바이러스 및 기타 감염병으로 생명을 잃을 위험이 커지고 있다고 경고했다. … 테워드로스 아드하놈 거브러여수스Tedros Adhanom Ghebreyesus 사무총장은 "의료 부문 종사자들을 먼저 보호하지 않으면 코로나바이러스를 막을 수 없습니다"라고 말했다.[16]

문제는 팬데믹의 '팬pan' 부분이었다. 코로나바이러스는 거의 모든 곳에서, 거의 모든 사람을 감염시키고 있었다.* 그 결과 전 세계 모든 지역에서 동시에 개인보호장구가 엄청나게 많이 필요해졌다. 당시 개인보호장구는 대부분 한 나라, 중국에서만 제조되었다. 당연히 중국 정부는 다른 나라로 수출하기 전에 (14억 명을 돌봐야 하는 엄청나게 복잡한) 자국의 보건 시스템이 충분한 물량을 확보하기를 원했다.

설령 충분한 물량이 생산된다 해도 필요한 곳에 보내는 일이 만만치 않았다. 노동자들이 아프거나 격리되면서 항만이 폐쇄되는 바람에, 전 세계 해운업이 혼돈 상태에 빠졌다. 개인보호장구에 대한

* 아주 작은 섬나라들은 코로나 사태에서 벗어나 있었다. 북한과 투르크메니스탄의 지도자는 그냥 자기 나라에는 코로나바이러스가 존재하지 않는다고 결론짓기도 했다. https://covid19.who.int/table?tableChartType=heat

호소가 뉴스를 뒤덮는 와중에 이를 실은 수천 개의 컨테이너가 몇 주씩 부두에 쌓여 있기도 했다. 뉴스 헤드라인에 오를 정도로 비싼 가격에 비교적 소량의 물자를 가져오기 위해 군용기가 긴급 투입되었다. 실제로 여러 나라에 충분한 물량이 있었음에도 일부 병원의 매우 합리적인 비축 조치 때문에 다른 병원들에서는 부족 사태가 발생하기도 했다.

이는 생명을 위협하는 결과를 초래하는 진정한 제조업의 위기였다.

전 세계 병원에서는 개인보호장구가 부족했다. 정보는 불완전했고, 안전 지침은 자주 바뀌어서 일관성이 없었으며, 의료 종사자들은 불안해했다. 정부 관계부처는 금요일 밤에 급히 이메일을 보내서 '꼭 필요한 경우가 아니면' 개인보호장구를 쓰지 말라고 요청했다. 관계장관들은 "걱정할 필요가 없으며, 모든 상황은 통제되고 있다"라는 내용의 성명문을 발표했다. 그러나 이 말은 "걱정해야 하며, 상황이 통제되지 않고 있다"로 즉각 해석될 수밖에 없었다.

어떻게 대처해야 할까? 세계보건기구는 간단한 해법을 제시했다. 그것은 개인보호장구 제조업체들이 "생산량을 40퍼센트 늘리는 것"이었다.[17]

그냥 훨씬 더 많이 만들면 된다고 말하기는 쉽다. 하지만 알다시피 이는 정말로 힘든 일이다.

개인보호장구 제조업체들은 2020년에 (직원 다수가 아프거나 결근하는 등 코로나19와 관련된 일련의 요인들 때문에) 생산량을 40퍼센트 늘리기는커녕 정상적인 운영조차 어려워, 필요한 수준까지 생산량을 빠르게 늘리는 것은 불가능했다.

그러던 차에 예상치 못한 영웅들로 구성된 다채로운 구조대가 모습을 드러냈다. (제트 엔진, 경주용 차, 보드카 등) 다른 제품을 만들던 수천 개의 제조업체들이 필수 의료 장비가 부족하다는 뉴스를 듣고 도와주겠다고 나선 것이었다. 지역사회에서 공방을 운영하는 개인 자원봉사자들까지 가세하면서 구조대의 수는 급증했다.

그들은 모두 "뭐가 필요한지 말만 하면 만들어줄게요!"라고 소리쳤다.

이제 일손이 수천 개나 늘었으니, 생산량을 40퍼센트까지 쉽게 늘릴 수 있었을까?

이는 말처럼 쉽지 않았다.

막상 시작하고 보니 경제학자들이 말하는 '정보 비대칭'이라는 커다란 문제가 있었다. 이는 한 집단이 다른 집단보다 더 많은 정보를 얻는 상황을 거창하게 표현한 (그리고 노벨상을 안긴) 개념이었다.[18] 당시 열성적인 자원봉사자들은 무엇이 필요하고, 어떻게 만들어야 하는지를 알아야 했다. 하지만 팬데믹 와중에 이 두 가지 정보를 얻기는 놀라울 정도로 어려웠다.

왜 그럴까? 그 부분적인 이유는 모든 것이 너무나 빨리 바뀌고 있었기 때문이다. 변종이 나오면서 코로나바이러스의 전염성과 파급력에 대한 우리의 지식은 계속 경신되었다. 병원 운영자들은 특정

직무에 따라 필요한 개인보호장구와 관련하여 자주 바뀌는 규칙에 대응해야 했다. 특수 장비가 필요할 입원 환자의 수에 대한 예측치도 너무나 편차가 컸다.

그들은 자료를 분석하고 재고를 확인한 끝에 상당히 혼란스러운 상황에 직면했다. 재고가 충분한 품목이 있는가 하면, 빠르게 줄어들거나 완전히 소진된 품목도 있었다. 언제 새로운 물량이 들어올지는 불확실했다. 주문을 넣어도 일부만 입고되었고, 나머지는 곧 납품하겠다는 말만 있거나 아예 들어오지 않았다. 게다가 아주 단순한 비닐 앞치마부터 아주 정교한 중환자 치료 장비까지 수백 개 품목을 수천 개씩 관리해야 했다.

설령 10일 안에 수술용 모자 1만 개가 필요하다는 사실을 파악하고 열정적인 자원봉사자들에게 도움을 요청한다 해도 문제가 있었다. 누군가는 그들에게 정확한 규격을 제공해야 했다. 게다가 그들은 수술용 모자를 한 번도 만들어본 적이 없어서 정확한 제작 방법에 대한 정보도 필요했다. 아무리 단순한 의료 장비라 해도 검증 가능한 제조 공정을 따라야 했다. 이는 단지 머리카락과 비듬이 떨어지지 않게 막아주는 수술용 모자의 경우 과하게 보일 수 있지만, 인공호흡기처럼 생명을 좌우하는 장비에 대해서는 전적으로 타당한 조치였다.

정보 비대칭은 모든 관련자에게 엄청난 좌절을 안겼다. 이미 과로에 시달리던 병원 직원들은 바쁜 외중에도 규격에 관한 온갖 문의에 대응해야 했다. 어떤 자원봉사자들은 성급하게 앞서나가다가 결국 쓰지도 못하는 물건을 만들었다. 다른 자원봉사자들은 참을성 있게 기다렸지만, 규격에 맞춰서 생산 준비를 마칠 무렵에는 이미 해당 물품의 쓸모가 없어져 버렸다.

전 세계에서 이처럼 좌절하는 상황이 반복되었지만 성공적인 사례도 있었다.[19] 어떻게 그런 성과가 나왔는지를 이해하려면 세상을 구한 뜻밖의 영웅들을 만나봐야 한다.

제조업 허브가 된 지역사회 프로젝트

케임브리지대학의 비교적 낡은 두 건물 사이에는 곳곳이 패인 작은 주차장이 있다. 그곳에 도착하니 지저분한 벽돌 벽 위에 '메이크스페이스Makespace→'라고 적힌 주황색과 녹색 표지판이 붙어 있었다. 나는 살얼음이 끼고 군데군데 덧댄 아스팔트 위에서 미끄러지지 않으려 애쓰며 화살표를 따라 모퉁이를 돌아갔다. 2개의 크고 어두운 나무문 앞에 서서 도어벨을 눌렀지만 한동안 아무 인기척이 없었다. 도어벨이 고장 난 게 아닌지 의심하던 차에 누군가가 나와서 안으로 들여보내 주었다. 거기서는 상당히 놀라운 일이 벌어지고 있었다.

메이크스페이스는 2022년에 열정적인 엔지니어들이 케임브리지 지역사회를 위한 공동체를 만들고자 세웠다. 설립자들은 매력과 재치 그리고 약간의 수완을 발휘한 끝에 케임브리지대학 출판부의 옛 인쇄소를 사용할 수 있게 되었다. 그곳은 위풍당당한 고딕 양식의 피트 빌딩Pitt Building과 캠강River Cam의 물레방아용 저수지 사이에 자리한 일련의 산업용 건물들로 이루어져 있었다.• 메이크스페이스는 수백 명의 회원에게 작업에 필요한 공간과 3D 프린터·레이저 절단기·기타 설비를 제공하며, 회원 구성은 취미 생활자부터 중소기업 종사자까지 다양하다.

코로나19 팬데믹이 뉴스를 뒤덮고 있을 때, 워드Ward라는 회원이 근처의 애든브룩스병원Addenbrooke's Hospital에서 일하는 다른 회원인 애비Abi에게 연락했다. 그는 필요한 물건 중에 메이크스페이스에서 만들 수 있는 게 있는지를 물었다. 두 사람은 여러 선택지를 검토한 끝에 안면보호구를 선택했다. 안면보호구는 병원에서 환자의 체액이 의료 종사자의 입이나 코 또는 눈에 튀지 않도록 막기 위해 많이 사용되었다. 코로나바이러스가 전염되는 방식을 고려하면, 이는 수많은 상황에서 특히나 유용한 물건이었다.

게다가 만들기도 쉬웠다.

워드는 의료기기 회사의 전직 CEO였고, 애비는 현직 임상 엔지니어였다. 이런 배경 덕분에 두 사람은 약간의 추가적인 필수 지식을 갖고 있었다. 그들은 '규제 승인regulatory acceptability'이라는 것의 중요성을 알고 있었다. 병원이 사용 가능하다고 승인할 만한 안면보호구를 만들 수 있는지를 확인하기 전까지는 일을 더 진행해 봐야 의미가 없었다.

• 우리 연구소가 이전에 사용하던 건물이기도 하다.

규제 승인을 위한 기술적 규격은 엄청나게 세밀했다. 이 규격은 아마도 정부기관 웹사이트 깊숙한 곳에 묻혀 있을 것이며, BS EN14683:2019+AC:2019처럼 인상적인 이름을 달고 있을 것이었다. 애비와 동료들은 의욕적인 자원봉사자들이 안면보호구를 만드는 데 따른 잠재적 리스크를 파악하고 관리하기 위해 그 이면의 과학적·공학적 측면을 파고들었다. 그들은 이 작업을 통해 자신들의 연구 공간을 의료용품 공장으로 바꾸는 데 필요한 것이 무엇인지를 알게 되었다.

뒤이어 워드와 동료들은 안면보호구를 만들기 위한 모든 단계의 적절한 공정과 구도를 설계하고 다듬었다. 첫 주가 끝날 무렵, 한 자원봉사자가 메이크스페이스 내의 새로운 '공장'을 관리할 소프트웨어까지 개발했다. 가장 중요한 점은 제품과 공정의 모든 측면을 기록했다는 것이었다. 이 기록은 다른 공동체와 기업 들이 효과적으로 제작 속도를 높이기 위해 참고할 수 있는 틀을 제공했다. 병원에서 안면보호구를 안전하게 쓸 수 있도록 해줄 품질 관리 시스템도 함께 제공되었다.●●

메이크스페이스 제작팀은 케임브리지셔Cambridgeshire 지역 의료 분야 종사자들이 사용할 수천 개의 안면보호구를 열심히 찍어냈다.

●● 이 사례는 내가 좋아하는 주제인 제빵과도 관련이 있었다. 자재가 떨어지기 시작하자, 메이크스페이스 제작팀은 바이저 제작에 필요한 자재가 케이크 상자의 투명한 전시용 덮개에 쓰이는 자재와 같다는 사실을 알아냈다. 덕분에 새로운 공급원을 찾아낼 수 있었다.

그동안 북서쪽으로 약 160킬로미터 떨어진 더비셔Derbyshire에서는 한 의류 기업이 다른 접근법을 시도하고 있었다.

데이비드니퍼David Nieper 경영팀은 자신들이 개인보호장구 공급 문제를 해결하는 데 도움이 될 수 있다고 생각했다. 생산 품목을 여성용 의류에서 수술 가운으로 바꾸기만 하면 되는 일이었다.

처음에 지역 병원들이 요청한 내용은 단순했다. 중국산 일회용 수술 가운이 충분치 않으니, 지역에서 만들어 달라는 것이었다. 데이비드니퍼의 의류 제조 전문가들은 병원 직원들과 직접 대화하는 과정에서 멋진 아이디어를 떠올렸다. '재사용 가능한' 수술 가운을 제공하면 일회용 수술 가운을 계속 만들 필요가 없었다. 결과적으로 이는 당장 코로나19 사태에 대응하는 데 그치지 않고 지속 가능한 미래를 만드는 데 훨씬 나은 해법이 되었다.

그들은 재사용 가능한 수술 가운을 만들 수 있을지를 알아보기 위해 전문 섬유 공급업체에 문의했다. 다행히 섭씨 73도에서 세척할 수 있고, 최대 100회까지 재사용할 수 있어서 완벽하게 규격에 맞는 적절한 소재를 발견했다. 그다음으로 데이비드니퍼의 담당팀은 남동쪽으로 약 160킬로미터 떨어진 케임브리지의 동료들과 같은 일을 해야 했다. 그것은 새로운 수술 가운이 의료용으로서 기술적 규격을 충족한다는 사실을 병원들에 보여주는 것이었다.

이 과정을 마친 후, 데이비드니퍼의 숙련공들은 새로운 소재의 특성에 맞게 재단기를 재설정하고, 재봉기의 원사와 장력을 조정한

다음 생산을 시작했다. 그들은 불과 몇 개월 만에 25개 병원에 재사용 가능한 고품질 수술 가운을 현지 생산으로 공급했다.[20]

메이크스페이스와 데이비드니퍼의 사례가 보여주듯이, 위기가 닥쳤을 때 현지에서 물건을 만드는 능력은 상당히 유용하고, 위기 시 개발한 해법은 장기적으로도 유용할 수 있다. 이 메시지는 런던 중부에서 나온 세 번째 사례를 통해 더욱 강화될 것이다. 이 사례는 '인공호흡기 챌린지'와 관련된 특별한 이야기를 담고 있다.

코로나바이러스가 2020년 1분기에 영국을 향해 줄기차게 서쪽으로 퍼져 나갔고, 이미 감염된 나라들에서 우려스러운 이미지와 자료 들이 쏟아져 나왔다. 바이러스에 감염된 상당수 환자는 집중 치료가 필요한 심각한 호흡기 문제에 시달렸다. 이들은 대개 자동으로 호흡을 도와주는 복잡하고 값비싼 인공호흡기가 필요했다.

영국 정부는 2020년 2월에 감사관들을 파견하여 사용 가능한 인공호흡기가 얼마나 되는지를 조사했다. 그 수는 불과 8천 대도 되지 않았다. 8천 대라면 언뜻 많아 보일 수도 있지만, 과학자들이 예측한 바로는 감염 추세가 지속되면 최선의 경우에 3만 대, 최악의 경우에 최대 9만 대가 필요했다.[21]

누군가가 정부판 법인카드를 들고 다른 나라에서 인공호흡기를 최대한 많이 구매하기 위해 즉시 파견되었다. 하지만 이번에도 팬데믹의 '팬' 부분이 곧장 걸림돌로 작용하는 바람에 살 수 있는 인공호

흡기가 거의 없었다.[22]

이제 어떻게 해야 할까? 영국에서 인공호흡기를 추가로 만들 수 있을까? 정부는 몇 안 되는 인공호흡기 제조업체에 생산량을 대폭 늘려 달라고 요청했다. 이는 매우 논리적인 요청이었지만 알다시피 충족하기는 간단치 않았다. 앞치마, 가운, 안면보호구처럼 비교적 단순한 물건도 갑자기 생산량을 크게 늘리기 어렵다. 하물며 인공호흡기처럼 복잡한 기계의 생산량을 갑자기 크게 늘리는 일이 얼마나 어려울지는 쉽게 상상할 수 있다. 인공호흡기에는 수백 개의 정밀 부품이 들어가고, 문제가 생기면 치명적인 결과를 부를 수 있기 때문에 품질 요건도 엄격하다.

문제 해결을 위해 영국 정부는 오랜 전략에 기대었다. 그것은 바로 전국 경진대회를 열어서 새로운 아이디어를 구하는 전략이었다. 1714년에도 '경도상Longitude Prize'을 내걸어 바다에서 경도를 측정할 수 있는 기술을 찾아낸 적이 있었다. 같은 의도로 이번에는 '인공호흡기 챌린지'라는 전국 아이디어 경연대회가 열렸다.

그 논리는 단순했다. 인공호흡기를 구매할 수 없고, 갑자기 생산량을 크게 늘릴 수도 없는 상황이었다. 그렇다면 엔지니어들에게 '신속 제조'가 가능한 설계안을 요청하면 되지 않을까? 필요한 기능을 하면서도 빠르고 쉽게, 대량으로 만들 수 있는 설계안 말이다.

제조업계의 반응은 엄청났다. 50여 개의 주요 기업들(의료기기 제조 경험이 있는 기업도 일부 있었지만, 대다수는 없었다)은 요건을 살핀 후, '좋아, 한 번 해보자!'라며 덤벼들었다. 원래는 상용 항공기나 진공청

소기, F1 경주용 차를 제작하던 기업들이 최고 인재들을 동원하여 새로운 설계에 나섰다.

여기서 정부의 요청이 얼마나 야심 찬 것인지를 잠시 살펴볼 필요가 있다. 인공호흡기는 겉으로는 그다지 복잡해 보이지 않는다. 바퀴가 달린 상자형 구조에 몇 개의 플라스틱 파이프와 디스플레이 스크린 그리고 가끔 '삑' 소리를 내서 안심시키는 장치가 달려 있을 뿐이다. 하지만 그 안에는 파이브, 밸브, 터빈, 산소 공급 장치, 센서, 제어장치, 전자기기로 구성된 매우 복잡한 시스템이 자리 잡고 있다. 이 모두가 완벽하게 조화를 이루며 자동으로 작동해야 환자를 며칠이나 몇 주 또는 몇 달 동안 살려둘 수 있다. 인공호흡기는 절대로 고장이 나면 안 된다. 앞서 의약품 제조 사례에서 확인한 대로, 새로운 의료기기를 제조하기 위해 승인을 받는 과정도 당연히 복잡하고, 오래 걸리며, 큰돈이 든다. 그러나 코로나바이러스 백신의 초고속 개발에 작용한 것과 비슷한 마음가짐이 인공호흡기 챌린지를 해결하는 데도 성공적으로 적용되었다.

(일부는 공동으로, 일부는 단독으로 참가한) 제조업체들은 설계 및 임상적 측면의 정교성과 관련하여 서로 다른 전략을 추구했다. 수백 명의 엔지니어들이 머리를 맞대고 11개의 신형 또는 변형 설계안을 내놓았고, 그중 4개가 모든 관문을 통과하여 제작 승인을 받았다. 이후 참가팀 중 하나가 승인받은 설계안을 토대로 신형 인공호흡기를 제작하고 발송했다. 이 팀이 얼마나 대단한 성과를 거두었는지는 몇 개의 수치를 보면 알 수 있다.

- 5대: 팬데믹 이전 영국의 일반적인 인공호흡기 1일 제조 수량
- 7개: 항공기, 경주용 차, 제트 엔진에서 신형 인공호흡기 용도로 개조된 생산설비 수량
- 1.5주: 4,200만 개의 부품을 확보하기 위해 전 세계에서 새로운 공급망을 구축하는 데 걸린 시간
- 3,500명: 의료기기 제조 경험이 없지만 인공호흡기를 만들기 위해 채용하고 훈련한 조립공의 수
- 400대: 팬데믹 기간 영국의 인공호흡기 1일 최고 제조 수량

보다시피 정밀 의료기기인 인공호흡기의 1일 생산량이 5대에서 400대로 늘어났다. 그것도 최고의 품질로 그리고 대부분 의학 드라마에서 본 것 말고는 인공호흡기를 한 번도 접한 적이 없는 사람들에 의해 제조되었다. 불과 3개월 만에 1만 4천 대의 인공호흡기가 추가로 제조되어 영국의 여러 병원에 제공되었다. 이는 어느 척도로 보나 대단한 성과였다.

전 세계는 개인보호장구 생산량을 40퍼센트 늘린다는 목표를 (초과) 달성했다. 인공호흡기 공급 대수도 크게 늘었다. 의료 시스템은 붕괴하지 않았다.

하지만 이런 이야기들이 의료기기 제조와 관련하여 진정으로 드

러내는 것은 무엇일까? 바로 현지 생산 능력이 매우 유용하다는 사실을 우리가 다시금 깨닫게 되었다는 것이다.

현지 생산을 할 수밖에 없는 상황은 혁신을 촉발했다. 중국산 일회용 수술 가운을 구할 길이 없어지자, 재활용 수술 가운을 만들 수 있는 현지 제조 시스템이 개발되었다. 그에 따라 환경에 훨씬 도움이 되는 부가적 혜택도 얻을 수 있었다. 인공호흡기 챌린지에 참여한 제조업체들은 과거 한 번도 일한 적이 없는 기업들과 협력하면서 서로에게 완전히 새로운 기술을 배웠다. 무엇보다 그들은 제4차 산업혁명에 해당하는 새로운 디지털 기술을 활용하여 대규모로, 빠르게 협력하는 방법을 습득했다.

앞서 소개한 워드와 메이크스페이스 공동체는 어떤 역할을 했을까? 그들은 '분산 대응형 현지 제조 역량'이라는 거창한 개념의 효력을 증명했다. 즉 필요할 때 유용한 물건을 제조할 수 있는 숙련공과 기계를 인근에 두는 전략이 병원과 지역 보건 시스템을 지원하는 데 효과적이라는 것이다. 지금은 아헨Aachen부터 잔지바르Zanzibar까지 전 세계 거의 모든 지역에 '메이크스페이스'나 '팹스페이스Fabspaces' 등 다양한 이름으로 불리는 공동체가 있다. 그중 다수는 현지 생산을 통해 코로나19와 관련된 다양한 문제에 대응하는 데 중요한 역할을 했다.[23] 지금도 지역 공동체의 다양한 필요를 충족할 수 있는 검증된 현지 제조 자원을 제공한다.

제조 공동체가 팬데믹 동안 개인보호장구와 인공호흡기 부족 문제에 대응한 사례는 하나의 사실을 상기시킨다. 그것은 바로 매우 명확하고 절실한 목표가 주어졌을 때, 적절한 자원만 있으면 훌륭한 사람들이 나서서 불가능해 보이는 일을 이루어낸다는 점이다. 수천 명의 발명가, 창업자, 과학자, 엔지니어 들이 의료기기 제조의 세계를 들여다보고 "이것보다 훨씬 더 잘해야 해!"라고 말하고 있다. 그들 중 아주 많은 사람이 실제로 새로운 아이디어를 실현하고 있다는 사실은 우리 모두에게 큰 희망을 안겨준다.

지금은 3D 프린팅과 모듈형 공장 그리고 거의 모든 곳에서 제공되는 디지털 연결성 같은 신기술 덕분에 새로운 아이디어를 빠르게 개발하고 시험할 수 있다. 벤처 투자가 크게 늘어난 덕분에 최고의 아이디어를 신속하게 대규모로 실현하여 계속 변화하는 의료 시스템의 필요에 대응할 수 있다.

효과적으로 치료하기에는 너무 늦게 암을 발견하는 경우가 많다면, 초기 단계 암을 검진하는 호흡 분석기를 개발하면 된다. 수술 비용이 너무 많이 든다면, 복강경 수술을 아주 빠르게 할 수 있도록 도와주는 로봇을 개발하면 된다. 먼 지역에서 발생한 자연재해로 의료기기 공급망이 무너졌다면, 필요한 지역에 구축할 수 있는 소형 공장을 개발하면 된다. 주삿바늘이 무서워서 사람들이 백신 주사를 맞지 않으려 한다면, 바늘 없는 주입기를 개발하면 된다. 이런 것들은 그저 멋진 아이디어에 그치지 않고 모두 실제로 '제조되어' 우리의 삶을 개선하고 있다.*

* 이 기기들과 관련된 추가 정보는 이 책의 웹사이트에서 확인할 수 있다.

12월에 연구생들이 집으로 돌아가면서 연구소가 비교적 조용해졌다. 나는 팬데믹 시기의 의약품 및 의료기기 제조에 대한 연구를 바탕으로 몇 가지 결론을 내리려 애쓰다가 너무나도 명백한 사실을 깨달았다. 그것은 바로 중대한 위기가 닥쳐서 모든 것이 무너질 때 제조 능력을 갖추는 일은 실로 중요하다는 점이다. 이는 의료 시스템의 지속가능성, 회복탄력성 그리고 대응력을 키우는 데도 상당한 도움이 된다.

그러나 의료 제조업의 세계에는 내가 여전히 탐구해야 할 다른 부분이 있는데, 바로 우리가 몸을 고쳐야 할 때 반드시 가야 하는 공장 같은 곳이다. 코로나19 팬데믹 동안 이곳은 갑자기 이전에는 상상치 못한 수준의 커다란 압박을 받으며 가동되어야 했다. 당시 우리 지역에 있는 병원을 조사하면서 작성한 노트를 다시 읽다 보니, 심장 박동이 빨라지기 시작한다.

병원 운영

발신: ○○○○○@nhs.net

제목: 회신: 지원 제안

일시: 2020년 3월 20일 15:43:32 GMT

수신: 팀 민셜<○○○○○@cam.ac.uk>

팀, 월요일 회의에 참석하실 수 있나요?

이에 관한 자세한 내용은 아래에 있습니다.

내가 이 짧은 이메일을 받은 날은 금요일이었다. 그날 우리는 팬데믹에 따른 지역 봉쇄 조치로 인해 연구소 문을 닫고 350명의 직원과 연구생이 재택근무에 들어갔다. 나는 지금도 동료인 리즈Liz가 마지막으로 건물을 둘러보고 출입구를 잠그면서 웃는 모습을 담은 사진을 갖고 있다. 우리는 너무나 순진하게도 몇 주만 있으면 바이러스의 전파가 통제될 것으로 생각했다.

이메일에 언급된 월요일 회의에는 임직원이 1만 명 정도인 우리 지역 의대 병원에서 일하는 고위 경영진과 임상팀이 참여했다. 지역 봉쇄 조치 때문에 대면 회의가 불가능해, 시내와 주변 마을에 살던 나와 동료들은 급히 준비한 가택 '사무실'에서 전화로 회의에 참석했다.

실제로 전화 접속만이 가능했다. 병원의 IT 인프라가 심한 과부하에 걸려서 팀즈Teams나 줌Zoom을 활용할 수 없었다. 나는 아들의 책상 앞에 웅크리고 앉아서 아이폰을 스피커폰 모드로 바꾸었다. 몇 킬로미터 떨어진 병원의 어딘가에 있는 회의실에서 나오는 여러 사람의 목소리를 구분하는 일은 쉽지 않았다. 나는 몸을 앞으로 기울인 채 언급되는 사람들의 이름을 급히 적었다. 나열되는 직책과 직무를 파악하는 동시에 병원 웹사이트를 훑어서 이름 없는 목소리와 사진 속 인물을 연결하려 애썼다.

그러던 와중에 나는 병원 측에서 밝힌 어떤 이야기를 듣고 눈이 휘둥그레졌다. 그들은 코로나19 팬데믹이 병원에 미칠 여파를 다양한 시나리오로 추정했다. 문제는 최선의 시나리오조차 상당히 충격적이었으며, 최악의 시나리오는 너무나 끔찍해서 이해하기 힘든 수준이라는 것이었다.

병원 측은 우리에게 그 최악의 시나리오에 대비할 수 있도록 도와달라고 요청했다.

이쯤에서 병원이 왜 제조공학자들에게 도움을 요청하는지 의문이 들 것이다. 사실 병원은 의외로 공장과 비슷한 구석이 많다. 앞서 살핀 대로 공장은 투입물을 가공하여(사람이 기계와 자재를 활용하여 공법을 따른다) 산출물을 출하한다. 병원이 하는 일을 만화처럼 단순하고 압축적으로 표현하자면, 의료인이 아픈 사람에게 일종의 부가가치 활동(의료기기 및 약품을 활용하여 진단 및 치료를 한다)을 한 다음 아프지 않은 상태로 내보낸다.

이런 측면에서 보면 공장 운영과 관련된 기술이 병원 운영에도 유용하리라는 생각이 전혀 불합리한 것은 아니다.

우리는 재빨리 충격을 떨쳐내고 최악의 시나리오가 지니는 잠재적 의미를 파악하려 애썼다. 이 시나리오가 전면적으로 또는 일부라도 전개된다면, 너무나 많은 문제가 아주 잘못된 방향으로 확산될 수 있었다.

가령 산소가 필요한 코로나19 환자가 급증하는 경우(중국과 이탈리아에서 바로 이런 일이 일어났다), 병원이 감당할 수 있을까? 대부분의 병상 옆에는 작은 산소 공급용 밸브가 있지만, 이 밸브가 실제로 사용되는 경우는 아주 드물다. 그런데 모든 병동에서 한꺼번에, 모든 밸브를 사용해야 한다면 어떻게 될까? 다른 병원에서는 산소 공급 시스템이 부실해지는 바람에 일어난 끔찍한 사례들이 보도되고 있었다. 전체 병동에 걸쳐 너무 많은 밸브를 동시에 사용하면 압력이 떨어질 수 있다. 이 경우 어떤 일이 일어날지는 굳이 설명할 필요가 없을 것이다.

이는 단적인 사례에 불과하며, 이외에도 병원에는 다른 심각한 문제들이 너무나 많았다. 갑자기 수많은 환자가 들이닥치면 어떻게 분류하고 처리할 것인가? 그중에는 바이러스에 감염된 환자도, 감염되지 않은 환자도 있을 것이다. 직원들이 뜻하지 않게 바이러스를 퍼트리는 일이 없도록 하려면 어떻게 신속하게 검사할 것인가?• 환자는 폭증하고 일손은 줄어드는 상황에서 환자, 병상, 의료 인력 사이의 균형을 어떻게 신속하게 맞출 것인가? 끝으로 극도로 암울한 이야기지만, 상황이 정말로 나빠졌을 때 시체들이 쌓이기 시작하면 어떻게 대처할 것인가?

한 병원 측 인사가 "우리 얘기는 이 정도로 하고, 혹시 질문이 있으신가요?"라고 말했다.

우리는 충격받은 뇌와 벌어진 입 사이의 회로를 간신히 다시 연

• 당시는 감염성 질병 간이검사lateral flow test나 PCR 검사처럼 신뢰도가 높은 신속 검사 방법이 널리 보급되기 한참 전이었다.

결한 후, 사실 확인을 위해 몇 가지 질문을 던졌다. 그러고는 다소 맥없는 목소리로 그 문제에 대해 생각해보고 다시 연락하겠다고 말하며 회의를 마쳤다.

돌이켜 보면 당시 우리는 모두 심리학자들이 말하는 '인지 부조화'를 겪고 있었다. 이는 상충하는 두 가지 세계관을 조화시키려는 상태를 말한다. 뉴스는 다른 나라의 병원에서 일어나는 끔찍한 일들을 보여주고 있었다. 하지만 이곳은 우리가 아끼는 지역 병원으로 우리 아이들이 태어났고, 우리 자신과 사랑하는 사람들이 치료받는 곳이었다. 우리가 방금 들은 공포스러운 일들이 정말로 화창한 케임브리지의 병원에서 일어날 수 있을까? 우리는 그 실질적인 가능성을 서서히 받아들이고, 우리가 어떤 도움을 줄 수 있는지를 고민하기 시작했다.

우리 동료인 톰Tom과 던컨(앞 장에서 소개한 그 사람)은 매우 합리적인 일을 했다. 그들은 우리가 공장 관리자의 눈으로 병원이 직면한 난관을 바라보도록 유도했다. 그들의 이야기를 듣고 우리는 방금 접한 문제들이 사실은 매우 익숙한 것들이라는 깨달음을 얻었다. 그것은 우리가 공장에서 흔히 접하는 '공정 불안정성process instability'의 여러 사례에 해당했다.

공장 관리자는 인력과 기계르 하는 모든 일(공정)이 물량·속도·품질 측면에서 수용 가능한 범위 안, 즉 자신들이 감당할 수 있는 한도 내에 있기를 원한다. 정상적인 최대치와 최저치를 알아야 문제가 생겼을 때 즉시 포착하여 조치를 취할 수 있다. 하지만 때로 불가피하게 '교란'이 발생하여 공정의 결과물이 예상 범위를 넘어서게 된다. 여기서 '교란'은 기계가 고장 나거나, 작업자가 무언가를 깜박하거나, 공급업체가 잘못된 부품을 보내는 것 등을 말한다. 이는 다른 공정에 연쇄적으로 영향을 미쳐 정상적으로 원활하게 가동되던 공장이 갑자기 멈추어 선다.

코로나19는 가장 치명적인 교란이었다.

이에 대비하려면 병원팀은 코로나19가 전체 업무 공정에 어떤 방식으로 영향을 미칠지를 알아야 했다. 잠재적 영향을 이해하려면 누군가는 지금 일어나는 일을 측정해야 했다. 다시 말해 산소 공급이나 환자 분류, 검사를 비롯한 여러 업무 공정의 상한선과 하한선을 파악해야 했다. 다음으로 이 한계를 초과하는 데 따른 영향력을 보여주는 모형을 만들어야 했다. 그러면 병원 경영진은 엄청나게 바쁜 와중에도 어느 부분을 정말로 걱정해야 하는지를 알 수 있었다. 위기 시에는 수용 가능한 범위 안의 일을 걱정하느라 귀중한 시간을 낭비해서는 안 된다.

하지만 이 데이터를 확보하려면 많은 추가 작업이 필요했다. 문제는 병원 직원들이 이미 기진맥진한 상태라는 점이었다. 다행히 개인보호장구와 인공호흡기의 경우, 예상치 못한 영웅들이 구원의 손길을 내밀었다. 새롭게 시행된 해외여행 금지 조치로 인해 우리 연구소의 수많은 연구생이 집으로 돌아가지 못했다. 그들은 지역사회가 코로나19와 싸우는 데 도움이 될 기회가 생기자 주저 없이 자원봉사에 나섰다.

연구생들은 공장에서 배운 그대로 보고, 듣고, 질문하고, 측정하고, 분석하고, 시각화한 다음 자료를 병원 측에 제시했다. 그들은 병원을 일종의 공장으로 생각한 결과, 실제 성과를 명확하게 보여줄 수 있었다. 덕분에 병원 경영진은 적재적소에 필요한 노력을 기울일 수 있었다.

코로나19 팬데믹은 병원이 제조업의 세계와 어떻게 연관되어 있는지에 대한 인식을 높이는 계기가 되었다. 병원은 한편으로 고객으로서 제조업체들이 만든 약품·물품·기기를 사용하지만, 다른 한편으로는 제조 활동도 한다. 병원은 공장처럼 운영될 뿐 아니라 실질적인 의미에서 일종의 공장이기도 하다. 즉 실제로 물건을 만들기도 한다. 부러진 팔다리를 바로잡는 표준 깁스나 임상 엔지니어들이 만든 맞춤형 수술 장비 등이 거기에 해당한다. 실제로 의료 인력과 환자의 필요에 맞춰서 신형 장비나 치료법을 개발하고 시험하기 위해 의료기기 제조업체가 병원 내부나 근처에서 제조 활동을 하는 경우가 많다.

앞으로 맞춤형 의료가 확산하면 이처럼 제조와 소비가 한자리에서 이루어지는 현지 생산 방식이 갈수록 흔해질 것이다. 가령 키메라항원수용체-T(CAR-T) 같은 암 치료법의 경우, 환자의 몸에서 세포를 추출하고 특수 콜드체인으로 운송하여 처리한 다음 다시 환자의 몸에 주입한다. 이처럼 인간의 '정맥에서 정맥으로' 가는 데 걸리는 시간은 대단히 중요하다. 그 간극을 메우거나 공급망을 단순화하는 모든 것은 세포 처리를 가까운 곳에서 할수록 공급망이 수반하는 위험이 줄어들고, 공정을 거치는 속도가 빨라진다는 점에서 아주 큰 가치를 지닌다.[24]

동시에 병원들은 거의 모든 곳에서 제공되는 디지털 연결성의 도움을 받아서 물리적 건물에 가해지는 제약을 넘어서 소위 '가상 병동' 또는 '가택 병원'을 만들고 있다. 이 새로운 접근법의 목표는 환자에게 익숙한 환경인 집에서 안전하게 병원 수준의 간호를 제공하는 것이다.[25]

나는 종종 자전거를 타고 집 근처에 있는 드넓은 병원과 연구소 건물을 지나가는데, 이제 내가 보는 이런 풍경에 대한 인식이 바뀌었다. 그 실체가 무엇인지를 알기 때문이다. 그곳은 의료 서비스를 제공하는 공장으로서, 병원의 활동이 지역사회와 통합되면서 갈수록 그 경계가 흐릿해지고 있다.

나는 의료인들과 대화를 나누면서 엄청나게 많은 것을 알게 되었다. 그들의 이야기는 복잡하고 창의적이었지만, 때로 좌절할 만큼 경직된 의료 시스템의 속성을 드러내기도 했다. 잦은 경고가 나왔던 유례없는 사태를 맞아 의료 시스템이 거의 붕괴할 뻔한 양상도 전해주었다. 한편으로 의료인들의 이야기는 의료 서비스의 미래를 엿볼 기회를 주기도 했다.

그 미래는 놀라울 정도로 가까이 와 있다.

이 장을 구성하는 세 가지 주제인 의약품 개발, 의료기기 제조 그리고 병원 운영은 공통점을 지닌다. 그것은 바로 의료 부문의 형태가 달라지고 있다는 것이다. 의료 부문과 우리 삶의 다른 부분들을 나누는 경계가 갈수록 흐릿해지고 있다. 이런 그림은 앞서 그렸던 그림들과 매우 비슷하다. 우리는 생산자와 소비자의 관계가 바뀌는 양상을 목격하고 있다. 분명히 환자, 약품, 기기, 병원은 언제나 상호 의존적이었다. 다만 그 연결고리가 강화되고, 갈수록 양방향으로 바뀌고 있다. 이 변화의 핵심에는 우리 모두가 개인적으로 그리고 집단적으로 의료 산업 안에서 맡는 역할이 있다.

맞춤형 의료는 '모두에게 효과가 있기를 바라는 일괄적인' 치료법에서 개인별로 표적을 바꾸는 치료법으로 옮겨간다. 각 개인은 고유한 체질과 생활습관, 병력病歷을 지닌다. 스마트워치와 피트니스 트래커의 사례처럼 의료기기와 소비자 가전 사이의 경계도 갈수록 흐릿해지면서 우리를 건강한 생활습관으로 유도하고 있다. 이는 우리가 방대한 건강 관련 데이터를 확보하는 데 기여할 기회를 주기도 한다. 의료인들은 그 데이터로부터 통찰을 얻어서 질병을 조기에 진단하고 효과적인 치료법을 펼쳐 보인다.

코로나19 팬데믹은 필수적이고 기본적인 물품을 얻기 위해 멀리 있는 소수의 초대형 공장에 의존하는 방식의 취약성을 드러냈다. 이제 지역에서 의료품을 확보할 수 있도록 숙련된 인력과 적절한 공장을 갖추는 일이 중요하다는 인식이 널리 퍼졌다. 이런 인프라는 의약품 및 장비를 안정적으로 제공하고, 지역 일자리를 창출하며, 운송 과정의 탄소 배출을 줄인다. 제조된 의약품의 소비자인 동시에 의료 서비스를 제공하는 생산자인 병원도 바뀌고 있다. 그들은 맞춤화되고, 지역사회와 교류하며, 지속가능한 의료 접근법에 대한 우리의 욕구에 대응하고 있다.

우리의 의료 시스템은 코로나19 팬데믹 이전에도 이미 갈수록 늘어나는 비용과 수요에 힘겨워하고 있었다. 이 점을 감안할 때 새로운 접근법은 단순히 '바람직한 선택지'를 넘어 의료 서비스의 미래에 가깝다.

이제 제조업의 세계를 지나는 우리의 여정을 마칠 때가 되었다. 이 여정은 서두에서 제기한 질문에 답하기 위한 것이었다.

- 왜 현대 제조업은 너무나 취약하고 환경에 해로울까?
- 현대 제조업을 덜 취약하고 해롭게 만들기 위해 어떤 일을 해야 할까?

우리는 제조, 운송, 소비가 이루어지는 방식과 이유를 탐구했다. 뒤이어 제조업 부문에서 변화가 일어나는 방식, 지속적인 디지털화 그리고 이 장에서는 우리가 생산 시스템에서 개인적으로 그리고 집단적으로 맡는 역할이 커지는 양상을 살폈다. 그 과정에서 우리는 제조업의 세계와 '일상적인' 세계를 나누는 경계가 점차 사라지고 있음을 확인했다.

이제 우리는 가장 중대한 사안을 직시해야 하는 지점에 이르렀다.

제조업의 세계는 어떻게 인류가 지구에서 계속 생존하도록 만들 수 있을까?

8장　생존

제조업의 일부로서
우리가 지구를 지키는 일

미국 심리학자인 에이브러햄 매슬로Abraham Maslow는 1940년대에 '욕구 단계'라는 개념을 제시했다.[1] 이 개념은 인간이 기본적인 생리적 욕구를 충족한 이후 보다 고차원적 욕구를 추구하는 양상을 드러냈다. 산에서 음식과 피난처 없이 추위에 떨고 있을 때 직장에서 어떻게 자신감 있는 모습을 보일지를 고민하는 것은 아무 의미가 없다. 기본적인 욕구부터 먼저 해결해야 한다. 대다수 사람은 기본적인 욕구, 즉 '생존 욕구'를 주거지·음식·옷처럼 다른 사람이 만들어내는 물건으로 충족한다.

안타까운 사실은 우리가 생존에 필요한 모든 물건을 만들고 옮기는 방식이 (매우 아이러니하게도) 우리의 생존을 위협하고 있다는 것이다.[2]

- 제조업 부문은 발전 및 난방 다음으로 많은 온실가스 배출원이 되었다.

- 제조업 부문은 엄청난 양의 폐기물을 생산한다. 우리가 가공하는 원자재와 제조하는 제품 중 상당수는 한 번도 사용되지 않거나 완벽하게 작동하는 데도 버려진다.

- 제조업 부문은 자연환경을 해치는 최대 오염원 중 하나다.

어쩌다가 이렇게 되었는지 그리고 왜 우리가 계속 문제를 방치하는지를 이해하려면, 일부 제품이 만들어지는 과정을 들여다봐야 한다. 매슬로의 욕구 단계에서 가장 아래에 있는 주거지, 음식, 옷이 제조되는 방식부터 살펴보자.

주거지

나는 운 좋게도 비교적 새집에 살고 있다. 따뜻하고 비바람에 강한 우리 집은 벽돌, 금속, 플라스틱, 나무, 시멘트를 포함한 자재들의 조합으로 이루어져 있다. 그중 시멘트가 약간 문제다.

시멘트는 자갈과 섞어서 콘크리트로 만들어져 주택부터 마천루, 다리까지 다양한 구조물을 건설하는 데 사용되는 놀라운 소재다. 우리는 시멘트 덕분에 800미터 높이의 두바이 버즈칼리파Burj Khalifa 빌딩이나 165킬로미터에 달하는 중국 단양쿤산대교Danyang-Kunshan Grand Bridge를 건설할 수 있었다. 갈수록 도시화되는 현대 세계는 대개 시멘트로 건설되었다. 시멘트는 아주 가난한 일부 지역에서 삶의 질을 크게 개선시키기도 했다. 에드 콘웨이Ed Conway는 저서 『물질의 세계』에서 시멘트로 흙바닥을 덮은 덕분에 기생충 감염이 줄었고, 진창길을 콘크리트 도로로 대체하면서 임금이 오르고 취학 아동 수가 늘었다고 이야기한다.[3] 이처럼 시멘트는 삶을 개선하는 제품이고, 콘크리트는 물 다음으로 전 세계에서 가장 많이 소비되는 물질이다.[4]

하지만 시멘트는 가장 탄소 집약적이면서 환경에 치명적인 건축 자재 중 하나다. 무엇보다 생산 과정에서 엄청난 양의 이산화탄소를 생성한다. 가령 시멘트 생산의 핵심 공정인 '하소calcination'(물질을 가열하고 휘발 성분을 제거하는 조작 – 옮긴이) 도중 이산화탄소가 직접적으로 배출된다. 1,400도의 열을 가하는 과정에서도 간접적으로 이산화탄소가 배출된다. 해마다 40억 톤이 생산되는 시멘트 산업은 전 세계 이산화탄소 총배출량의 약 8퍼센트를 차지하며[5] 항공 산업보다 4배나 많은 양을 배출한다.

나는 시멘트 덕분에 튼튼하고 안전한 집에서 살게 되었지만, 나의 증손주들이 우리 지역에서 거주하려면 아마도 아가미가 필요할 것이다. 이스트 앵글리아 지역은 기후변화에 따른 해수면 상승으로 물에 잠길 가능성이 높기 때문이다. 우리의 활발하고 계속 증가하는[6] 시멘트 사용은 기후변화를 가속화하고 있다.

● 사실은 고가도로이지만 엄밀하게 말하면 여전히 다리로 분류된다. 현재 이 다리는 가장 긴 다리 부문에서 기네스 세계 기록을 보유하고 있다.

음식

국제연합(UN)은 2011년에 전 세계에서 생산되는 식품의 거의 3분의 1이 낭비된다는 사실을 보여주는 보고서를 냈다.[7] 2021년에 나온 신규 데이터에 따르면, 식품 낭비율은 40퍼센트로 올라가 상황이 더욱 악화된 것으로 나타났다.[8]

우리는 해마다 60억 톤의 식품을 생산한 다음, 그중 25억 톤은 먹지도 않고 버린다. 이 얼마나 미친 짓인가? 다른 제조업체 대표가 생산량의 40퍼센트를 낭비한다면, 주주들로부터 매우 엄한 추궁을 당할 것이다. 단지 원자재, 에너지, 노력이 낭비되는 것만이 문제가 아니다. 전 세계 이산화탄소 배출량의 4분의 1 남짓은 식품 생산과 연관되어 있다.[9] 이는 이산화탄소 총배출량의 약 10퍼센트가 먹지도 않을 식품을 생산하는 과정에서 나온다는 것을 뜻한다.

이 문제는 '밭에서 식탁에 이르는' 전체 과정에 분산되어 있다. 재배에서 수확까지(28퍼센트), 운송에서 가공까지(26퍼센트), 이 여정의 모든 단계에서 낭비가 발생한다.[10] 소비자인 우리가 관여하는 단계에서는 낭비의 거의 절반이 나온다. 특히 창피한 데이터는 유럽에서 생산되는 과일과 채소의 3분의 1 이상이 단지 미관상의 이유로 버려진다는 것이다. 우리는 '예쁘지' 않으면 감자와 당근을 먹지 않는다. 비교적 잘사는 나라에서는 더 이상한 짓을 한다. 바로 기껏 돈을 주고 산 식품을 한동안 보관하다가 그냥 버리는 것이다.[11]

지역별로 서로 다른 단계에서 손실이 발생한다. 유럽과 북미에서는 식품이 소비자의 손에 들어간 후에 낭비분의 3분의 1 이상이 나온다. 반면 사하라 이남 아프리카와 동남아시아에서는 소비자가 낭비하는 식품은 거의 없으며, 거의 모든 낭비분은 생산·유통·저장 단계에서 나온다.[12]

마지막으로 우리가 기억해야 할 식품 관련 통계가 있다. 현재 글로벌 식품 제조 시스템은 80억 인구를 모두 먹여 살리기에 충분한 양을 생산한다. 실제로는 100억 명도 먹여 살릴 수 있는데도 9명 중 1명은 영양 부족 상태다. 그 부분적인 이유는 식품 제조 시스템이 너무나 많은 식품을 낭비하는 바람에 음식이 필요한 사람의 입에 들어가지 못하기 때문이다.[13]

따라서 지금의 식품 제조 시스템은 모두에게 필수 영양을 제공하는 데도 적합지 않다고 말해도 무방하다.

옷

옷을 잘 입으려는 우리의 욕구를 충족시키는 의류 산업은 거대하다. 전 세계적으로 6천만 명이 의류 산업에 종사하며, (디자이너·유통업체·소매업체를 포함하여) 공급망의 범위를 넓히면 그 수는 3억 명에 육박한다.[14] 경제적 가치 또한 엄청나서 전 세계적으로 연 매출이 2조 4천억 달러로 추산된다.[15] 글로벌 의류 산업을 하나의 국가로 보면 GDP 기준으로 러시아와 프랑스 사이에 놓일 것이다.[16]

의류 산업의 생산 측면은 두 부분으로 나눌 수 있다. 하나는 자재를 만드는 분야이고, 다른 하나는 자재를 '자르고 기워서' 옷으로 바꾸는 분야이다. 그다음부터는 유통과 소매 활동만 남는다. 의류 산업의 규모와 경계를 정확하게 규정하기는 어렵다. 의류 산업이 환경에 미치는 영향력을 파악하기도 상당히 어렵다. 다만 의류 산업의 이산화탄소 배출량과 낭비가 엄청나다는 사실에 대해서는 이견이 없다. 이를 뒷받침하는 몇 가지 수치를 살펴보자.

- 섬유 생산 과정은 전 세계 국제 항공 및 해상 운송보다 많은 온실가스(12억 톤)를 배출한다.[17]
- 섬유 공급망에서 사용하는 원자재의 3분의 1 이상은 제품이 소비자에게 도달하기 전에 폐기된다.[18]
- 섬유 산업은 전체 수질 오염의 20퍼센트를 초래한다.[19]
- 의류 제조용 원자재의 거의 4분의 3은 (초당 트럭 1대 분량만큼) 매립되거나 소각된다. 해마다 10~40퍼센트의 원자재가 과잉 생산되는 것으로 추정된다.[20] 재활용되어 새 옷에 쓰이는 비중은 1퍼센트에 불과하다.[21]

섬유는 생산된 이후 '자르고 깁는' 과정을 거쳐서 옷과 신발로 만들어진다. 이를 소비하는 우리는 문제를 가중하는 아주 이상한 행동을 한다.

우리는 갈수록 더 많은 옷을 원하지만, 실제로 입는 횟수는 줄어들고 더 빨리 버리는 것으로 코인다.[22] 그 부분적인 요인은 '패스트 패션'의 등장이다. 그에 따라 유행이 바뀌는 속도가 빨라지면서 새로운 스타일의 의류가 더 빨리, 더 저렴한 가격에 쏟아진다. 상업적 관점에서 보면 이는 매출과 이익, 고용이 늘어난다는 점에서 아주 좋은 현상이다.

그러나 의류 판매량이 급증하는 가운데 '의류 활용도', 즉 버리기 전에 옷을 입는 평균 횟수는 3분의 1로 줄었다.[23] 옷이 더 빨리 낡아서 그런 것은 아니다. 단지 우리가 이전처럼 옷을 오래 입지 않을 뿐이다. 결국 옷을 만드는 데 들어가는 모든 원자재, 에너지, 노력은 쓸모를 다하기 훨씬 전에 폐기된다.

분명 의류 산업은 실로 심각한 재검토가 필요한 또 다른 제조업 분야다.

앞선 세 가지 사례에서 공통된 메시지를 읽을 수 있다. 우리는 스스로 심각한 딜레마를 만들어냈다. 지난 250년 동안 중단기적으로 생존하는 데 도움이 되는 방향으로 생산 시스템이 개발되었다. 덕분에 우리는 주거지, 음식, 옷 같은 필수적인 요소를 저렴하고 빠르게 구할 수 있었다. 하지만 그 과정에서 뜻하지 않게 장기적인 생존 가능성을 줄이는 시스템을 만들어 버렸다.

어쩌다가 그렇게 되었을까?

시간에 대한 대단히 인간적인 접근법

우리가 행동에 따른 장기적인 결과를 고려한다고 주장하기는 쉽다. 하지만 슬프게도 많은 사람은 현재와 가까운 미래의 필요와 욕구를 훨씬 더 절실하게 느낀다. 윌리엄 맥어스킬William MacAskill은 저서 『우리는 미래를 가져다 쓰고 있다』에서 그 이유를 아주 명확하게 설명한다. 문제는 우리의 후손이 명백한 이유로 투표하거나, 로비하거나, 정치에 참여할 수 없다는 것이다. 그들은 신문에 분노의 투고를 할 수도, 소셜 미디어에서 큰 논란을 일으킬 수도, 고속도로를 막을 수도 없다. 맥어스킬의 말에 따르면, 우리의 후손은 "완전히 권리를 박탈당했다."[24]

UN은 1980년대에 우리의 후손에게 권리를 부여하고 우리 손으로 지구를 파괴하지 않으려면 조치가 필요하다고 판단했다. 그들은 당시 노르웨이 총리인 그로 할렘 브룬틀란Gro Harlem Brundtland에게 무엇을 해야 할지를 고민할 현자들의 위원회를 만들어달라고 요청했다. 4년 후, 이 위원회는 300페이지에 달하는 보고서를 들고 돌아왔다. 그들은 이 보고서에서 환경 파괴를 막기 위해 추구해야 하는 대단히 단순한 개념을 제시했다. 그것은 "미래 세대가 필요를 충족할 수 있는 기반을 훼손하지 않고 현재의 필요를 충족하는 발전"을 뜻하는 '지속가능발전'이라는 개념이었다.[25]

이 정의에 따르면, 우리가 원하는 모든 것은 물론이거니와 필요로 하는 모든 것을 제조하는 현재의 시스템이 할 일을 제대로 못 하고 있다는 사실이 매우 분명하다.

주거지, 음식, 옷의 세 가지 사례는 제조, 운송, 소비 단계의 엄청
난 비효율성과 지속 불가능한 관행을 보여주었다. 하지만 이 사례들
을 다른 각도에서 보면, 이 방대한 문제를 해결하기 위해 적용되고
있는 실로 멋진 아이디어들을 접할 수 있다.

덜 해로운 물건을 덜 해롭게 만들기

상황이 개선되는 사례를 살피기 위해 매슬로가 제시한 욕구 단계
의 바닥에 계속 머물고자 한다. 이 글을 쓰는 12월 말에 나는 크리스
마스 케이크의 마지막 남은 조각을 마저 먹어 치우려고 이타적으로
노력하고 있다. 그래서 음식과 관련된 사례부터 먼저 살펴보려 한다.

나는 노퍽주 남서부 시골에서 어린 시절의 많은 부분을 보냈다.
그곳은 9월부터 이듬해 3월 사이 풍향에 따라 아주 달콤한 냄새가
났다. 그 원천은 지역에서 재배한 사탕무로부터 설탕을 추출하는 대
형 공장이었다. 우리 집에서 약 8킬로미터 떨어진 곳에 자리한 이
브리티시슈거 공장은 지금도 1970년대보다 더 큰 규모로 운영되고
있다.

해마다 '캠페인campaign' 기간으로 알려진 6개월 동안 수백만 톤
의 사탕무가 수천 개 농장에서 수확되어, 수많은 트랙터와 트럭의

끊임없는 행렬을 통해 공장으로 운송되었다. 공장에서는 사탕무를 세척·절단·가공하여 설탕을 추출했다.

한 캠페인 기간에는 300만 톤의 사탕무가 공장으로 입고되었고, 40만 톤의 설탕이 출고되었다. 그중 1킬로그램이 안 되는 분량이 우리 집의 크리스마스 케이크에 들어갔다(일부는 나의 끈적끈적한 손가락을 통해 지금, 이 내용을 입력하고 있는 키보드에 묻었다).

나는 이 공장이 전 세계에서 가장 친환경적인 공장 중 하나가 되었다는 사실을 최근까지 몰랐다. 그들이 전체 공정에 적용한 극단적인 '폐기물 제로' 접근법은 '린 생산 방식'으로 유명한 오노 다이이치와 도요타 에이지를 매우 흡족하게 만들 정도였다. 그 결과 놀랍게도 이 공장은 세계 최대 의료용 대마 제조 공장 중 하나가 되었다.

이 부분은 좀 더 자세한 설명이 필요할 것 같다.

작가인 조너선 미즈Jonathan Meades는 이스트 앵글리아의 펜랜드Fenlands•를 두고 이런 좋은 표현을 썼다. "지평선horizon이라는 이름이 정말 잘 어울렸다. 그곳은 줄곧, 변함없이 수평horizontal이다."[26]

• 이스트 앵글리아의 펜랜드는 근본적으로 방대한 야외 공장과도 같다. 네덜란드 기업가와 기술자 들이 1600년대에 이 광활하고 정갈하게 정리된 비옥한 농지를 만들었다. 그들은 자국에서 연마한 기술로 이 영국의 습지를 배수하여 건조한 상태로 유지했다. 거기에는 전략적으로 건설된 수로, 제방, 풍력 펌프 등이 동원되었다. 인위적으로 조성된 이 농지의 놀라운 생산성은 영국 농업의 광범위한 산업화를 촉발했다.

시야를 가로막는 것이 거의 없어서, 위싱턴Wissington에 있는 광활한 브리티시슈거 공장은 눈에 띄지 않을 수 없다. 7개의 거대한 설탕 사일로가 보이기도 전에 하늘 높이 치솟은 수증기 기둥이 몇 킬로미터 전부터 안내판 역할을 한다.

나는 남북 간선 고속도로에서 동쪽으로 빠져나와 사우서리Southery 마을의 구불구불한 길을 지난 뒤, 검은 이탄泥炭 밭 가장자리를 따라 곧게 뻗은 도로로 들어섰다. 영국에서 제당 산업의 물류가 지닌 국제적인 특성을 반영하듯이, '사탕무 운송 차량 전용' 표지판이 크로아티아어, 라트비아어, 리투아니아어, 불가리아어 등 다국어로 표기되어 있다.

주차장에 차를 세우자 나를 안내해 줄 게리Gary가 쉽게 눈에 띄는 주황색 고시인성 재킷을 입고 서 있다. 게리는 이 공장의 개편을 설계하고 이끈 인물이다. 그는 자신과 옛 동료들이 품었던 놀라운 야심의 결과물을 보여주고 싶어 했다. 대단히 인상적인 점은, 그들이 마음먹었던 일들을 거의 모두 완수했다는 것이다.

게리와 그의 팀은 공장의 전반적인 운영에 초점을 맞추어 발생할 수 있는 '모든' 낭비를 제거하는 데 전념했다. 낭비를 없애지 못하는 경우에는 가치 있는 다른 것으로 바꿀 방법을 찾았다. 그들이 이룬 성과의 몇 가지 사례를 살펴보자.

매일 밭에서 수확되어 수백 대의 트럭에 실려 곧바로 공장으로 입고되는 사탕무에는 진흙과 돌이 붙어 있다. 과거에는 이것들을 그냥 물로 씻어냈지만 이제 진흙은 조경용 표토로, 돌은 골재로 재판매된다. 덕분에 이전에는 그냥 버려졌을 15만 톤의 진흙과 5천 톤의 돌이 해마다 상업적 가치를 창출하고 있다.

발효 및 증류 시설에 투자함으로써, 과거에는 활용하지 못했던 설탕 추출 과정의 부산물도 바이오에탄올 생산에 활용할 수 있게 되었다. 현재 매년 5만 5천 톤의 바이오에탄올이 생산되며, 이는 주유소에서 판매되는 바이오연료인 E5와 E10을 만들기 위해 휘발유에 각각 5%와 10% 혼합되는 원료로 공급된다.

설탕 추출에는 많은 에너지가 소요되어, 워싱턴 공장은 자체 열병합발전 설비를 갖추고 있다. (약 12만 명의 필요를 충족할 만한) 모든 잉여 전력은 국가 전력망으로 들어간다. 이전에는 대기로 뿜어내던 잉여 열과 이산화탄소는 어떻게 했을까? 18헥타르 면적의 온실을 건설한 덕분에 토마토의 숙성 속도를 높이는 데 활용되면서 회사에 쏠쏠한 부수입을 안겨주었다. 전 세계 토마토 시장의 변화로 경제적 타당성을 잃은 후에는 의료용 대마로 품목이 변경되었다.

게리와 그의 동료들은 제조업의 '생산' 부분이 약간의 발상 전환만으로 환경 피해를 줄일 뿐 아니라, 새로운 사업 기회를 창출할 수 있음을 보여주었다. 우리의 미래를 위험에 빠트리지 않고 기본적인 필요를 충족할 방법을 찾는 일에 게리만큼 열정적인 다른 많은 사람이 있다.

앞서 시멘트 생산 과정이 전 세계 이산화탄소 배출량에 엄청난 영향을 미친다는 사실을 확인했다. 일부 과학자와 엔지니어 들은 이 문제를 해결하기 위해 원자재 연구에 집중하고 있다. 이산화탄소 배출량의 절반 이상은 시멘트의 주원료인 클링커clinker(석탄이 고열에 타고 남은 물질 – 옮긴이)를 생산하는 과정에서 나온다. 클링커 자체의 수요를 줄이기 위해 이를 다른 원료와 혼합하는 방안이 모색되고 있다.[27] 한편으로는 시멘트를 재활용하는 실로 영리한 아이디어들이 개발되고 있다.[28]

어떤 사람들은 또 다른 접근법을 취하기도 한다. 그들은 시멘트 산업에서 단기간에 근본적인 기술 변화가 일어나기 힘들다는 사실을 받아들이고, 현행 생산 공정의 효율성을 개선하는 데(점진적 혁신) 초점을 맞춘다.

약간 시시해 보이는가? 그렇다면 이 점을 생각해보라. 일반적인 시멘트 공장이 에너지 소비량을 1~2퍼센트만 줄여도 해마다 이산화탄소를 약 1만 5천 톤이나 적게 배출하고, 약 50만 달러를 절감할 수 있다. 이처럼 아주 조금만 더 효율적으로 시멘트를 생산하면, 환경 피해를 줄일 뿐 아니라 돈까지 아낄 수 있다. 현재 전 세계에 3천여 개의 시멘트 공장이 있으므로,[29] 연간 15억 달러가 넘는 비용과 4,500만 톤의 이산화탄소를 줄일 수 있다. 우리 연구소의 연구생이 었던 댄Dan은 이 사실을 깨닫고 거기에 도움이 되기 위해 스타트업을 공동 창업했다.

댄은 항공공학을 전공한 후 산업 컨설턴트로 일하다가 다시 박사 과정을 밟았다. 그가 선택한 연구 주제는 시멘트 산업의 효율성을 높이는 방법이었다. 그는 도서관 책꽂이에 놓일 한 편의 논문으로는 실질적인 변화를 이룰 수 없다는 사실을 깨닫고 동료들과 함께 카본리CarbonRe라는 회사를 만들었다.

카본리는 일반적인 시멘트 공장 곳곳에 설치된 다수 센서를 통해 이미 확보된 데이터를 활용한다. 구체적으로는 상당히 난잡한 대량의 데이터를 AI로 분석하여 일정한 패턴을 찾아낸다. 그다음 비효율적인 부분을 포착하여 효율성을 높이는 접근법을 개발한다. 가령 여러 공정에서 유량이나 온도를 조금씩 조정하여 연료 비용을 10퍼센트, 연료 사용에 따른 탄소 배출량을 20퍼센트 줄이는 식이다.[30] 이는 중소기업이 대단히 탄소 집약적인 산업의 배출량을 가시적으로 줄이는 데 도움을 줄 수 있음을 보여주는 사례다.

엄청난 환경오염을 초래하는 다른 제조업 분야는 어떨까? 의류 산업은 우리에게 아주 다양한 저가 의류를 제공한다. 한편으로는 10억 톤이 넘는 이산화탄소를 배출하고, 산더미 같은 폐자재를 발생시키며, 자연환경을 훼손한다. 다행스럽게도 지구를 덜 파괴하는 방식으로 옷을 만들기 위한 노력이 다양하게 이루어지고 있다.[31]

우리가 할 수 있는 일이 무엇인지를 조명하기 위해 나는 해마다 30억 벌이나 생산되는 의류에 초점을 맞추고 싶다. 일부 인류학자의 추정에 따르면, 어느 때든 세계 인구의 절반이 입고 있는 이 의류는 바로 청바지다.[32]

청바지는 전 세계에 걸쳐 연간 600억 달러가 넘는 매출을 창출한다.[33] UN은 청바지 한 벌을 팔기 위해 밭에서 매장에 이르는 전체 과정을 거치는 데 약 7,500리터의 물이 소모된다고 추정한다. 이는 일반인이 7년 동안 마실 수 있는 양이다.[34] 청바지는 상징적인 지위를 가지고 있을 뿐 아니라 시장 규모도 크다. 이런 이유로 생산과 운송 과정에서 발생하는 환경 피해를 줄일 방법을 찾는 것이 패션업계의 주요 관심사가 되었다.[35]

이 문제를 해결하는 데 투입된 창의성에는 부족함이 없어 보인다.• 주목할 만한 사례는 호세 비달Jose Vidal과 그의 조카 엔리케 실라Enrique Silla가 스페인에서 설립한 '지놀로지아Jeanologia'다. 두 사람은 대단히 많은 물을 소모하고 오염 물질을 생성하는 '최종' 단계에 초점을 맞추었다. 그들은 '데님의 세계에서 완전한 무수화無水化 및 무독성화'를 달성하기 위해[36] 청바지의 물을 빼는 데 표백제 대신 오존을 활용하여 오염 물질을 덜 배출하는 시스템을 개발했다. 청바지를 부드럽게 만들고 수축을 막아주는 '나노 버블nano-bubble' 시스템도 개발했다. 이 가공법은 다른 가공법에 비해 물 소모량을 90퍼센트나 줄였다. 헤진 듯한 느낌의 청바지를 제작할 때 활용되던 산업용 고압 연마기와 고된 손 사포질은 청바지마다 맞춤형 빈티지 룩을 구현할 수 있는, 꽤 멋진 레이저 기술로 대체되었다.

지놀로지아는 매우 큰 성공을 거두었다. 현재 생산되는 50억 벌의 청바지 중 3분의 1은 그들이 개발한 기술을 활용하는 것으로 추

•　밭에서 매장까지 데님이 거치는 전체 과정을 보다 자세히 알고 싶다면 다음 책을 읽어볼 것을 권한다. Dana Thomas, *Fashionopolis*(2019, Apollo).

정된다. 다시 말하지만 이는 단적인 사례일 뿐이며, 지놀로지아 같은 다른 많은 기업이 공급망 전반에서 혁신을 일으키고 있다. 그들은 섬유 및 패션 산업 전체를 훨씬 더 환경친화적으로 바꿔가고 있다.

설탕, 시멘트, 청바지 생산에 관한 이야기는 제조업의 '생산' 부분이 환경에 덜 해롭게 바뀌는 양상을 엿보게 해준다. 그러면 물건을 공장 안으로, 공장 사이에 그리고 공장에서 매장으로 '운송'하는 과정에서 생기는 문제들은 어떻게 대처해야 할까? 이 부분에서도 운송 거리를 줄이거나, 더 친환경적인 방식으로 운송하기 위한 긍정적인 조치가 취해지고 있다. 이번에도 건설, 의류, 식품의 세 가지 사례를 들어서 '운송' 분야가 어떻게 바뀌고 있는지를 살펴보자.

덜 옮기고, 더 깨끗하게 옮기기

대형 건설 현장에 가보면, 아무리 관리가 잘된 곳이라 해도 상당히 많은 물건이 널브러져 비바람에 노출되어 있다. 가령 블록과 패널, 창문과 문, 비계용 철봉과 클램프, 배관, 기다란 금속, 목재 판자, 대형 자루, 모래 및 자갈 더미, 그 외에도 굉장히 많은 것들이 있다. 잘 관리된 자동차 공장이나 전자기기 공장 또는 식품 공장과 비교해보면, 건설 현장은 약간 더 '유기적'으로 조직된 것처럼 보인다. 물건들은 여기저기 흩어져 있고, 대개 여러 하청업체에 소속된 작업자들이 쓰는 수많은 자재가 납품업체로부터 반입된다. 그 결과 중 하나가 낭비, 그것도 아주 심한 낭비다. 건설 현장에 반입되는 자재 중 13퍼센트가 한 번도 사용되지 않는 것으로 추정된다.

건설 현장에서는 왜 잘 조직된 공장에서 건물의 핵심 부분을 조립한 다음 필요에 따라 건설 현장으로 운송하는 방식으로 일을 단순화하는 방법을 시도하지 않을까? 그러면 보다 긴밀한 통제가 가능하고, 비바람도 피할 수 있는데 말이다. 이런 방식을 '오프사이트 제조off-site manufacturing'라 부른다.[37] 개별 구성품과 자재를 여러 대의 트럭으로 옮기는 것이 아니라 사전 조립된 대형 부위만 소수의 트럭으로 옮기는 이 접근법은 운송 과정의 탄소 배출량을 줄여주고, 시간과 자재 낭비를 줄이는 부가적인 혜택도 제공한다.[38]

이처럼 건설 부문은 더 큰 부위를 더 적게 옮기는 접근법을 취하고 있다.

식품 부문에서는 운송 거리를 크게 줄일 수 있는 아주 특별한 일들이 일어나고 있다. 세계 인구의 대다수는 도시에 산다는 점을 감안할 때,[39] 가장 인상적인 사례는 도시 농업을 뒷받침하는 기술이다.

도시 농부들은 고도의 기술로 토지 부족 문제를 해결하는 방법을 개발했는데, 그중 하나가 '수직농법'이다. 이는 (창고 또는 사용하지 않는 사무실 및 공장 같은) 실내에서 수직으로 작물을 재배하는 방식을 말한다. 수직농법은 영양 공급, 습도, 온도, 조명을 정확하게 제어할 수 있다. 도시 농업으로 현지에서 식품을 생산하면 운송 과정의 탄소 배출량과 폐기물, 물 사용량을 줄일 수 있을 뿐 아니라 수확량이 대단히 높고 연중 내내 농산물을 공급할 수 있다. 게다가 재배 환경이 잘 관리되어 해충이 없고, 살충제를 쓸 필요도 없다. 전체 과정은 고도로 자동화되어 저임금, 저숙련 노동자에게 의존하지 않아도 된다. 싱가포르나 홍콩처럼 인구 밀도가 높은 도시에서는 도시 농업이 특히 합리적이다. 버티베지스VertiVegies나 팜66Farm66 같은 기업들은 어디든 들어갈 수 있는 공간을 찾아서 기회를 활용하고 있다. 이 글을 쓰는 지금 도시 농업 부문 매출은 50억 달러이며, 향후 10년 동안 300억 달러까지 증가할 것으로 예상된다.[40]

의류 분야에도 소비지 근처에서 생산한다는 비슷한 논리가 적용되고 있다. 앞 장에서 살핀 대로 메이크스페이스와 데이비드니퍼는 코로나19로 글로벌 공급망이 무너졌을 때 안면보호구와 수술 가운을 지역에서 만들어냈다.[•] 소비지 근처로 생산 설비를 옮기면 공급의 안정성이 높아지고, 물건을 덜 옮기기 때문에 공급망의 환경 피해가 줄어드는 부가적인 혜택도 생긴다.

물론 때로는 먼 곳으로 물건을 옮겨야 한다. 지금까지 육상·해상·항공 운송의 환경 피해를 줄이려는 영리한 대책들이 실행되었다.

• 지역에서 의류를 제조하는 방식이 제공하는 혜택은 커뮤니티 클로딩Community Clothing 같은 프로그램에서 확인할 수 있다. 더 자세히 알고 싶다면 다음 책을 읽어볼 것을 권한다. Patrick Grant, *Less*(2024, William Collins).

일부 대책은 (뒤늦기는 했지만) 빠른 효과를 보인다. 전기차 판매 대수가 늘어난 것이 그중 하나이다. 하지만 2024년에도 제조업체들은 주로 '최종 구간', 즉 지역 배송용으로만 또는 공장 내 자재 및 반제품 운반용으로만 전기차를 쓴다. 탄소 무배출 트럭, 항공기, 선박이 의미 있는 규모로 운용되기까지는 여전히 많은 시간이 소요될 듯하다.

운송 산업은 진전이 이루어지고 있기는 하지만 그 속도가 고통스러울 정도로 느리다.[41] 시멘트 산업의 경우처럼 너무나 거대하고, 복잡하며, 고도로 최적화된 시스템을 바꾸는 것은 실로 어려운 일이다.

현재 제조업 부문에서 제조 및 운송 부분의 지속가능성을 높이기 위한 대책들이 실행되고 있다. 그렇다면 제조의 세 번째 단계, 우리 모두가 속한 소비 부분은 어떨까?

우리는 보다 지속가능한, 또는 최소한 덜 해로운 방식으로 물건을 소비할 수 있을까?

선형 경제에서 순환 경제로

현재 우리 모두는 엄청난 양의 데이터에 접근할 수 있다.●● 제조

●● 앞서 제시한 수치를 상기해 보자면, '매일' 약 3억 2,877만 테라바이트(또는 0.33제타바이트)의 데이터가 생성되고, 하루에 3,332억 2천만 통의 이메일이 발송된다. 이 글을 쓰는 현재 전 세계 데이터의 90퍼센트가 지난 2년 동안 생성된 것으로 추정된다.

업체와 소비자는 제조·운송·소비 단계에서 확보한 제타바이트급 데이터를 활용하여 보다 환경에 도움이 되는 결정을 내릴 수 있다. 이 모든 데이터 그리고 그 의미를 설명해 주는 똑똑한 사람들[42] 덕분에, 우리 모두는 다양한 공산품이 환경에 미치는 영향을 훨씬 잘 알게 되었다.

우리는 또한 선형 경제에서 순환 경제로 나아가야 한다는 아주 단순하면서도 심대한 사실을 깨닫게 되었다.

세계 최대 순환 경제 비영리단체인 엘런맥아더재단의 설립자이자 전직 요트 선수인 엘런 맥아더 Ellen MacArthur 는 놀라운 사람이다. 그녀는 2005년에 혼자서 요트를 타고 세계 일주 최단 시간 기록을 세웠다. 이 성취는 인류가 지구에 미치는 영향에 대한 그녀의 인식을 크게 바꿔놓았다. 그녀는 "내 삶의 어떤 경험도 '유한하다'라는 단어의 의미를 이보다 더 잘 이해하게 해줄 수는 없었다"라고 말했다.[43]

그녀는 바다에서 홀로 71일을 보냈다. 그동안 요트에 있는 제한된 음식과 연료 그리고 기타 물품에 의존해야 했다. 이 경험은 "세계 경제도 그와 다를 바 없어서 우리가 채굴하고, 사용하고, 폐기하는 유한한 자원에 전적으로 의존한다"라는 사실을 깨닫게 해주었다.[44] 그녀는 이 같은 경험을 토대로 실질적인 일, 즉 대규모로 실행하여 제조와 소비에 근본적인 변화를 일으킬 수 있는 일을 하기로 마음먹었다. 그것은 요트 선수 생활을 접고 환경 피해를 줄이는 데 도움을 주는 재단을 설립하는 일이었다. 그렇게 해서 설립된 엘런맥아더재단은 단순한 전제에 기반을 두고 있었다.

현재의 경제 시스템은 자연에서 원자재를 취하고, 제품을 만든 다음, 결국 폐기물로 버리는 선형적인 과정을 거친다. 반면 순환 경제에서는 애초에 폐기물을 생산하지 않는다.[45]

순환 경제라는 단순하면서도 강력한 개념은 화학자인 마이클 브라운가트Michael Braungart와 건축가인 윌리엄 맥도너William McDonough의 연구를 토대로 삼는다. 그들은 2002년에 펴낸 공저서인 『요람에서 요람으로Cradle to Cradle』에서 처음으로 자신들의 사상을 제시했다. 그들의 핵심 메시지는 순환성의 중심에는 인간이 있어야 한다는 것이었다. 단순히 임박한 위기에 대처하느라 고군분투하는 상황에서 벗어나, 지구의 유한한 자원이 가하는 제약 속에서 자연스럽게 살아가는 상황으로 나아가야 한다는 것이었다.

그러면 제조, 운송, 소비에 대한 순환적 접근법은 현실적으로 어떤 양상을 지닐까? 그 핵심에는 're'라는 접두사가 붙는 일련의 활동이 있다. 그중 핵심적인 것으로는 '감축reduce', '재사용reuse', '재활용recycle'을 꼽을 수 있다. 이 단어들이 나열된 순서가 아주 중요하다.

애초에 만들고 사용하는 물건의 양을 줄이는(감축) 것이 이상적이다. 그다음에는 주된 용도를 다한 물건을 다른 용도로 사용해야(재사용) 한다. 끝으로는 다 쓴 물건을 만드는 데 들어간 원자재로 새로운 제품을 만들어야(재활용) 한다.[•] 진정한 순환 경제에서는 과거 폐기물로 여겨졌던 것이 또 다른 제조 공정의 투입물로 활용되기 때문에 마지막에 '폐기물'이 생기지 않는다.

브리티시슈거 공장에서 일하는 게리와 그 동료들의 작업이 좋은 사례다. 과거에는 공정에서 발생하는 거의 모든 것(진흙, 돌, 사탕무 가공 후 생기는 고체 및 액체 잔여물, 잉여 열, 이산화탄소)이 폐기물로 간주되었다. 하지만 지금은 모두 (표토나 바이오에탄올, 의료용 대마 등) 다른 공정이나 제품을 위한 투입물로서 가치를 지닌다. 이 모범적인 사례 덕분에 순환 경제 모델로 나아가는 데 따른 상업적 혜택을 이해하게 된 제조업체가 늘어나고 있다.

감축, 재사용, 재활용. 기억하기에는 쉽지만 꾸준하고 효과적으로 실행하기는 어려운 이 세 단어는 이제 모든 제조업체에 통용되는 구호가 되었다. 하지만 이 개념을 폭넓게 받아들일수록 상황이 복잡해진다. 're'가 붙는 단어는 이 3개에 그치지 않는다. 그 목록은 '거부refuse', '재고rethink', '재설계redesign', '개조renovate', '수리repair', '전용repurpose', '보수refurbish', '재제조remanufacture', '복구recover'. '재생

성regenerate’ 등으로 확장되었다.••

이 확장된 목록에서 세 가지 사례만 살펴봐도 우리가 환경에 입히는 피해를 줄일(나아가 되돌릴) 잠재력을 지닌 제조업 부문의 진전을 확인할 수 있다.

개조

미국건축가협회American Institute of Architects 전 회장인 칼 엘레판테Carl Elefante는 건설을 보다 지속가능하게 만드는 방법을 다음과 같이 간단하면서도 강력한 말로 제시했다. “가장 친환경적인 건물은 이미 존재하는 건물이다.”**46**

앞서 살핀 대로 콘크리트는 건설 부문에서 가장 많이 쓰이는 자재이며, 생산 과정에서 대단히 심각한 환경 피해를 초래한다. 대형 시멘트 제조업체와 협력하는 카본리 같은 스타트업이나 전 세계의 연구팀들 덕분에 시멘트 생산 과정의 효율성이 높아지고, 그에 따라 탄소 배출량이 줄어들기 시작했다. 그러나 이 거대하고 복잡한 글로벌 산업의 중대한 변화는 하룻밤 사이에 일어나지 않을 것이다. 대형 신축 건물을 지으려면 여전히 어떤 형태든 시멘트에 의존할 수밖에 없고, 아무리 효율적으로 생산한다 해도 시멘트는 상당한 양의

•• 각각의 항목에 대한 추가 정보와 **사례**는 이 책의 웹사이트에서 확인할 수 있다.

탄소를 내포하기 마련이다.[47]

하지만 건설 부문에서 환경 피해를 초래하는 것은 시멘트만이 아니다. 전 세계적으로 건설 산업은 알루미늄 생산량의 26퍼센트, 철강 생산량의 50퍼센트, 플라스틱 생산량의 25퍼센트를 소비한다.[48] 물론 각각의 자재도 생산 과정에서 에너지를 소비하고 탄소를 배출한다. 《건축가 저널*Architects' Journal*》의 편집장인 윌 허스트Will Hurst는 다음과 같이 지적했다.

> 건설 부문이 너무나 많은 자재를 소비하는 한 가지 이유는 낭비가 심한 경제 모형에 기반하기 때문이다. 이 모형은 흔히 기존 구조물이나 건물을 철거하고, 그 과정에서 나오는 자재를 아무렇게나 폐기한 다음, 처음부터 다시 짓는 방식을 따른다. 환경식품농무부(DEFRA)에 따르면, 영국에서 매년 발생하는 2억 톤의 폐기물 중 63퍼센트가 건물 잔해다. 해마다 5만 채 이상의 건물이 철거되어 사라진다. 거기서 나온 폐자재의 90퍼센트는 복구되지만, 대부분 재사용되지 않고 가치가 덜한 제품이나 자재로 재활용된다.[49]

신축 건물은 효율적으로 운영되기 때문에 장기적으로 환경에 더 도움이 된다고 주장할 수도 있지만, 그 편익을 실현하는 기간이 아주 길다. "에너지 효율이 높은 신축 건물이 효율적인 운영을 통해 건설 과정에서 기후변화에 미친 부정적인 영향을 상쇄하려면 10년에서 최대 80년이 걸린다."[50]

낡은 건물을 허물고 새로 짓는 것보다 기존 건물을 개조하여 쓰는 것이 보다 환경친화적인 접근법이라는 인식이 확산되고 있다. "기존 건물을 개조하면 … 비용을 절감하고 논란을 줄일 수 있다. 기존 장소 및 인근 지역을 보존하고 개선할 수 있기 때문이다. 탄소 배출 측면에서도 타당성을 지닌다. 엄청나게 높은 에너지 비용을 수반하는 철거 및 재건축과 달리, 개조는 상당한 에너지를 절감할 수 있기 때문이다."[51]

성공적인 개조 사례는 이런 접근법을 도입하려는 조직들에 큰 도움이 된다. 케임브리지에서도 많은 사람이 힘을 모아 분명한 목표를 추구하면 어떤 일을 이룰 수 있는지를 보여주는, 설득력 있는 사례가 나왔다. 그 대상은 과거 전화교환국으로 쓰던 6층짜리 건물이었다. 케임브리지대학은 "일반적인 사무실 리모델링과 견줄 만한 비용으로 기존 건물을 개조할 수 있다는 사실을 보여주고 싶어 했다. 재활용 및 재사용 자재의 이용을 극대화하고, 환경과 에너지 소비에 미치는 부정적 영향을 최소화하고자 했다." 그들은 충실하게 목표를 달성했다. 엔토피아 빌딩Entopia Building 웹사이트에서 ('숨김없는' 이야기와 상세한 데이터를 포함하여) 전체 개조 과정에 대한 모든 내용을 확인 수 있다.[52]

그렇다면 이 건물에는 누가 입주했을까? 너무나 적절하게도 지속가능성리더십연구소Institute for Sustainability Leadership가 입주했다.

실천으로 모범을 보이는 사례는 're'가 붙는 다음 단어로 우리를 이끈다. 이 단어는 재단장retrofit과 개조renovate의 사촌 격으로 제조업체에 약간 복잡한 문제로 자리 잡았다.

보수

헨리 포드는 1922년에 "우리 차를 사는 사람은 다시 다른 차를 살 일이 없도록 만들고 싶다"라는 지금으로서는 다소 놀라운 발언을 했다.[53] 안타깝게도 매우 근본적인 문제, 즉 기업 성장의 경제적 구조 때문에 그의 대단히 이상적이고 친환경적인 접근법은 좌절되고 말았다.

이런 모습을 떠올려 보라. 헨리 포드는 자신이 당대의 제조업 영웅임을 보여주었다는 사실에 대단히 흡족해하고 있었다. 그는 대중에게 저렴하고 신뢰도가 높으며, 직접 정비하고 수리할 수 있는 교통수단을 제공하려는 열의에 불타고 있었다. 포드 공장 생산 라인에서 모델 T를 엄청난 속도로 찍어내고 있던 차에, 앞서 소개한 인상적인 발언이 나왔다.

임원들은 그를 조용히 한쪽으로 데려가서, 고객이 한 대의 차만 사도록 권장하는 것은 장기적으로 사업에 도움이 되지 않는다고 지적했다. 고객에게 차를 계속 수리하면서 타라고 말하는 것은 상업적 측면에서 다소 근시안적인 태도였다. 그보다는 적당히 자주 새 차를 사라고 설득하는 편이 더 낫지 않겠냐는 제안도 나왔다. 헨리 포드는 그 의견에 확실하게 동의했고, 그 결과 포드는 우리가 아는 상업적 성공을 거두게 되었다.

포드를 비롯해 거의 모든 제조업체는 어떻게 제품을 계속 쓸 수 없으니 꾸준히 교체해야 한다고 고객을 설득했을까? 합리적인 고객이 이런 결정을 내리려면 두 가지 일 중 하나가 일어나야 한다. 그것은 바로 제품이 더 이상 제대로 작동하지 않거나, 새로운 편익을 제공하는 신제품이 시장에 나와야 한다.

기술이 빠르게 발전하면 해가다 제품의 성능이 크게 개선되어서 기존 제품을 신제품으로 바꾸도록 사람들을 설득하기가 비교적 쉽다. 초기 자동차의 사례를 떠올려 보라. 당시에는 어깨가 빠지고 엄지를 다칠 정도로 크랭크 핸들을 돌려야 비로소 시동이 걸렸다. 그러다가 전기식 시동 모터를 장착한 신형 모델이 나왔을 때, 자동차 회사들은 고객을 전력을 다해 설득할 필요가 없었다. 하지만 신제품이 기능적 측면에서 기존 제품과 다르거나 더 나은 점이 없다면 어떻게 해야 할까?

어느 정도 시간이 지나면 제품이 더 이상 작동하지 않고(또는 적어도 잘 작동하지 않고) 수리나 갱신이 어렵게 만들 수 있다. '기능적으로' 쓸모없게 만들거나(작동하지 않음), '경제적으로' 쓸모없게 만들면(수리하거나 갱신하려면 돈이 너무 많이 들어감) 된다.

이 글을 쓰던 무렵, 내 휴대전화가 두 번째 범주에 들어가게 되었다. 애플이 청구한 배터리 교체 비용은 너무 비싸서 도저히 지불할 엄두가 나지 않았다. 직접 수리를 해볼까도 싶었으나, '존John'이라고 부를[*] 동료로부터 휴대전화 배터리를 교체하려다가 값비싼 대가를 치른 이야기를 들었다. 수리 도중 그가 실수로 배터리를 찌르는 바람에 무시무시한 '열 폭주' 현상이 일어나고 말았다. 연기에 이어 불길까지 치솟으면서 거실은 난장판이 되었고, 재빨리 배터리를 치우려던 시도는 실패로 돌아갔다. 결국 그는 거실에 카펫을 새로 깔아야 했다. 이 이야기를 듣고 나서 나는 멋쩍어 하며 애플 스토어로 가서 전문가에게 수리를 맡겼다.

그렇더라도 내가 직접 수리하는 선택지가 있다는 사실은 실로 중요하다. 일부 제조업체의 저항에도[**] 갈수록 많은 나라에서 '수리권'이 의무화되고 있다.[54] 수리권을 행사하려는 사람들을 돕는 단체도 늘어나고 있다. 가령 오픈리페어연합Open Repair Alliance은 전자기기 수리법에 대한 데이터를 공유하고, 리페어카페재단Repair Café Foundation은 지역 수리점을 운영하는 사람들을 지원한다. 아이픽스잇iFixit이나 다이렉트픽스DirectFix 같은 스타트업은 폭넓은 제품을 수리하기 위한 부품·공구·지원을 제공한다.

이는 모두 보기 좋은 현상이지만, 나로서는 작은 다툼에서 이긴

---

[*] 그게 본명이다. 그는 자신을 아는 사람들이 이 글을 읽으면 누구를 말하는지를 알 것이기 때문에 굳이 익명을 쓸 필요가 없다고 말했다.

[**] 휴대전화를 직접 고치려 한다고 해서 큰 문제가 일어나지는 않을 것이다(다만 위에서 언급한 사고 사례를 참고하라). 그러나 책의 서두에서 소개한 무시무시한 로봇형 벌목기 같은 장비를 스패너로 고치려 하다가는 자신뿐 아니라 주변 사람들까지 다치게 만들 위험이 있다. 이런 이유로 일부 기업은 여전히 모든 수리를 작업과 부품의 품질을 보장할 수 있는 공식 수리점에서만 하도록 고집한다.

것에 불과하다는 생각을 지울 수 없다. 그보다 훨씬 긴 싸움은 전체 수명에 걸쳐 제품을 어떻게 다루어야 하는지에 대한 우리 모두의 생각을 바꾸는 것이다.

이 문제는 부분적으로 이성과 감정의 차원을 넘어선다.

미국 법학자인 애런 페르자노스키Aaron Perzanowski는 1920년대를 돌아보면서 이렇게 말했다. "'구모델이 쓸모없어지고 신모델이 팔리도록 디자인을 바꾸는 것'이 '좋은 제조 관행'이자 '영리한 사업 수완'이라는 것이 당시의 통념이었다."[55] 어떤 사람들은 대공황에서 벗어나는 속도가 느린 이유를 소비자 탓으로 돌렸다. 구제품을 신제품으로 바꾸지 않는 소비자의 이기적인 태도가 문제라는 것이었다. 그들은 "요즘 사람들은 죄다 노후화의 법칙을 어기고 있다"라고 분노하면서, 정부가 개입하여 강제로 신제품을 사도록 만들어야 한다고 주장했다.[56] 알고 보니 그런 극단적인 개입은 필요치 않았다. 대신 제조업체들은 기존에 쓰던 물건이 멀쩡한데도 새 물건을 원하도록 만드는 수단을 찾아냈다.

그것은 바로 '심리적 노후화psychological obsolescence'였다. 제조업체들은 소비자가 부유해지면 매슬로가 말한 욕구 단계의 하단에서 상단으로 마케팅의 초점을 옮길 수 있음을 깨달았다. 욕구 단계의 상단에서는 구매하는 물건이 잘 보이고 싶은 주위 사람에게 보내는 신호를 신경 쓴다. 이런 욕구를 자극하는 한 가지 방법은 쉽게 드러나는 사양을 바꿔서 해마다 신모델을 선보이는 것이다. 그러면 소비자는 최신 모델을 보유하고 있다는 사실을 주위 사람들에게 보여줄 수 있다.

뒤이어 영리한 제조업체들은 기능적·경제적·심리적 노후화를 엮어서 감정과 이성을 동시에 공략하는 방법을 찾아냈다. 가령 구형 휴대전화는 오래되어 보일 뿐 아니라 최신 앱을 쓸 수 없고, 배터리가 반나절도 안 가도록 만드는 것이다. 누구도 기차역 개찰구나 슈퍼마켓 계산대에서 바보처럼 서 있기를 원치 않는다. 웨이터가 짜증을 내는 가운데 분명 휴대전화 배터리가 1퍼센트 이상 남아 있었어야 한다고 중얼거리는 것 또한 원치 않는다.

이처럼 우리가 전체 수명에 걸쳐 제품과 맺는 관계를 재설정하는 양상은 're'가 붙는 마지막 단어로 자연스럽게 이어진다.

재고

이 책의 앞부분에서 "사람들이 원하는 건 드릴이 아니라 구멍"이라는 말에 대해 살폈다.[57] 항공사들이 대개 엔진을 구매해서 직접 정비하지 않고, 연간 비행 시간을 기준으로 엔진 제조회사에 비용을 지불하는 이유가 거기에 있다. '시간당 요금'을 지불하는 방식 그리고 다른 업계에서 통용되는 '사용량당 요금'을 지불하는 방식은 상업적 측면에서 타당성을 지니며, 지속가능성 측면에서도 긍정적인 영향을 미친다.

우선 제조업체들이 제품의 효율성과 내구성을 최대한 높여야 할 강력한 유인이 작용한다. 정비 및 수리 비용을 자신이 감당해야 하기 때문이다. 이런 '서비스 기반' 접근법은 환경과 관련하여 뜻하지 않은 효과를 발휘하기도 한다. 제조업체들은 부품 교체 필요성이 적을 뿐 아니라 제조 및 설치 시 에너지와 자원을 덜 소모하는 믿음직하고 오래가는 제품을 만들려고 노력한다.

이처럼 제조업체들이 고객이 정말로 원하는 것을 제공하는 방식을 재고하고, 그에 따라 환경 피해가 줄어드는 양상이 다른 많은 부문에서도 확인되고 있다. 연구 결과에 따르면, 가령 집카나 겟어라운드 같은 '자동차 공유 서비스'에 활용되는 차량 1대가 (대개 96퍼센트의 시간 동안 활용되지 않는) 개인 보유 차량 23대를 대체할 수 있다.[58] 의류 분야에서는 구매가 아닌 대여가 하나의 트렌드가 되었다. 관련 업체인 렌트더런웨이Rent the Rundway가 의뢰한 조사에 따르면, 의류 대여 사업모델은 "2010년 이후 130만 벌의 새옷을 대체하는 효과를 냈다. 그 결과 지난 10년 동안 약 2억 5천만 리터의 물과 약 9,900만 킬로와트시의 전력을 아꼈으며, 약 2만 톤의 이산화탄소를 감축했다."[59]

물건을 만드는 방식을 재고하는 것은 우리가 환경에 끼치는 피해를 줄이거나 되돌리는 데 필수적이지만, 시스템의 일부 요소를 조정하는 것으로는 한계가 있다. 위 사례들이 보여주듯이 실질적인 진전을 이루려면 때로 완전히 새로운 접근법이 필요하다.

왜 더 빨리, 전 세계적 규모로 바꾸지 않는 걸까 _______

이제 우리는 제조, 사용, 폐기로 이어지는 과거의 선형적 접근법을 지속할 수 없다는 점을 보여주는 데이터를 갖고 있다. 더 이상 환경 피해를 줄여야 한다고 제조업체들을 설득할 필요가 없다. 이 사실은 거의 모든 사업의 핵심에 자리 잡고 있다. 맥아더를 비롯한 다른 많은 사람 덕분에 정부와 조직 들이 제조, 운송, 소비에 있어서 보다 지속가능하고 순환적인 방식으로 전환하는 수단도 갖추게 되었다.

많은 나라에서 이런 데이터와 수단을 활용한 결과, 이미 제조업 부문의 탄소 배출량이 인상적인 수준으로 줄어들었지만,[60] 필요한 수준까지 도달하려면 아직 한참 멀었다. 제조업 부문은 여전히 3대 이산화탄소 배출원 중 하나이며, (말 그대로) 지속 불가능한 양의 폐기물을 만들어낸다. 상황은 분명 개선되고 있지만, 아직 할 일이 많으므로 지금보다 훨씬 속도를 높여야 한다.

그렇다면 무엇을, 어떻게 해야 할지를 아는데 왜 '대규모로' 실행하지 않는지 궁금할 것이다.

거기에는 세 가지 이유가 있다.

1. 누구의 문제인가 나는 몇 년 전에 영국 제조업 부문의 이산화탄소 배출량과 관련하여 희소식을 알려주는 그래프를 봤다. 그에 따르면, 1980년대 이후 탄소 배출량이 크게 감소해 아주 좋은 일처럼 보였다. 감소량의 많은 부분이 영국에서 공장 문을 닫고 다른 나라,

주로 중국으로 생산 활동을 이전한 결과라는 사실을 알기 전까지는 말이다. 이전된 생산 활동은 여전히 이산화탄소를 배출했지만, 영국 정부는 적어도 '국내에서는' 환경 피해를 줄임으로써 놀라운 일을 했다고 자랑할 수 있었다.

이것이 우리가 제조업 부문의 환경 피해를 줄이기 위해 보다 빠르게 움직이지 않는 이유다. 핵심은 제조업 부문의 이산화탄소 배출량을 3개의 '스코프scope'로 나누는 것이다.[61]

시작은 단순하다. 스코프 1은 '직접적으로' 초래하는 배출량을 포괄한다. 품목이 케이크든, 로켓이든 마찬가지다. 스코프 2는 '간접적으로' 초래하는 배출량을 포괄한다. 가령 직접 발전소를 운영하지 않는 한, 공장에서 쓰는 전기는 전력망에서 끌어와야 한다. 그 전기를 생산할 때 발생하는 이산화탄소 배출량도 스코프 2에 해당한다. 이 배출량은 측정하기가 약간 까다롭지만 그래도 측정할 수 있다.

스코프 3에 이르면 문제가 아주 복잡해진다.[62] 앞선 2개의 범주에 속하지 않는 모든 것이 이어 속한다. 즉 공급망 전반에 걸쳐 발생하는 모든 이산화탄소 배출량과 제품을 사용하는 소비자가 초래하는 모든 배출량을 포괄한다. 이 범주는 대응하기가 상당히 까다롭다. 왜 그럴까? 복잡한 공급망으로 더 깊이 들어갈수록 정확한 실상을 말해주는 데이터가 매우 부실하기 때문이다.[63]

공급망에서 정확히 어떤 활동이 특히 배출량이 많은지를 알려주는 좋은 데이터를 확보한다고 치자. 문제는 해당 활동을 자사가 아니라 다른 기업과 사람들이 한다는 것이다. 생산 활동을 보다 친환경적으로 접근하라고 어떻게 공급업체를 설득할 것인가? 재생 에너지로 바꾸라고 말하면, 그들은 비용이 훨씬 많이 들어가니 가격을 올려달라고 (상당히 합리적으로) 요구할 것이다. 그렇게 되면 그 비용을 제조업체가 부담하거나 소비자에게 전가하는 수밖에 없다.

우려스러운 점은 제조업 부문의 대다수 탄소 배출량(70퍼센트 이상)이 세 번째 범주에 속한다는 것이다.[64]

이산화탄소 배출을 넘어 제조업 부문이 초래하는 다른 환경 피해도 비슷한 방식으로 범주화할 수 있다. 재활용이 좋은 사례다.

소비자가 어떤 제품을 다 쓰고 나면 제조업체가 재활용까지 책임져야 한다고 주장할 수 있다. 그러나 대부분은 그렇게 되지 않는다. 유리병의 사례를 생각해보라. 내가 병맥주를 사서 시원하고 청량한 맥주를 마신 뒤 병을 재활용하려 한다고 가정하자. 재활용을 관리하고 거기에 드는 비용을 대는 주체는 맥주회사나 소매업체가 아니라 대개 지방자치단체다.

이런 관행에 변화가 일어나고 있는 사례들이 있다. 가령 가전제품의 경우 법률 개정으로 인해 지금은 제조업체와 소매업체가 자신들이 제조하고 판매한 가전제품의 재활용 및 폐기에 대해 더 많은 책임을 지게 되었다.[65]

제품을 제조하고 운송하는 데 따른 환경 피해를 줄이는 것이 누구의 책임인지를 결정하고, 그들이 조치를 취하도록 설득한다고 가정하더라도, 이는 또 다른 문제로 이어진다.

2. 어떻게 절충할 것인가　앞서 살핀 대로 제조업 부문에서는 흔히 세 가지 측면의 절충이 이루어진다.

- 소비자는 얼마나 우수한 제품을 원하는가? (품질)
- 소비자는 얼마나 빨리 제품을 갖고 싶어 하는가? (시간)
- 얼마나 많은 자원이 필요한가? (비용)

고객이 제품을 더 빨리 갖고 싶어 한다면, 가격이 높아지거나 품질이 낮아질 수 있다. 고객이 더 높은 품질을 원한다면, 시간이 더 걸리거나 가격이 높아질 수 있다.

제조업 부문의 지속가능성을 높이는 최선의 방법을 고려할 때 이런 절충은 매우 복잡해진다. 제조·운송·소비 활동이 초래하는 환경 피해를 줄이기 위해 우리가 할 수 있는 일은 아주 많다. 하지만 그중 무엇이 '최선'일까? 무엇이 '올바른' 일일까?

환경 피해를 최소화하는 방식으로 제조된 옷을 사는 일은 매우 간단해 보일 수 있지만, 앞서 살핀 청바지의 사례는 그렇지 않다는 점을 말해준다.

'가장 친환경적인' 청바지를 사려면 고려해야 하는 폭넓은 변수들을 나열해 보자. 먼저 어디서, 어떻게 목화를 재배했는지를 알아야 한다. 유기농으로 재배했는가, '전통적 농법(비유기농)'으로 재배했는가, 아니면 '베터 코튼 이니셔티브Better Cotton Initiative'의 규칙에 따라 재배했는가?**66** 목화를 어떻게 가공했는가? 색을 내기 위해 천연 염료를 사용했는가, 아니면 화학 염료를 사용했는가? 염색 공장에서 폐수는 어떻게 처리했는가? 염색 공장과 봉제 공장의 노동 환경은 어떤가? 어떤 방식으로 마감했는가? 친환경적인 지놀로지아 기법을 썼는가, 아니면 많은 물과 화학물질, 노동력이 필요한 전통적인 기법을 썼는가? 그다음에는 청바지를 구매하고, 관리하고, 폐기하는 방법도 고려해야 한다. 물론 새 청바지를 사거나, 중고 청바지를 사거나, 그냥 대여하는 것 중에서 무엇이 나은지도 생각해야 한다.

이 모두는 상당히 복잡한 의사결정 알고리듬을 만든다. 겨우 청바지 한 품목만 놓고 봐도 그러한데, 엄청나게 복잡한 전체 생산 시스템에 걸쳐 이런 규모의 분석을 한다고 상상해 보라. 지속가능성과 관련하여 수많은 변수를 절충하는 일이 얼마나 어려운지를 가늠할 수 있을 것이다.

그럼에도 우리가 여전히 생산 시스템의 지속가능성을 향상하려 한다고 가정해 보자. '누가' 책임을 져야 하는지 그 주체를 파악하고 큰 고민 없이 필요한 절충을 이룰 수 있다면, 마지막 한 가지 문제가 남는다.

3. 관성이라는 오랜 문제 지금까지 복잡한 글로벌 생산 시스템이

팬데믹이나 수에즈 운하에서의 선박 좌초 같은 돌발 사태의 영향을 받고, 균형을 회복하는 양상을 이야기했다. 이 시스템이 신기술 등장 등으로 촉발된 장기적 변화에 적응하는 일이 실로 어렵다는 점도 확인했다. 내연기관차에서 전기차로 넘어가는 과정은 제조업 부문에 속한 단 하나의 부분(중대하기는 하지만)을 바꾸는 일이 얼마나 어려운지를 보여준다.

환경 피해를 줄이도록 글로벌 생산 시스템의 모든 부분을 바꾸는 것은 실로 엄청난 규모의 작업이다. 제조, 운송, 소비에 관한 완전히 새로운 질서를 도입해야 한다. 피렌체 외교관이자 철학자인 니콜로 마키아벨리Niccolò Machiavelli의 말처럼, "새로운 질서를 도입하는 데 앞장서는 것보다 더 감당하기 어렵고, 실행하기에 위험하며, 성공 여부가 불확실한 일은 없다."[67]

무엇보다 과업의 규모가 엄청날 뿐 아니라 다른 사람들과의 협력이 필요하다는 문제도 있다. 어떤 제조업체나 공급업체 또는 소비자도 혼자서는 시스템을 본질적으로 바꿀 수 없다. 제조업체나 개인이 변화의 선두 주자로서 모범을 보일 수는 있지만, 복잡한 시스템을 바꾸려면 수많은 사람과 조직이 협력해야 한다. 제조업을 순환적인 접근법으로 이끄는 일이 그 점을 잘 예시한다.[68]

브리티시슈거 공장에서 일하는 게리의 입장에서 보면, 잉여 열과 이산화탄소를 활용하여 토마토와 의료용 대마를 재배하는 것은 아주 좋은 일이었다. 다만 그러기 위해서는 누군가가 온실을 만들고 관리할 뿐 아니라 설탕과 관련 없는 토마토와 의료용 대마를 판매하는 사업을 운영해야 했다.

순환형 생산 시스템을 구축하기 위해서는 대개 다양한 시장에 걸쳐서 다른 사업 활동이 조화를 이루어야 한다. 가령 신문 수요가 줄면서 재활용할 수 있는 종이의 양도 줄어들자, 제지회사들은 보다 폭넓은 공급원에서 재활용지를 확보해야 했다. 문제는 그러다 보니 종이의 질적 차이가 커지는 바람에 압연 공장의 설계 및 가동 방식을 조절해야 한다는 것이었다. 플라스틱 사용을 줄이려는 노력에 호응하여 포장 산업 같은 부문에서도 종이 수요가 늘어나는 바람에, 재활용지 수요가 증가하면서 시장에서 경쟁이 심화되고 구도가 더 복잡해졌다.

우리 모두를 단순한 소비자에서 순환형 생산 시스템의 적극적인 파트너로 바꾸는 문제는 어떨까? 물론 재활용을 더 많이 하라고 말할 수는 있다. 하지만 유리병 재활용 사례가 보여주듯이 그렇게 되려면 제조업체가 소비자와 협력해야 하며, 소비자나 공공 서비스 제공자에게 책임을 미루어서는 안 된다.

불명확한 책임 소재, 절충 방식, 복잡한 시스템을 바꾸는 일에 수반되는 관성. 이 세 가지 강력한 요인 때문에 제조업 부문은 보다 빠르게 나아가지 못하고 있다. 이대로는 "미래 세대가 필요를 충족할 수 있는 기반을 훼손하지 않고 현재의 필요를 충족하는 발전을 이룬다"라는 UN의 목표를 달성할 수 없다.

그렇다면 어떻게 해야 할까?

유한한 환경에서 무한한 성장을 이룰 수 있다고 믿는 사람은 광인 아니면 경제학자, 둘 중 하나다.[69]

우리는 경제 성장을 당연하게 받아들이지만, 제1차 산업혁명 이후로 이루어진 고속 성장을 지속할 수 있는지에 대해 오랫동안 우려가 제기되었다. 토머스 맬서스Thomas Malthus는 18세기 후반에 무분별한 성장이 위험한 결말로 이어질 것이라는 암울한 전망을 내놓았다. 국가는 자원을 활용하여 번영을 구가하면서 성장한다. 맬서스는 식량과 연료 같은 자원은 유한하기 때문에 결국 성장 속도가 느려지거나, 기아와 전쟁 같은 비극이 발생할 수밖에 없다고 단언했다.

이 문제에 대한 우리의 이해가 깊어지면서 맬서스의 메시지를 변형한 버전들이 만들어졌다. 그 어조는 "우리는 모두 멸망할 거야!"에서 "뭐라도 하지 않으면 우리는 모두 멸망할 거야!"를 거쳐 "우리 모두가 멸망하지 않으려면 해야 하는 일들이 있어!"로 바뀌었다. 최근에는 "이것이 우리가 해야 하는 일들이고, 이런 방법을 써야 해"라는 보다 유익한 메시지가 나오고 있다.•

• 다만 기업들이 그간의 활동 내역을 공유해 주어야 한다. 성과가 미흡한 브분이 부각될까 두려워서 잘한 부분마저 언급하지 않는 것을 '그린 허싱Green Hushing'이라 한다. 이는 지속가능성을 위한 혁신적 접근법의 공유를 가로막을 수 있다.

이처럼 긍정적인 추세가 형성된 부분적인 이유는 훨씬 나은 데이터가 제시되었기 때문이다. 그 덕분에 인식이 개선되면서 해법을 찾으려는 노력이 시작되었다.

하지만 엄청나게 방해가 되는 단어 하나가 진전 속도를 계속 늦추고 있다.

국내총생산을 뜻하는 GDP는 경제 성과를 측정하는 가장 흔한 척도 중 하나다. GDP는 여러 가지 방식으로 측정할 수 있지만,[70] 근본적으로는 개인·기업·정부가 얼마나 많은 돈을 쓰는지를 토대로 삼는다. 어떻게 보면 이는 논리적이고, 간단하며, 유익한 방식이다. 소비자가 지출을 늘리고, 기업은 사업을 개발하기 위해 투자를 늘리며, 정부는 공공 서비스를 개발하기 위해 지출을 늘린다면, 이는 좋은 일이다. 그러나 보건, 교육, 행복 그리고 우리가 하는 일이 환경에 미치는 영향처럼 GDP가 고려하지 않는 요소가 너무 많다.[71] 베넷 공공정책연구소Bennett Institute for Public Policy의 다이앤 코일Diane Coyle 이 말한 대로 "환경 악화나 불평등을 적절히 고려치 않고 GDP에만 초점을 맞추는 태도는 글로벌 생태계에 재앙을 불러왔으며, 사회적 결속을 저해했다."[72]

GDP에 대한 과도한 집착은 기이한 결과를 초래한다. 제조업과 관련된 두 가지 사례를 간단히 살펴보자. 유조선 엑손발데즈Exxon Valdez호가 1989년에 알래스카 해안에서 좌초했다. 그 바람에 역대 최악의 환경 재앙이 발생했지만, GDP만 따져보면 알래스카 지역의 경기는 아주 좋아졌다. 정화 작업을 도우려고 수많은 사람들이 몰려와 호텔과 레스토랑에서 많은 돈을 썼기 때문이다.[73] 또 다른 예로 소를 키울 방목지를 개발하려고 아마존의 방대한 지역에서 진행되고 있는 삼림 파괴를 들 수 있다.[74] 이는 임업, 목재업, 목축업 부문의 지출을 키워 GDP를 늘리는 데 큰 도움이 된다.

정부가 국가적 성공의 척도로서 GDP 증가에 계속 집착한다면,[75] 생산 시스템의 지속가능성을 높이는 일은 힘든 싸움이 될 것이다. 진전을 이루는 데 도움이 되는 한 가지 아이디어는 '탈동조화decoupling'다. 이는 "'환경적 해악'과 '경제적 이익' 사이의 연결고리를 끊는 것"을 말한다.[76] 그러기 위해서는 경제를 성장시키되, 화석연료를 태우는 것처럼 환경에 해악을 끼치는 활동과 '탈동조화'하는 방법을 찾아야 한다. 그렇다. 우리는 경제 성장을 원한다. 하지만 경제 성장을 위해 탄소 배출량을 늘리는 것은 원치 않는다. 정치인들이 이 개념을 최우선으로 삼도록 만들어야 제조업 부문에 필요한 변화를 앞당길 수 있다.

탈동조화가 일어나고 있음을 말해주는 몇 가지 희소식이 있다. '데이터로 본 우리의 세계Our World in Data' 웹사이트에 가면 간단한 그래프가 나온다. 영국에 해당하는 그래프는 1990년부터 2022년에 걸쳐 2개의 선을 보여준다. 하나는 55퍼센트 증가했고(1인당 GDP), 다른 하나는 55퍼센트 감소했다(1인당 이산화탄소 배출량). 미국의 경우 GDP는 60퍼센트 증가했고, 이산화탄소 배출량은 28퍼센트 감소했다.[77]

상황은 분명히 올바른 방향으로 나아가고 있다. 다만 변화의 흐름을 계속 유지해야 하고, 속도를 훨씬 높여야 한다.

환경 피해를 줄이는 제조업을 향하여

이 책의 전반부에서 다룬 여러 제조 활동에 '지속가능성' 필터를 적용하여 빠르게 훑어보면, 상당히 긍정적인 추세가 나타난다.

두루마리 화장지처럼 겉으로는 단순해 보이는 제품을 제조하는 모든 단계를 살펴보면, 지금 우리가 논의하는 이슈들이 적나라하게 드러난다. 벌목·펄프화·운송·압연·유통·판매의 전체 과정은 별로 환경친화적이지 않지만, 상황이 더 나은 쪽으로 변하고 있다. 우선 주요 원자재로 재활용지를 쓰는 양이 늘어났다. 탈색 같은 다양한 가공 단계에서 발생하는 환경 오염도 줄었다. 일부 기업은 대나무처럼 더욱 환경친화적인 천연 자재로 옮겨가고 있다.

'폐기물 제로' 원칙은 본질적으로 상업적 측면에 초점을 맞추는 동시에 경영자들이 환경 피해를 최소화하는 데 도움을 준다. 제조업 운영에서 효율성을 중시하는 폐기물 제로 원칙은 카본리, 지놀로지아, 브리티시슈거 같은 기업들에게 힘을 준다. 이는 훌륭한 제조업체가 경쟁력을 유지하기 위해 마땅히 해야 하는 일과 '궤를 같이한다'라는 점에서, 그들이 제조업 부문의 탄소 배출과 환경 오염을 줄이는 데 기여하는 결과로 이어진다.

물류 부문에서도 희소식이 들려온다. 공급망의 길이를 줄이려는 경향이 강해지고 있다. 이는 차질이 발생할 위험을 줄여준다. 화석 연료를 태우면서 육상, 해상, 항공으로 수천 킬로미터씩 물건을 옮기는 데 따른 탄소 배출량도 줄여준다. 장거리 운송이 불가피한 경우에도 선박과 항공기, 트럭에 필요한 에너지를 환경 피해가 덜한 방식으로 생산하는 데 도움을 주는 새로운 기술과 연료가 등장하고 있다.

소비 측면에서는 환경을 위한 더 좋은 소식들이 들려오고 있다. 현재 고객의 요구와 생산 역량을 더욱 긴밀하게 연결해 주는 기술이 제공되고 있다. 이는 개별 소비자가 실제로 사고 싶어 하는 것만 생산하는 '대량 맞춤화'라는 이상향으로 가는 길을 가속화하고 있다.

그럼에도 이 책의 후반부는 마키아벨리가 말한 '새로운 질서'를 구축하는 일이 왜 그토록 어려운지를 보여주었다. 그러나 현재 진행되는 제조업 디지털화는 엄청난 컴퓨팅 파워를 활용하여 생산 시스템이 우리의 필요에 잘 대응하는 한편으로 환경 피해를 줄이도록 해준다.[*] 너무나 짜증 나지만 이는 지속가능성과 관련된 새로운 문제를 낳는다. 가령 디지털 시스템을 운영하는 데 따른 해로운 영향도 드러나고 있다.

의료 부문을 들여다보면 제조업의 세계에 속한 모든 분야가 지속가능성과 관련하여 절충해야 할 여러 가지 문제가 잘 드러난다. 현

---

[*] 섬뜩하게도 마침 내가 이 문단을 쓰고 있는 도중에 이런 알림이 올라왔다. "인공지능이 보다 친환경적인 시멘트와 철강을 위한 길을 열 수 있을까?"

지 생산과 맞춤형 생산은 상당한 혜택을 가져다주지만, 거기에는 언제나 반대급부가 따른다.

가령 환자 치료 기능을 지역사회 전반으로 폭넓게 분산하면, 에너지를 대단히 비효율적으로 소비하는 대형 병원의 부담을 줄일 수 있다. 그러나 환자 중심 접근법이 확대되면, 가정에서 안전하게 사용할 수 있는 일회용 의료기기의 수요가 증가할 가능성이 크다. 그 결과 탄소 배출량은 감소하겠지만, 플라스틱 폐기물은 늘어날 것이다. 보다 지속가능한 제조업으로 나아가는 길은 이런 상충 관계로 가득할 것이다.

생존에 초점을 맞춰서 제조업의 세계를 살핀 우리의 여정을 마치면서 3개의 메시지를 남기고 싶다.

제조업은 수정과 재설계가 필요하다

우리가 글로벌 생산 시스템을 운영하는 방식은 여러 측면에서 대단하지만, 지구와 그 거주자들의 건강에 상당히 부정적인 영향을 미치기도 한다. 따라서 우리는 이 시스템을 운영하는 방식을 바꿔야 하며, 많은 경우 상당 부분을 재설계해야 한다. 수정과 관련해서는 앞서 시스템 운영을 개선하는 많은 방법을 보여주었다. 재설계와 관련해서는 채굴, 제조, 사용, 폐기로 이어지는 선형적 접근법에서 순환적 접근법으로 나아가는 것이 좋은 지향점이 되어준다.

하지만 거기서 한 걸음 더 나아갈 수 있을까?

지속가능성 및 제조업과 관련된 논의는 대부분 궁극적인 목표로서 '제로'라는 단어를 즐겨 쓴다. 가령 '폐기물 제로'는 타당하다. '탄소 배출 제로'도 좋아 보인다. 하지만 거기서 한 걸음 더 나아간다면 어떨까? 단지 문제를 악화시키지 않는 정도가 아니라, 환경을 개선하는 방향으로 물건을 만들 수 있다면 어떨까? '넷제로' 제조업에서 '넷 플러스net plus' 제조업으로 나아갈 수 있다면 어떨까? 제조 활동이 실제로 환경에 긍정적으로 기여할 수 있다면 어떨까? 정화된 물이나 청정에너지 또는 비료를 부산물로 만들어내는 공장을 상상해보라.

제조업의 세계도 자연계처럼 '재생 가능'해질 수 있을까?

이 말이 약간 비현실적으로 들리는가? 어떤 사람들은 현재 자연환경에서 얻은 개념을 토대로 이 아이디어를 탐구하고 있다.[78] 이와 관련하여 재생 농업을 향한 노력도 확산하고 있다.[79] 재생 제조업regenerative manufacturing의 경우, 공장은 더 이상 중요하지만 '멀리하고' 싶은 대상이 아니다. 오히려 깨끗한 공기, 정화된 물, 두료 난방 같은 혜택을 가져다준다는 점에서 지역사회의 일부로 두기를 '원하는' 요소가 된다.

제조업이 곧 해결책이다

제조업은 단순히 수정해야 할 대상이 아니라 우리의 장기적인 생존을 보장할 제품의 공급원이기도 하다. 제로 배출 운송 및 에너지 시스템을 원한다면, 누군가는 모든 부분을 설계하고 구축해야 한다. 보다 지속가능한 방식으로 식품 및 의료 공급 시스템을 전환하고자 한다면, 수많은 새로운 것들을 고안하고 대규모로 생산해야 한다.

이러한 제품들은 2개의 범주로 나누어질 것이다.[80] 하나는 환경 피해를 완화하는 제품들이 있다. 가령 재생 에너지 전달에 필요한 모든 시스템이 여기에 속한다. 하지만 알다시피 중단기적으로 환경 피해는 이미 발생했다. 다른 하나는 우리가 초래한 이런 문제에 '적응'하는 데 필요한 제품들이 있다. 이 두 번째 범주에는 해수면 상승이나 가뭄 및 산불 피해를 극복하기 위한 시스템들이 포함된다.

제조업은 추가적인 환경 피해를 완화할 뿐 아니라 우리의 과거(그리고 슬프게도 현재) 행동 때문에 미래에는 크게 달라질 세상에 적응하는 시스템을 제공한다.

제조업은 생존뿐 아니라 번영에 도움을 주어야 한다

지금까지 주로 제조업이 우리의 생존 능력을 뜻하지 않게, 때 이르게 파괴하지 못하도록 만드는 방법을 살펴보았다. 하지만 '제조업 바로잡기'는 상승효과相乘效果를 발휘하는 다른 혜택들로 이어질 수도 있다.

가령 운송 과정의 탄소 배출을 최소화하도록 공장 입지를 정하면, 현지 생산에 따른 경제적 편익을 얻을 수 있다. 《파이낸셜타임스》의 전 제조업 전문 에디터인 피터 마시Peter Marsh에 따르면, "활력과 창의성을 갖춘 제조업 부문은 21세기에 성공한 국가의 핵심 요소이다".[81] 이는 앞서 언급한 경제학자 장하준의 말과 일맥상통한다. 그는 대다수 국가가 '탈산업화' 단계로 나아가 서비스 산업만으로 번영할 수 있다는 주장을 일축했다.

제조업을 국가 경제의 핵심으로 삼는 것은 또 다른 이점을 안긴다. 단일 공급처로서 먼 곳에 있는 대형 공장에 의존하면, 위기에 대응하는 집단적 능력이 약해진다. 코로나19 팬데믹 때를 돌이켜 보라. 영국의 주요 의료 자선단체인 웰컴트러스트Wellcome Trust의 전 대표인 제러미 파라Jeremy Farrar는 "위기 대응 능력은 평시에 어떤 수준의 인력, 인프라, 신뢰도를 확보하고 있는지에 좌우된다"라고 말했다.[82] 그가 말하는 인프라의 핵심 요소는 백신, 개인보호장구, 의료 기기 같은 물건을 만드는 능력이다. '다른 지역에 사는 다른 누군가'가 물건을 대신 만들어줘도 좋다면, 그 '누군가'도 위기에 직면했을 때는 어떻게 될까? 인프라, 숙련공, 공장, 공급망을 하룻밤 사이에 마법처럼 만들어낼 수는 없다. 제조업에는 기업과 정부의 장기적인 육성과 지원이 필요하다.

제조업은 우리가 지구에서 잘 살아가도록 돕는 데 실로 중요한 역할을 한다. 제조업의 핵심은 사람이다. 사람은 모든 생산 시스템을 설계하고, 구축하고, 운영한다. 제대로 돌아가는 제조업은 두 가지 보상을 안기는 일자리를 제공한다. 첫째, 데이터에 따르면, 영국에서 제조업 부문 숙련공은 전국 평균보다 많은 임금을 받는다.[83] 둘째, 물건을 '만들어내는' 일자리가 안기는 비금전적·심리적 보상이 있다.[84] 한편으로 제조업은 하기 싫은 일을 하게(휴대전화 부품에 들어가는 희토류 채굴에 동원되는 아동 노동, 단조롭고 안정성 없는 저임금, 저숙련 일자리) 만들거나, 하고 싶은 일에서 밀려나게(고숙련, 고임금 일자리에서 인간을 대체하는 로봇) 만들기도 한다.

제조업에는 절호점이 있다. 인간 중심적 접근법을 통해 생산 시스템을 잘 설계하면 금전적·심리적 보상을 모두 안기는 일자리가 생긴다. 최고의 제조업체는 이 점을 알고, 직원 개개인이 계속 기술을 개발하고 연마하도록 지원한다. 안타깝게도 여전히 전 세계의 많은 지역에 있는 어둡고, 더럽고, 위험한 공장과는 차원이 다른 노동 환경을 제공하기도 한다.

그밖에 다른 혜택도 많다. 매력적인 일자리가 생기면 지역사회도 혜택을 누린다. 기술을 습득하는 데는 시간이 걸리므로 기업은 직원들의 능력을 개발하겠다는 의지를 가져야 한다. 교육 서비스 제공자들이 그런 기업과 직원 들을 지원해야 한다. 이 일을 잘 해내면 지역사회가 제조업을 지원함으로써 스스로 더욱 튼튼해지는 선순환 구조가 만들어진다.

이 단락을 마무리하기 위해 『요람에서 요람으로』의 저자들이 한 실로 중요한 말을 재조명하고 싶다. 『요람에서 요람으로』는 일찍이 생산 시스템을 친환경적인 방향으로 전환하는 문제를 제기한다. 앞으로 우리가 취해야 할 접근법은 "좋은 정원 가꾸기와 같아야 한다. 지구를 '구하는' 것이 아니라 지구에서 잘 살아가는 방법을 배워야 한다. (중략) 그저 우리 자신과 다른 사람들을 '비난하고 질책하기만' 한다면, 앞으로 나아갈 수 없다. 모두의 협력이 필요하다."[85]

이 부분에서 당신의 참여가 요구된다. 우리 모두는 새로운 생산 시스템을 실현하는 데 기여할 수 있다.

당신의 호주머니나 가방 또는 테이블 위에는 인류가 지금까지 접한 최대 규모의 데이터에 접근할 수 있는 작은 슈퍼컴퓨터가 있다. 이제 우리는 물건을 만들고 옮기는 데 따른 영향을 인터넷 이전 시대에 살던 사람들보다 훨씬 잘 안다. 우리에게는 더 나은 선택을 할 수 있는 기회가 있다. 하지만 우리 시대의 현명한 철학자들**이 말한 대로 "큰 힘에는 큰 책임이 따른다." 편의성, 속도, 저비용이 안기는 명확한 혜택과 지구에 미치는 영향을 어떻게 절충할지는 우리 각자에게 달려 있다.

---

* 이 책의 웹사이트에 이런 접근법이 빈곤 지역에 성공적으로 활력을 불어넣은 좋은 사례들을 올려두었다.
** 이 경우에는 〈스파이더맨〉의 작가인 스탠 리Stan Lee이다.

이 장은 우려스러운 딜레마로 시작되었다. 우리가 기본적인 생존 욕구를 충족하기 위해 구축한 시스템이 지금은 환경을 파괴하고 있다. 이 장에서 보여준 데이터와 사례 들은 문제의 규모와 심각성을 드러내는 풍부한 증거를 제공한다. 한편으로 이 장은 낙관적인 이야기도 담고 있다.

인터넷, 수많은 사물인터넷 기기, 폭넓게 확산하는 AI 도구를 뒷받침하는 서버팜server farm 같은 제품과 시스템은 전 세계에 걸쳐 갈수록 복잡해지는 생산 네트워크에서 일어나는 일을 알려준다. 이제 우리는 밭에서 식탁까지, 숲에서 화장실까지, 광산에서 휴대전화까지 우리 삶의 모든 측면을 뒷받침하는 물건들이 어디서, 어떻게 만들어지고 옮겨졌는지를 훨씬 잘 보고, 이해하게 되었다. 그 결과 산업혁명 이전과 같은 시야를 다시 얻게 되었다. 당시에는 사람들이 제조 과정과 훨씬 폭넓고 긴밀한 관계를 맺고 있었다. 우리는 회복된 시야를 토대로 제조업 부문이 '덜 나쁜' 수준을 지나 상황을 훨씬 낫게 만들도록 바꾸는 데 적극적으로 참여할 수 있다.

진정한 변화를 이루는 방식으로 그 일을 계속하려면 대단히 기술이 뛰어난 엔지니어, 현명한 투자자, 선견지명을 갖춘 정치인, 규모화에 초점을 맞춘 기업인 모두가 생산 시스템을 바꾸는 일에 전념해야 한다. 지금까지 이 책에 언급된 내용에서 알 수 있듯이, 지금 그런 변화가 일어나고 있다. 다만 속도를 훨씬 더 높이고, 규모를 훨씬 더 키워야 한다.

위기를 벗어나려면 아직 한참 멀었지만, 나는 우리가 올바른 방향으로 나아가고 있다고 생각한다. 내가 이렇게 낙관하는 데에는 근거가 있다. 끝으로 흥분한 아이들이 가득한 다른 장소로 가서 그 이유를 알아보자.

후 기

"준비됐어요?"

　시끄러운 소리 속에서 진행자가 입 모양으로 말했다. 나와 나의 동료인 니암Niamh은 서로를 바라보며 고개를 끄덕였다. 진행자는 무대 앞으로 나아간 후 상당히 효과가 있는 몸동작을 했다. 그녀가 손을 들자, 재잘거리던 500여 명의 아이들이 있는 대강의실이 거의 즉시 조용해졌다. 너무나 강력했다. 이 책의 서두에서 묘사한 교실과는 완전히 딴판이었다.

　45분 후, 진행자는 바깥에 버스들이 이중 주차되어 있다는 사실을 상기시켰다. 강연을 마무리해야 할 때였다. 우리는 이 책에서 다룬 내용을 아주 간략하게 설명해 주었다. 아이들은 내용을 이해했고, 더 알고 싶어 했다.

그 자리에 있던 아이들 그리고 비슷한 강연을 들은 아이들은 흔히 이런 질문을 던졌다. "하늘을 오염시키지 않는 비행기는 언제 나와요? 새로운 로봇 기술은 어떤 사람들의 삶을 더 힘들게 할까요? 공장은 무조건 환경에 나쁘지 않나요? 왜 전기 트럭은 만들지 않아요? 제 운동화 좀 고쳐줄 수 있어요?"

이런 질문들은 제조업 부문에 대한 아주 유익한 흥미를 반영하고 있다.

이 강연을 위해 준비한 노트를 다시 살펴보다가 어떤 생각이 떠올랐다. 나는 당신이 이 책을 언제 읽고 있는지 모른다. 2025년 초에 출간된 직후일 수도, 그로부터 몇 달이나 몇 년이 지난 후일 수도 있다. 당신이 이 책을 보고 있을 무렵에는 여기서 언급한 문제들 중 일부는 해결되었을지도 모른다. 환경 피해를 줄이고, 위기에 잘 버티며, 지역사회 발전에 도움이 되는 방식으로 물건을 만드는 변화를 한창 이루는 중일지도 모른다. 앞서 말한 대강의실이나 이 책의 서두에 나오는 교실에 앉아 있던 아이들 중 일부는 바로 그런 변화에 기여하고 있을지도 모른다.

그렇게 되면 정말 좋지 않을까? 그것은 분명 우리가 과거 또는 현재의 위기로부터 아무것도 배우지 못하는 것보다 더 낫다. 우리의 노력을 뒷받침하는 도구로서 AI가 제공하는 거대한 기회를 활용하지 못하는 것보다 더 낫다. 자기 인식 능력이 갈수록 발전하는 산업용 로봇이나 배달용 로봇이 자신들의 일에 미래가 없음을 깨닫고 우리에게 시키자고 결정하는 것보다 더 낫다.

　식탁 위에 낡은 서류 상자가 놓여 있다. 제조업의 세계를 지나는 여정 동안 수집한 흥미로운 물건들을 모아 놓은 상자다. 덮개를 닫는 일은 오래전에 포기했다. 물론 거기에는 미스터 인크레더블 피규어도 있다. 지금은 머리를 다시 똑바로 붙여 놓은 상태다. 골동품 하드디스크 드라이브도 있다. 내가 교실에 가져간 고물 컴퓨터에서 흥분한 아이들이 뜯어낸 것이다. 방금 커넥터 위를 손가락으로 훑다가 작은 상처가 나는 바람에 피가 배어난다. 교실에서 누구도 다치지 않은 것이 놀랍다. 나는 금속 케이스에 '말레이시아산'이라고 적힌 스티커가 붙어 있는 것을 보고 미소를 짓는다. 아이들과 함께 고물 컴퓨터 부품들로 만들었던 글로벌 공급망의 물리적 지도가 내 머릿속에 다시 떠오른다.

　프랑스의 고급 호텔에서 가져온 흠 없는 화장지 한 장도 있다. 굳이 이 화장지를 보관하는 이유는 너무나 부드럽고, 정밀한 엠보싱 처리가 되어 있으며, 여러 겹으로 되어 있기 때문이다. 이제 우리는 화장지가 어떻게 만들어지는지를 잘 안다. 숲에서 화장실까지 엄청난 규모의 여정이 이어진다. 수십 년에 걸친 삼림 관리부터 시작하여 갑작스럽게 이루어지는 난폭한 벌채, 펄프 가공을 위한 엄청난 양의 물과 에너지, 구성 요소를 옮기는 수천 킬로미터의 운송, 액체 상태의 펄프를 완벽한 형태의 부드럽고 질긴 종이로 바꾸는 거대한 압연기, 화장지를 사용처까지 옮기는 데 필요한 복잡한 물류까지 말이다.

지금 그 화장지 한 장은 피츠빌리스 베이커리의 역사와 관련된 자료집에 꽂힌 책갈피가 되어 있다. 음울한 흑백 사진들은 제빵사 샘이 매일 8백 개의 첼시 번을 준비하고, 굽고, 배송하는 과정을 보여주었던 그 차갑고, 어둡고, 한참 이른 아침을 떠올리게 한다. 상자를 뒤적이다 보니 더 많은 기억이 떠오른다. 부이그건설의 기업 색상으로 장식된 볼펜, 1984년에 타던 내 모페드(서스펜션을 수리한 상태)의 사진, 미니어처 레이싱카, 중국 전기차 회사 지커의 로고가 찍힌 쓸데없이 복잡하게 만든 물병, 팜페이퍼에서 생산한 종이에 인쇄된 DIY 상점 전단지. 이 모든 것은 무엇을 얼마나 만들지에 대한 문제가 프로젝트형, 공방형, 배치 생산형, 대량 생산형, 연속 생산형 같은 공장의 유형과 구도를 결정한다는 생각과 연관되어 있다.

여러 대의 구형 아이폰(그중 더 오래된 모델은 지금 보기에는 우스울 정도로 작다) 중 하나는 대단히 복잡한 제품을 만들기 위해 자재, 부품, 하위 시스템을 전 세계에 걸쳐 수십만 킬로미터씩 옮기는 과정을 상기시킨다.

《이코노미스트》 한 권에 '보관!'이라고 휘갈겨 쓴 포스트잇이 붙어 있다. 표지 기사의 제목은 "스트라디바리우스Stradivarius 바이올린을 인쇄해 줘"이다. 그 위를 누르고 있는 것은 오래전에 내가 동료의 사무실 책장에서 '빌려온' 작은 가스 터빈 날개다. 이런 물건들은 제조업체들이 종종 비합리적이고 변덕스러운 소비자의 욕구에 맞추려 애쓰는 양상을 보여준다.

포스트잇은 소비자들이 실제로 손에 쥐기까지 무엇을 원하는지를 모른다는 사실을 말해주는 사례로 종종 언급된다. 가스 터빈 날개는 항공 산업과의 연결고리다. 이 부문의 제조업체들은 요동치는 수요 예측 그래프의 변동에 맞춰서 공장 생산량을 조정하며 '수요를 추종'한다. "스트라디바리우스 바이올린을 인쇄해 줘"라는 기사는 어떨까? 이 기사는 제조업 부문이 어디로 향하고 있는지를 말해준다. 앞으로는 공장에서 제조하는 특정 제품을 사라고 고객을 설득할 필요가 없다. 3D 프린팅은 대량 맞춤화 시대를 여는 적응형 기술을 대표한다.

맨섬에 있는 스트릭스 공장에서 주워 온, 아직 분리되지 않은 이종 금속 블레이드 몇 조각이 1931년에 인쇄된 셸Shell의 낡은 소책자 위에 놓여 있다. 이 소책자는 휘발유 자동차 산업의 형성기에 대한 귀중한 통찰을 담고 있다. 이 두 가지 물건은 전기주전자 제어장치든, 자동차든 신제품을 위한 시장을 기획하고, 만들고, 키우는 과제와 연관되어 있다. 나는 지금 문을 받치고 있는, 1980년대에 만들어진 자동차 배터리 크기의 모토롤라 4500X 이동식 전화기와 노트북 옆에 놓인 현재의 스마트폰을 번갈아 바라본다. 이 둘은 제조업 부문이 수행해야 하는 또 다른 과제의 결과물을 인상적으로 예시한다. 그 과제는 바로 제품과 공정을 끊임없이 점진적으로 개선해야 한다는 것이다.

나는 이 책의 서두에서 이야기한 난장판의 잔해로부터 또 하나의 물건을 집어 든다. 그것은 먼지에 덮인 검은 물건으로서 크기는 대략 가로 15센티미터, 세로 5센티미터, 높이 5센티미터다. 윗면의 대부분에 금속 돌기가 배열되어 있고, 맨 위에는 작은 전기 팬이 달려 있다. 한쪽 측면에는 'AMD 애슬론AMD Athlon™ 프로세서'라는 글자가 적혀 있다. 이것은 1990년대 말에 나온 마이크로프로세서로서, 많은 부분은 윈도우 98을 실행하는 동안 3,700만 개의 트랜지스터가 과열되는 것을 막는 데 필요한 부속 장치들로 이루어져 있다.• 이런 물건을 수십억 개씩 생산할 수 있는 능력은 제조업 부문의 거의 모든 측면을 바꿔놓았다. 발전의 속도와 규모는 엄청났다.

나는 또 다른 동료가 내게 빌려준 귀중한 물건을 찾지 못해서 잠깐 당황하다가 탑승권 밑에 숨어 있는 것을 발견한다. 그것은 1960년대에 만들어진 한 장의 IBM 천공카드다. 이 천공카드는 조제프 자카르와 그의 직조기가 1700년대에 문을 연 전자식 이전 컴퓨팅 및 디지털 제어의 세계와 매우 가시적이면서도 직접적으로 연결되어 있다. 에어차이나 탑승권은 디지털화가 제조·운송·소비를 아우르는 전체 생산 시스템을 '스마트'하게 만들고 있는 지커 전기차 공장으로 나를 다시 데려간다.

나는 상자를 뒤져서 진화하는 의약품 제조업 부문과 연결된 3개

후기

• 지금까지 얼마나 많은 진보가 이루어졌는지를 보여주는 사례를 들자면, 2024년형 애플 M3 맥스M3 Max 마이크로프로세서에는 '920억 개'의 트랜지스터가 들어 있다.

의 물건을 찾아낸다. 첫 번째는 전문가들만 쓰던 물건에서 어디서나 일상적으로 쓰는 물건이 된 옅은 푸른색 수술용 마스크다. 코로나19 팬데믹 동안 그런 변화가 일어났다. 그 과정은 안정성을 위해 설계된 제조 시스템, 즉 공급망의 회복탄력성보다는 낮은 가격에 초점을 맞춘 시스템이 거대한 차질에 직면했을 때 어떤 일이 일어나는지 매우 잘 보여준다. 이로 인해 보다 현지화되고 소비자와 가까워지는 접근법에 대한 관심이 되살아났다.

다음 물건은 개별 포장된 파라세타몰이다. 이 제품은 수천 톤씩 생산되는 만능 진통제로서, 현재 의약품 제조업 부문이 나아가는 방향과 상반되는 접근법을 상징한다. 의약품의 미래는 개인화·맞춤형·특수화에 기반할 것이며, 이를 위해서는 설계·제조·사용에 대한 완전히 새로운 접근법이 필요하다.

의료와 관련된 마지막 물건은 일회용 주사기다. 혈액 희석제가 미리 들어가 있는 이 주사기는 내 딸이 수술 후 회복기 때 쓰고 남은 것으로, 환자가 집에서 직접 쓰도록 설계되었다.

아들이 식탁에 자기 노트북을 놓을 자리를 만들면서 "잡동사니들은 좀 버려요"라고 투덜댄다. 나는 그런 선형적인 '폐기식' 사고는 우리가 취해야 하는 순환적 접근법과 어긋난다며 열정적으로 혼잣말을 쏟아내기 시작한다. 아들이 다소 무례한 말을 내뱉는 바람에 나의 혼잣말은 갑작스레 끝난다.

나는 자리에서 일어나 식탁에 흩어진 전체 수집품을 내려다본다.

각각의 물건은 제조업 부문의 한 부분일 뿐 아니라 산업사의 특정한 시기와 이어지는 연결고리를 제공한다. 나는 이 물건들을 통해 엄청난 발전의 규모와 동시에 아직 남아 있는 거대한 과제를 본다. 전기 주전자 제어장치, (미사용) 휴대전화 배터리 교체 키트, 빈 브리티시 슈거 종이 봉지 같은 일부 물건은 우리가 이미 새로운 길을 얼마나 멀리 걸어왔는지를 보여준다. 그 길은 제조와 소비에 대한 보다 친환경적인 접근법으로 향하고 있다. 수입 생수를 담은 유리병, 일회용 마스크, 내가 지난 20년 동안 창피할 정도로 자주 바꾼 휴대전화 같은 다른 물건들은 아직 많이 남아 있는 여정을 반영한다.

이 책의 서두에서 언급한 대로 당신이 알몸으로 공중에 떠다니는 게 아니라면, 지금 그리고 생활의 거의 모든 지점에서 공산품과 접촉하고 있거나 공산품을 사용 또는 소비하고 있을 것이다.

그래서 우리는 공산품을 만들고 옮기는 시스템과 정신적으로 다시 연결되기 위해서 제조업의 세계를 지나는 여정을 시작했다. 이 여정을 마치는 일은 두 가지 실로 중대한 질문에 대답하는 데에도 도움을 주었다.

- 왜 현대 제조업 부문은 너무나 취약하고 너무나 많은 환경 피해를 일으킬까?

● 취약성과 환경 피해를 줄이기 위해 할 수 있는 일은 무엇일까?

이제 당신이 이 두 질문에 대답할 수 있다고 느끼기를 바란다. 앞으로 엄청난 과제가 남아 있다는 사실도 알게 되었기를 바란다.

의사소통은 여전히 핵심적인 문제다. 제조업 부문에 종사하는 우리 같은 사람들은 우리가 하는 일의 방법과 이유를 훨씬 잘 설명할 수 있어야 한다. 이 일을 아주 잘하는 제조업체들이 많다. 그들은 방문자들에게 문을 열어주고, 지역사회에서 핵심적인 역할을 하며, 경제를 성장시키고 지역사회를 지원하기 위한 논의에서 제조업 부문의 목소리를 대변한다. 하지만 우리는 훨씬 많은 일을 해야 한다는 사실을 안다.

제조업에 관한 논의는 종종 도움이 되지 않고, 낡았으며, 부정확한 인식에 발목이 잡힌다. 물론 나라마다 내용이 크게 다르지만, 영국에서 자주 듣는 후렴구 같은 말은 단순하다. "우리는 더 이상 물건을 만들지 않고, 그럴 필요도 없어요. 다른 나라 사람들이 대신하면 됩니다. 우리한테는 뛰어난 금융 서비스 부문과 기업 서비스 부문이 있어요. 그런데 왜 제조업을 육성해야 한다고 계속 떠드는 겁니까?" 나는 이런 말을 들으면 어금니를 깨물고 주먹을 꽉 쥔다. 그리고 경제학자 장하준의 연구 결과와 스위스, 싱가포르 같은 뛰어난 사례를 차분하게 제시한다. 이 두 나라는 세계적으로 제조업 집중도가 높으면서도 균형 잡힌 경제 구조를 갖추고 있다.

한편으로 제조업에 대한 우리의 인식은 상당히 양극화되어 있다. 물건을 만드는 것이 개인과 지역사회 모두에게 근본적으로 '좋은 일'이라는 관점이 있다.[1] 반면 제조업은 지저분하고, 시끄럽고, 냄새 나고, 위험하기 때문에 안 보이는 곳에 두고 잊어버리는 게 최선이 라는 관점도 있다.

우리가 직면한 존재론적 위기를 극복하려면, 다음 세대에게 제조 업의 중요성과 매력을 일깨우는 노력을 배가해야 한다. 이 책이 지 금까지 보여준 사실, 즉 우리는 모두 제조업의 세계를 구성하는 일 부라는 사실도 상기시켜야 한다. 이 글을 쓰는 지금, 얼마 전에 동료 와 나눈 대화가 머릿속에 떠오른다. 우리는 아이들에게 공장 견학을 장려하는 것이 중요하다는 이야기를 나누었다. 나처럼 1970년대와 80년대에 영국에서 성장기를 보낸 나의 동료는 이렇게 말했다. "우 리 학교는 공장 견학을 시키곤 했어요. 하지만 교사들이 우리에게 심어주려던 분명한 메시지는 '열심히 공부하지 않으면 이런 데서 일 하게 돼'라는 것이었어요." 우리가 미래의 노동 인구에 전할 메시지 는 이와 정반대여야 한다.

우리가 공유해야 할 메시지는 브라운가트와 맥도너가 『요람에서 요람으로』에서 제시한 절호점에 초점을 맞춰야 한다. 그것은 '지구 적 생존'뿐 아니라 '인류 번영'의 측면에서 제조업 부문을 바꾸기 위 해 집단적 노력을 기울여야 한다는 것이다.

현재 우리의 지구와 공동체가 직면한 난관은 거대하고, 불확실하며, 복잡하다. 그럼에도 지금 이 순간 내가 그 어느 때보다 확신하는 한 가지 사실이 있다. 우리 모두를 위해 보다 나은 지속가능성과 회복탄력성 그리고 평등성을 제공할 부문은 제조업이다. 내가 이 책의 서두에서 말한 것과는 달리, 제조업은 명백히 '또 다른 세계'가 아니다. 우리 모두는 제조업의 세계를 이루는 일부이며, 해야 할 역할이 있다.

우리는 다 같이 힘을 합쳐서 더 나은 세상을 만들 수 있다.

당신도 이 책을 읽음으로써 그렇게 느끼기를 바란다.

이 책은 오랜 기간에 걸쳐 준비되었으며, 아주 많은 사람과 기관의 친절한 지원 덕분에 만들어졌다.

먼저 케임브리지대학 제조업연구소 안팎의 많은 분에게 큰 빚을 졌다. 수많은 전현직 동료와 연구생 들이 최근 몇 년 동안 나를 격려하고 지원해 주었다. 내가 하려던 일은 우리의 신념을 글로 옮기는 것이었다. 물건을 만드는 일은 우리 모두의 삶에서 근본적이고 흥미로운 부분을 차지하며, 올바로 해내면 세상을 더 나은 곳으로 만들어준다는 신념 말이다.

나의 모든 작업을 관대하게 지원해 주신 존 테일러 박사에게 특별히 감사드린다. 정기 회동과 통화에서 나눈 혁신과 제조업에 대한 대화는 이 책의 핵심 메시지를 정립하고 다듬는 데 큰 도움을 주었다.

샤먼펀드Sharman Fund는 우리 연구소가 여러 학교에서 강연을 하
는 데 도움을 주었다. 덕분에 아주 까다로운 청중들을 상대로 이 책
의 메시지를 시험할 수 있었다.

다음으로 이 책의 제작 과정에 참여한 사람들이 있다. 가독성 높
은 글을 쓰는 법을 가르쳐준 안나 플로샤이스키Anna Plosazjski와 사이
먼 홀Simon Hall, 과감하게 나를 맡아서 영국의 페이버앤드페이버Faber
& Faber에 이어 미국 하퍼콜린스HarperCollins의 ECCO라는 좋은 출판
사를 찾아준 유나이티드에이전트United Agents의 로라 맥두걸Laura
Madcougall에게 감사드린다. 페이버의 기획편집자인 프레드 베이
티Fred Baty와 모 하피즈Mo Hafeez, ECCO의 사라 머피Sarah Murphy에
게도 감사드린다. 그들은 나의 부족한 글을 어엿한 책으로 탈바꿈시
켰다. 교정을 잘해준 샘 웰스Sam Wells, 놀라운 총괄 편집 능력을 보여
준 조 스팀필드Jo Stimfield, 이 책을 널리 홍보해 준 로렌 니콜Lauren
Nicoll, 소피 클라크Sophie Clarke, 제스 킴Jess Kim에게도 감사드린다. 이
책을 출판하기까지 모든 노력을 기울이고, 출판과 관련하여 부족한
나의 지식을 인내심 있게 메워준 페이버와 ECCO의 모든 분에게도
깊이 감사드린다.

이 프로젝트를 위한 배경 데이터를 수집하는 데 도움을 준 개츠
비자선재단Gatsby Charitable Foundation, 너무나 신속하고 효과적으로 리
서치를 도와준 칼 마그누스 폰 베르Carl-Magnus von Behr와 리지 마
틴Lizzy Martin에게 감사드린다. 전체 과정에서 친절하게 피드백을 제
공하고, 특정 부분에 대해 의견을 제시해 준 여러 동료와 친구 들에

게도 감사드린다. 클레어 발로우Claire Barlow, 윌리엄 반스William Barnes, 알렉산드라 브린트럽Alexandra Brintrup, 찰스 볼턴Charles Boulton, 아비 부시Abi Bush, 로빈 클라크Robin Clark, 파비오 콘팔로네Fabio Confalone, 다이앤 코일Diane Coyle, 마하르시 다다Maharshi Dhada, 아시네 도널드Athene Donald, 스티브 에번스Steve Evans, 사라 펠Sarah Fell, 니암 폭스Niamh Fox, 마사 가이거Martha Geiger, 클레어 길모어Clare Gilmour, 롭 글루Rob Glew, 케빈 고츠Kevin Gotts, 매기 해리스Maggie Harriss, 존 헨더슨John Henderson, 워드 힐스Ward Hills, 릴리 지아Lili Jia, 사울 존스Saul Jones, 무케시 쿠마르Mukesh Kumar, 데이비드 레알 아얄라David Leal Ayala, 사만다 메이오Samantha Mayo, 던컨 맥팔레인Duncan McFarlane, 바네사 맥니븐Vanessa McNiven, 다이 모건Dai Morgan, 댄 노섬 존스Dan Northam Jones, 오언 오설리번Eoin O'Sullivan, 마크 필립스Mark Phillips, 게리 펀터Gary Punter, 스베탄 라체프Svetan Ratchev, 데이브 스콧Dave Scott, 에토레 세탄니Ettore Settanni, 재그 스라이Jag Srai, 이언 스태퍼드-앨런Ian Stafford-Allen, 댄 서머벨Dan Summerbell, 엘리자베스 토파리스Elizabeth Tofaris, 사라 와이트먼Sarah Wightman, 앨리슨 라이트Alison Wright, 맨 행 입Man Hang Yip을 비롯한 많은 분과 나눈 고무적인 대화와 유익한 통찰은 이 책을 만드는 데 큰 도움이 되었다. 전체 책의 초고를 보고 상세하면서도 건설적인 피드백을 제공한 엘리자베스 간지Elizabeth Garnsey, 마이크 그레고리Mike Gregory, 존 루카스John Lucas, 존 맥매너스John McManus, 톰 리지먼Tom Ridgman, 토머스 서튼Thomas Sutton에게도 특별히 감사드린다. 여전히 남아 있는 오류는

온전히 나의 잘못이다.

모든 제조업 부문의 여러 기업에서 일하는 많은 분이 친절하게도 내게 공장·연구소·사무실을 방문할 기회를 주었고, 자신들이 어떤 일을 하는지를 설명해 주었으며, 나의 질문에 아주 명확하게 대답해 주었다. 그중 몇 분은 책에서 이름을 언급했지만, 그보다 훨씬 많은 분이 배경지식과 맥락을 제공해 주었다. 너무나 관대하게 시간을 내어주고, 자신의 관점을 나누어준 모든 분에게 깊이 감사드린다.

다음으로 내가 수많은 주말, 저녁, 휴일에 이 특별한 프로젝트에 매달리는 동안 너무나 깊은 이해심을 보여주고 지원해 준 나의 가족인 니콜라Nicola, 알라스테어Alastair, 엘리자베스Elizabeth에게 감사드린다. 꾸준히 "책은 잘되어 가니?"라고 물어서 죄책감을 심어준 어머니와 오랫동안 큰 응원을 보내준 나의 형제들인 피트Pete, 매트Matt, 루크Luke에게도 특별히 감사드린다.

끝으로 나의 아버지와 친구 핀바Finbarr는 내가 글을 쓰도록 북돋아주었다. 이 책이 나온 것을 두 사람이 기뻐해 줬으면 좋겠다. 안타깝게도 두 사람 다 세상을 떠나서 책을 안겨줄 수는 없지만 말이다.

주

서문

1 Climate Change Committee.(2020). "The Sixth Carbon Budget". Theccc. https://www.theccc.org.uk/wp-content/uploads/2020/12/Sector-summary-Manufacturing-and-construction.pdf.

2 팀 하포드Tim Harford는 『슈퍼 팩트』에서 이 문제에 대해 이야기한다. 이 착각의 정의는 레오니트 로젠블릿Leonid Rozenblit, 프랭크 케일Frank Keil의 논문에서 찾을 수 있다. "사람들은 자신이 복잡한 현상을 실제보다 훨씬 더 정확하고 일관되며 깊이 있게 이해한다고 생각한 나머지 착각에 빠진다. 이를 지식의 깊이에 대한 착각이라 부른다. 이 착각은 팩트나 절차 또는 내러티브에 대한 지식 같은 종류의 지식보다 설명적 지식에 대해 훨씬 더 강하게 작용한다." Rozenblit, L. and Keil, F.(2002). "The misunderstood limits of folk science: an illusion of explanatory depth". *Cognitive Science*, 26: 521–562. https://doi.org/10.1207/s15516709cog2605_1.

3 디자이너 지안루카 지미니Gianluca Gimini는 이런 착각의 좋은 사례를 보여주었다. 그는 사람들에게 자전거가 어떻게 움직이는지 간단히 그림으로 그려달라고 요청했다. 쉬운 일처럼 보이는가? 벨로시피디아Velocipedia(https://www.behance.net/gallery/35437979/Velocipedia)에 가서 사람들이 이 과제를 얼마나 잘 수행했는지 확인해 보라. 지미니는 뒤이어 이 스케치들이 실제로는 어떤 모양이며, 얼마나 엉망인지 보여주는 3D 캐드 이미지를 만들었다. Velocipedia, https://www.behance.net/gallery/77793195/Velocipedia-IRL.

4 이 접근법은 물리학자 리처드 파인만의 이름을 딴 '파인만 기법'과 비슷하다. 파인만 기법은 "어떤 정보를 설명할 때 필요한 경우 독창적인 비유를 들어가면서 아이도 이해할 수 있는 방식을 따르는 것이다. 편하게 설명할 수 없는 부분이 나오면 잘할 수 있을 때까지 해당 주제에 대한 글을 다시 읽거나 공부해야 한다." Wikipedia, https://

en.wikipedia.org/wiki/Learning_by_teaching.

|1장| 마법

1   Jones, L.(2020.3.26).“Coronavirus: What's behind the great toilet roll grab?”. BBC. https://www.bbc.co.uk/news/business-52040532.

2   Smee, B.(2020.3.5). “Coronavirus: Australian newspaper prints extra pages to help out in toilet paper shortage”. *The Guardian*. https://www.theguardian.com/media/2020/mar/05/australian-newspaper-prints-extra-pages-to-help-out-in-toilet-paper-shortage.

3   Ploszajski, A.(2022). “From tree to toilet: Engineering loo roll”. *Ingenia*, 26-29. 다음 링크에서 이 논문의 편집본을 볼 수 있다. https://www.ingenia.org.uk/articles/from-tree-to-toilet-engineering-loo-roll/.

4   Li, Y., Mei, B., and Lihnares-Juvenal, T.(2019). “The economic contribution of the world's forest sector”. *Forest Policy and Economics*, 100: 236-53. https://doi.org/10.1016/j.forpol.2019.01.004.

5   무른 목재를 제공하는 침엽수의 경우 식목하고 약 40년 후에 수확된다. 반면 단단한 목재를 제공하는 활엽수의 경우 최대 150년까지 걸린다. Forestrty England. “From tree to timber”. https://www.forestryengland.uk/timber-uses-of-wood. 또 다른 요점은 오래된 나무일수록 그것을 재료로 만든 종이가 부드러워진다는 것이다. Cloud Paper.(2021. 3. 5). “The Softer the Toilet Paper, the Older the Tree”. https://cloudpaper.co/blogs/cloud-paper-blog/the-softer-the-tp-the-older-the-tree.

6   요즘은 화장지 제조에 쓰이는 모든 셀룰로스가 벌목된 나무에서 나오는 것은 아니다. 영국에서는 조림과 벌목을 줄이기 위해 화장지 중 약 11퍼센트는 갓 벌목된 나무가 아니라 재활용지로 만든다. Statista(2023. 8).“Number of users of ‘Toilet Paper’ in Great Britain(GB) 2017-2023, by type”. https://www.statista.com/statistics/303006/toilet-paper-usage-by-type-in-the-uk/.

7   Lambert, A.(2018.7.18.). “British grocers reduce SKU counts in bid to compete with discounters”. *Newfoodmagazine*. https://www.newfoodmagazine.com/news/72145/uk-grocers-discounters.

8   Garbe, L., Rau, R., and Toppe, T.(2020). “Influence of Perceived Threat of Covid-19 and HEXACO Personality Traits on Toilet Paper Stockpiling”. *PLoS ONE*, 15(6):e0234232. https://doi.org/10.1371/journal.pone.0234232.

9   Wieczner, J.(2020. 5. 18). “The case of the missing toilet paper: How the

coronavirus exposed US supply chain flaws". *Fortune*. https://fortune.com/2020/05/18/toilet-paper-sales-surge-shortage-coronavirus-pandemic-supply-chain-cpg-panic-buying/.

10 *The Economist*(2022. 11. 10). "A series of shortage threatens EU supply chains". https://www.economist.com/business/2022/11/10/a-series-of-shortages-threatens-eu-supply-chains.

11 Everett Wash(2013. 5. 29). "Boeing Celebrates Delivery of 50th 747-8". Boeing. https://boeing.mediaroom.com/2013-05-29-Boeing-Celebrates-Delivery-of-50th-747-8.

12 도요타 생산 방식(린 생산 방식의 원형)의 아버지라 불리는 오노 다이이치大野耐一에 따르면, 낭비는 운송, 재고, 움직임, 대기, 과다 가공, 과다 생산, 결함의 일곱 가지 형태를 지닌다. Ohno, T.(1988). *Toyota Production System: Beyond Large-Scale Production*. Productivity Press.

|2장| 제조

1 실제로는 단순한 그림 그리기보다 약간 복잡하다. 다음 자료를 참고하라. Value Based Management. "Summary of Value Stream Mapping". https://www.valuebasedmanagement.net/methods_value_stream_mapping.html.

2 팀 헤이워드Tim Hayward와 앨리슨 라이트Alison Wright가 같이 쓴 역사서 및 요리책은 전체적인 이야기를 들려주는 한편, 몇 가지를 직접 만들어보고 싶다는 욕구를 불러일으킬 것이다. Hayward T., and Wright, A.(2019). *Fitzbillies: Stories and recipes from a 100-year-old Cambridge bakery*. Quadrille · Hardie Grant Publishing.

3 대형 식품 공장이 어떻게 돌아가는지 궁금하다면 내가 이 책에 올려둔 영상들을 볼 것을 권한다.

4 영국에서는 매일 약 5천 톤의 설탕이 소비된다고 하니, 그 규모가 어느 정도인지 감을 잡을 수 있을 것이다. Robert, D.(2017. 3. 27). "Sweet Brexit: what sugar tells us about Britain's future outside the EU". *The Guardian*. https://www.theguardian.com/business/2017/mar/27/brexit-sugar-beet-cane-tate-lyle-british-sugar.

5 내가 보기에는 상당히 많은 물량이다. 하지만 현대 울산 공장은 2023년에 160만 대를 생산했다. Yoon, J.S.(2024. 4. 3). "Production volume of Hyundai Motor Company in Ulsan, South Korea from 2015 to 2023".Statista. htttps://www.statista.com/statistics/1176271/hyundai-motor-company-produc-

tion-volume-ulsan-south-korea/.

6　*Twotogether*(2010). "Hainan PM₂ – die größte Papiermaschine der Welt". *Twogether – Magazin für Papertechnik*, 16 – 19. https://voith.com/corp-de/voith-paper_twogether31_de.pdf.

7　*Steiermark*(2016. 8. 26). "Barrierefreies Klopapier". https://steiermark.orf/at/v2/radio/stories/2792930/index.html.

8　"Ray Dolby Centre(Cavendish Laboratory)". https://www.em.admin.cam.ac.uk/what-we-do/development-estate/building-projects/ray-dol-by-centre-cavendish-iii.

9　공장의 역사를 보다 자세히 알고 싶다면 조슈아 프리먼Joshua Freeman이 쓴 『더 팩토리』가 좋은 출발점이 될 수 있다. 이 책은 현대의 대형 공장들, 특히 지난 3세기 동안 영국, 미국, 러시아, 중국에서 간간이 생긴 '기념비적' 공장들이 진화한 과정을 담은 풍부한 지도다. Freeman, J. B.(2018). *Behemoth: A History of the factory and the making of the modern world*. Norton.

10　산업혁명에 대해 더 알고 싶다면 다음 자료를 참고하라. Davies, E.(2011), *Made In Britain*. Little Brown. 2장.; Freeman, J. B.(2018). *Behemoth: A history of the factory and the making of the modern world*. Norton. 서두. 다음은 산업혁명의 인간적 측면을 탐구한 책이다. Griffin, E.(2013). *Liberty's Dawn: A People's History of the Industrial Revolution*. Yale University Press.

11　보다 자세한 내용은 다음 자료를 참고하라. Hardford, T.(2020). *The Next Fifty Things That Made the Modern Economy*. The Bridge Street Press. 22장.

12　Winchester, S.(2018). *Exactly: How Precision Engineers Created the Modern World. William Collins*. pp. 89-90.

13　일라이 휘트니Eli Whitney는 솔직히 말도 안 되는 행동을 저질렀다. 자세한 내용은 다음 자료를 참고하라. Winchester, S.(2018). *Exactly: How Precision Engineers Created the Modern World*. William Collins. 94-97.

14　Quinn, T., and Kovalevsky, J.(2005). "The development of modern metrology and its role today". *Philsophical Transactions of the Royal Society A: Mathematical, Physical and Engineering Sciences*, 363(1834): 2307-2327. https://doi.org/10.1098/rsta.2005.1642.

15　Winchester, S.(2018). *Exactly: How Precision Engineers Created the Modern World*. William Collins. 60.

16　앞의 책.

17　여러 신기술의 도래와 함께 이런 현상이 관찰되었다. 다음 자료를 참고하라. *The Economist*(2000. 9. 23). "Solving the paradox". https://www.economist.

com/special-report/2000/09/23/solving-the-paradox.; von Tunzelmann, G. N.(1978). *Steam Power and British Industrialization to 1860*. Clarendon Press.

18 Freeman, J. B. *Behemoth: A history of the factory and the making of the modern world*. Norton, 121.

19 이 접근법을 앞서 활용한 사례들이 있다. 가령 1800년대 말에 서퍽Suffolk주 라이스턴Leiston에는 '롱숍Long Shop'이라는 공장이 있었다. 이 공장은 현재 박물관이 되었다. https://www.longshopmuseum.co.uk/.

20 Krafcik, J. F.(1988). "Triumph of the Lean Production System". *Sloan Management Review*, 30(I): 41.

|3장| 운송

1   Cambridge Dictionary, https://dictionary.cambridge.org/dictionary/english/logistics.

2   Richter, F.(2021. 5. 4). "China Is the World's Manufacturing Superpower". Statista. https://www.statista.com/chart/20858/top-10-countries-by-share-of-global-manufacturing-output/.

3   언제나 그랬던 것은 아니다. 1970년대와 80년대에 영국 소비자들이 구매한 대부분의 자전거는 영국에서 제조되었다. 노팅엄Notthingham에서만 연간 100만 대 정도 생산되었다. Wright, R.(2023. 5. 20). "Raleigh balances nostalgia with pragmatism in shift to electric". *Financial Times*. https://www.ft.com/content/c6660a89-af98-40e9-880a-295c5fa898ae.

4   *Bike News*(2022. 6. 22). "China Produced 76 Million Bikes and 45 Million E-bikes in 2021". https://www.bikenews.online/index.php?route=boss-blog/article&blog_article_id=505#.

5   내 자전거가 거친 해상 운송 과정을 실로 생생하게 설명한 내용을 보고 싶다면 다음 자료를 참고하라. George R.(2013). *Deep Sea and Foreign Going*. Portobello.; Clare, H.(2014). *Down to the Sea in Ships*. Vintage.

6   당신이 구매한 다양한 제품들이 얼마나 멀리, 어떤 경로로 해상 운송되는지 알고 싶다면 다음 사이트가 매우 유용하다. http://ports.com/sea-route/port-of-shenzhen,china/port-of-felixstowe,united-kingdom/.

7   Department for Transport(2022. 7. 27). "Port freight annual statistics 2021: Cargo information and arrivals". https://www.gou.uk/government/statistics/port-freight-annual-statistics-2021/port-freight-annual-statis-

tics-2021-cargo-information-and-arrivals.

8   에드워드 흄스는 아이폰 같은 기기를 만들기 위해 필요한 외부 물류의 세계를 매우 명확하게 보여준다. Humes, E.(2016). *Door to Door: The Magnificent, Maddening, Mysterious World of Transportation*. HarperCollins.

9   Hardiman, J.(2021. 8. 3). "In Photos: How An Airbus A350 Is Built". Simpleflying. https://simpleflying.com/airbus-a350-construction/.

10   UK Cold Chain Federation. "Compliance". https://www.coldchainfederatin.org.uk/compliance/.

11   Dodds, W.(2023. 11. 9). "Unilever grants industry access to patents that support ice cream storage at higher temperatures". Foodmanufacture. https://www.foodmanufacture.co.uk/Article/2023/11/09/Unilever-offers-industry-access-to-ice-cream-patents.

12   아웃소싱이 한창 인기 전략으로 부상할 때 그 편익을 잘 정리한 내용을 보고 싶다면 다음 자료를 참고하라. Quinn, J. B.(1999). "Strategic Outsourcing: Leveraging Knowledge Capabilities". *Sloan Management Review*, 4(4). 극단적인 사례로 일부 자동차 제조회사는 모든 제조 작업을 100퍼센트 외주로 돌린다. (https://www.magna.com/stories/inside-automotive/flexible-solutions/contract-manufacturer). 반대로 더 많은 제조 작업을 내부로 되돌리려는 제조회사들도 있다. EVannex(2022. 4. 20). "Tesla's Vertical Integration Is Something Automakers Are Eager to Copy". Insideevs. https://insideevs.com/news/580977/tesla-vertical-integration-automakers-copy/

13   Levinson, M.(2016). *The Box: How the Shipping Container Made the World Smaller and the World Economy Bigger*(2판). Princeton University Press.

14   Chang, H-J.(2022). *Edible Economics: A Hungry Economist Explains the World*. Allen Lane.

15   앞의 책. p. 155.

16   Myers, J.(2021. 3. 25). "The Suez Canal in numbers". Weforum. https://www.weforum.org/agenda/2021/03/the-suez-canal-in-numbers/.

17   Harper, J.(2021. 3. 26). "Suez blockage is holding up $9.6bn of goods a day". BBC. https://www.bbc.co.uk/news/business-56533250.

18   나는 전 세계적 공급망의 회복탄력성이 부족하다는 점을 보여주기 위해 에버기븐호가 수에즈 운하에 끼인 사례만 들었지만, 다른 사례들도 많다. 가령 브렉시트 사태와 관련하여 영국에서는 컨테이너를 항구까지 옮길 운전수가 부족해 애를 먹었다. 독일에서는 요소수(디젤 엔진의 환경 오염을 줄이기 위해 법적으로 추가하도록 규정되어 있는 첨가제)가 부족하여 트럭들이 멈춰 서게 되었다. 이 밖에도 많은 사례가 있다.

19　Totally Vegan Buzz(2020. 1. 23). "Fish caught off Britain shores travel 10,000 miles before reaching supermarket shelves in the UK". https://www.totallyveganbuzz.com/news/fish-caught-off-britain-shores-travel-10000-miles-before-reaching-supermarket-shelves-in-the-uk/.

20　Pisano, G., & Shih, W.(2009). "Restoring America's Competitiveness". *Harvard Business Review*, 87.

21　Handley, L.(2023. 6. 1). "Firms are bringing production back home because of the Ukraine war, China's slowdown- and TikTok". CNBC. https://www.cnbc.com/2023/06/01/reshoring-more-domestic-manufacturing-due-to-supply-chain-disruption.html.; MakeUK(2021. 3. 7). "No Weak Links: Building Supply Chain Resilience". https://www.makeuk.org/insights/reports/no-weak-links-buidling-supply-chain-resilience.

22　다음 책은 이 문제를 잘 설명해 놓았다. Livesey, T.(2017). *From Global to Local: The Making of Things and the End of Globalisation*. Profit Books. 7장. 리브지는 116~117쪽에서 다음과 같이 묘사한다. "공장을 이전하는 광경을 보면 마치 땅에서 통째로 뽑아내어 이리저리 옮기는 것 같다. 실제로 영화 〈업Up〉에 나오는 노인의 집처럼 배관이 아래에 매달려 있다. 뿌리째 뽑힌 공장은 거대한 배에 실려 근의환향하듯이 아메리카나 유럽의 해안에 상륙한다."

23　다음 자료를 참고하라. Department of Transport(2019). Clean Maritime Plan. UK Government.; Fahnestock, J. and Smith, T(2021. 10. 27). "This new strategy is paving the way for net-zero shipping". Weforum. https://www.weforum.org/agenda/2021/10/net-zero-shipping-decarbonisation-new-strategy/.; 그리고 멋진 사이트인 다음 자료도 참고하라. https://www.aiazero.org/.

24　Seas At Risk(2019. 11. 11). "Multi issue speed report". https://seas-at-risk.org/publications/multi-issue-speed-report/.

25　Zhong, S., Lomas, C., and Worth, T.(2022). "Understanding customers' adoption of express delivery service for last-mile delivery in the UK". *International Journal of Logistics Research and Applications*, 25(12): 1491-1508. https://doi.org/10.1080/13675567.2021.1914563.; Young, L.(2023. 4. 12). "Online Shopping's Fast-Delivery Race Is Slowing Down". *The Wall Street Journal*. https://www.wsj.com/articles/online-shopping-fast-delivery-race-is-slowing-down-73d4c68c.

26　European Environment Agency(2021. 3. 24). "Rail and waterborne- best for low-carbon motorised transport". https://www.eea.europa.eu/publications/rail-and-waterborne-transport.

27　Department for Transport(2023. 10. 19). "Government invests £200 million to drive innovation and get more zero emission trucks on our roads". https://www.gov.uk/government/news/government-invests-200-million-to-drive-innovation-and-get-more-zero-emission-trucks-on-our-roads.; Department for Trasport(2021. 11. 10). "UK confirms pledge for zero-emission HGVs by 2040 and unveils new chargepoint design". https://www.gov.uk/government/news/uk-confirms-pledge-for-zero-emission-hgvs-by-2040-and-unveils-new-chargepoint-design.; Andreas Breiter(2023. 4. 21). "Powering the transition to zero-emission trucks through infrastructure". McKinsey & Co. https://www.mckinsey.com/industries/travel-logistics-and-infrastructure/our-insights/powering-the-transition-to-zero-emission-trucks-through-infrastructure.

28　Aviation Impact Accelerator. "Explore pathways to truly sustainable flight". https://www.aiazero.org/.

29　Melamed, C.(2007. 9. 7). "Should we stop flying in organic food?". *The guardian*. https://www.theguardian.com/environment/2007/sep/06/ethicalliving.organics.

|4장| 충족

1　O'Neil, A.(2024. 7. 4). "Life expectancy(from birth) in the United Kingdom from 1765 to 2020". Statista. https://www.statista.com/statistics/1040159/life-expectancy-united-kingdom-all-time/.

2　다음 책에 관련 내용이 잘 정리되어 있다. Perzanowski, A.(2022). *The Right to Repair: Reclaiming the Things We Own*. Cambridge University Press. 3장.

3　Wunsch, N-G.(2024. 6. 13). "Cadbury products ranked by number of consumers in Great Britain from 2020 to 2022/23". https://www-statista-com.cjbs.idm.oclc.org/statistics/312031/cadbury-leading-products-in-the-uk/.

4　"Order and Delivery Summary". https://www.airbus.com/en/products-services/commercial-aircraft/market/orders-and-deliveries.

5　더 많은 내용을 알고 싶다면 다음 책에 잘 정리되어 있다. Baudin, M., and Netland, T.(2022). *Introduction to Manufacturing: An Industrial Engineering and Management Pesrpective*. Routledge. 3장.

6 *Businesswire*(2023. 3. 21). "Slower Growth for AR/VR Headset Shipments in 2023 but Strong Growth Forecast Through 2027, According to IDC". https://www.businesswire.com/news/home/20230321005317/en/Slower-Growth-for-ARVR-Headset-Shipments-in-2023-but-Strong-Growth-Forecast-Through-2027-According-to-IDC.

7 Wikipedia, https://en.wikipedia.org/wiki/Post-it_note.

8 실제로 헨리 포드가 이 말을 했다는 증거는 없다. 다만 그의 증손자가 그렇게 전한 것은 분명하다. 그 내용은 다음과 같다. "증조부께서는 처음 차를 만들고 나서 이렇게 말씀하셨습니다. '고객들에게 무엇을 원하는지 물었다면 더 빠른 말을 원한다고 말했을 겁니다. 포드는 사람들이 알기도 전에 무엇을 원하는지 알아내서 제공할 겁니다.'" 2005년 포드자동차 실적 콘퍼런스콜 속기록에서 가져왔다(2006. 1. 23. 기조연설자는 빌 포드Bill Ford 의장 겸 CEO). Congressional Quarterly 기록 문서(NewsBank Access World News), https://quoteinvestigator.com/2011/07/28/ford-faster-horse/#f+2539+1+11.

9 소셜 미디어는 즉각적이고 극적인 영향을 미칠 수 있다. 던킨도너츠가 인플루언서인 찰리 다멜리오Charli D'Amelio와 협력한 것이 좋은 사례다. 홍보를 시작한 날 콜드 브루 매출이 20퍼센트나 늘었고, 다음 날에는 45퍼센트나 늘었다. Statsocial(2020. 11. 11). "'Calculating Charli D'Amelio's massive sales lift for Dunkin'- StatSocial Influencer Attribution Use Cae". http://www.statsocial.com/charli-damelio-dunkin-influencer-attribution. 가수이자 래퍼인 니키 미나즈Nicki Minaj는 핑크색 크록스 신발을 신고 있는 사진을 인스타그램에 올렸다. 그 결과는 어땠을까? 해당 신발의 판매량이 4,900%나 증가했다. Jordan, D.(2021. 5. 12). "Nicki Minaj causes 4,900% spike in pink Crocs sales". https://wear-next.com/trends/nicki-minaj-pink-crocs-clogs-birkenstocks-swedish-hasbeens/. 다만 제조업체는 수요 급증에 대응할 수 있는 생산 및 물류 능력을 갖춰야 한다.

10 Baudin, M. and Netland, T.(2023). *Introduction to Manufacturing: An Industrial Engineering and Management Pesrpective*. Routledge. p. 102.

11 The Manufacturer(2023. 10. 2). "Aircraft and engine order backlog hits record high as demand continue to surge in 2023- ADS Group". https://www.themanufacturer.com/articles/aircraft-and-engine-order-backlog-hits-record-high-as-demand-continue-to-surge-in-2023-ads-group/.

12 인터내셔널 데이터 코퍼레이션International Data Corporation에 따르면, 1977년 말 기준으로 전 세계에는 상품을 스캔할 수 있는 마트 단말기가 약 6만 2천 대 있었다. 다음 링크는 BBC가 1978년에 제작한 뛰어난 영상으로서 마트에서 활용하던 IBM 전자식 현금등록기를 설명한다. "Electronic supermarket checkout terminals(1978)".

https://www.youtube.com/watch?v=gR46VzCAZ8I.

13 전자식 POS 시장 자체가 거대 시장으로서 2021년 기준으로 120억 달러의 가치를 지녔다. Grandviewresearch. "Report Overview". https://www.grandviewre-search.com/industry-analysis/point-of-sale-pos-software-market.

14 Duarte, F.(2024. 6. 13). "Amount of Data Created Daily(2024)". Exploding-topics. https://explodingtopics.com/blog/data-generated-per-day.

15 이 말은 많은 사람이 한 것으로 알려져 있다. 명단은 다음 링크를 참고하라. https://quoteinvestigator.com/2019/03/23/drill/#r+22083+1+3.

|5장| 변화

1 https://web.archive.org/web/20140401082637/http://mosi.org.uk/me-dia/33871691/electrickettles.pdf.

2 Strix Group plc. "Sustainability Report 2021". https://strix.com/docs/2022/strix-esg-report-2021_8d94be16b3.pdf.

3 Standage, T.(2021). *A Brief History of Motion: From the wheel to the car to what comes next*. Bloomsbury. 9장.

4 예를 들면 1957~58년 수에즈 위기, 1973~74년 석유수출국기구OPEC 금수 조치, 1978~79년 이란 혁명, 1980~81년 이란·이라크 전쟁, 1990~91년 제1차 걸프 전쟁, 1997~98년 동아시아 외환위기, 2003년 베네수엘라 소요 및 제2차 걸프 전쟁 등이 있다. https://econweb.ucsd.edu/~jhamilto/oil_history.pdf.

5 납산 배터리의 한계를 극복하려던 초기 시도는 몇 가지 난관에 부딪혔다. 리튬 기반 배터리는 납산 배터리보다 몇 배나 많은 에너지를 저장할 수 있다. 하지만 고체 상태의 리튬은 여러 차례의 충전·재충전 주기를 거칠 때 발화하는 나쁜 습성이 있다. 금속 형태가 아닌 이온 형태의 리튬을 쓰는 방식이 이 문제를 해결했다. 거의 모든 전자 기기와 전기차에 리튬 이온 배터리를 쓰는 이유가 거기에 있다.

6 Isidore, C.(2021. 10. 26). "Tesla is now worth more than $1 trillion". CNN Business. https://edition.cnn.com/2021/10/25/investing/tesla-stock-tril-lion-dollar-market-cap/index.html.

7 2024년 7월 기준으로 해당 기업은 도요타, BYD, 페라리, 메르세데스-벤츠, 포르셰, BMW, 폭스바겐이었다. Companiesmarketcap. "Largest automakers by market capitalization". https://companiesmarketcap.com/automakers/largest-au-tomakers-by-market-cap/.

8 Schumpeter, J. A.(1994)[1942]. *Capitalism, Socialism and Democracy*. Routledge. pp. 82-83.

9   LaMonica, M.(2009. 9. 21). "Tesla Motors founders: Now there are five". CNET. https://www.cnet.com/culture/tesla-motors-founders-now-there-are-five/.

10   Gahir, V.. "Insights on Automotive Design with Veejay Gahir". Linkedin. https://www.linkedin.com/learning/insights-on-automotive-design-with-veejay-gahir/how-long-does-it-take-to-get-from-the-concept-phase-to-the-sales-floor?u=o.

11   Grey, S.(2021. 8. 28). "What electric vehicles mean for the future of the auto industry". Tampabay. https://www.tampabay.com/opinion/2021/08/28/what-electric-vehicles-mean-for-the-future-of-the-auto-industry-column/.

12   Bekker, H.(2024. 1. 2). "2023 (Full Year) Global: BYD Worldwide Sales and Car Production". https://www.best-selling-cars.com/brands/2023-full-year-global-byd-worldwide-sales-and-car-production/.; IEA. "Trends in electric cars". https://www.iea.org/reports/global-ev-outlook-2024/trends-in-electric-cars.

13   Ellerbeck, S.(2023. 5. 11). "Electric vehicle sales leapt 55% in 2022– here's where that growth was strongest". https://www.weforum.org/agenda/2023/05/electric-vehicles-ev-sales-growth-2022/.

14   US Securities and Exchange Commission, Tesla, Inc., https://ir.tesla.com/_flysystem/s3/sec/000095017023001409/tsla-202212310-gen.pdf.

15   Wikipedia, https://en.wikipedia.org/wiki/High-definition_optical_disc_format_war.

16   셸멕스컴퍼니Shell-Mex Company가 1930년에 펴낸 소책자에는 다음과 같은 흥미로운 내용이 나온다. "'조금 더 가면 오른쪽에 브라운스Brown's 약국이 있어요. 거기 가면 있을지 몰라요.' 이는 선구자 격인 자동차 운전자들이 연료, 즉 '휘발유'라는 말이 생기기 전에 '벤진benzine'이라 부르던 것을 어디서 구할 수 있는지 물었을 때 흔히 예상했고 때로는 실제로 듣게 되는 대답이었다. 당시에는 연료 문제가 매우 심각했다. 공급처는 드물고 멀리 떨어져 있었으며, 약국이나 기름 가게에서만 구할 수 있었다. 그마저도 구할 수 있을지 불확실했기 때문에 현명한 운전자는 집 근처가 아니라 멀리 여행을 떠날 계획이 있으면 미리 연료를 주문해 두었다. … 반면 지금은 고속도로를 따라 수많은 주유소와 정비소가 늘어서 있다. 거대한 항공기들은 사막에서 급유를 하고, 선박들은 모든 항구에서 연료를 채운다. 그리고 무수한 자동차가 전국을 누빈다. … 불과 몇 년 만에 유전에서 자동차로 끊임없이 연료를 공급하는 시스템이 정립되었다." Shell-Mex(1930). *Then and Now*. 51.

17 Department for Transport(2020. 11. 18). "Government takes historic step towards net-zero with end of sale of new petrol and diesel cars by 2030". https://www.gov.uk/government/news/government-takes-historic-step-towards-net-zero-with-end-of-sale-of-new-petrol-and-diesel-cars-by-2030.

18 Coyle, D., and Mei, J-C.(2022). *Diagnosing the UK productivity slowdown: Which sectors matter and why?*. The Bennett Institute for Public Policy, University of Cambridge. https://www.bennettinstitute.cam.ac.uk/wp-content-uploads/2022/04/Productivity-Slowdown-in-Manufacturing-and-Information-Industries_CoyleMei.pdf.

19 MakeUK/Sage.(2023). *Digitalise to Decarbonise*. https://www.makeuk.org/insights/reports/digitalise-to-decarbonise-report.

20 Ferry, G.(2010). *A Computer Called LEO: Lyons Tea Shops and the world's first office computer*. Harper Perennial.

21 OBR. "The transition to electric vehicles". https://obr.uk/box/the-transition-to-electric-vehicles/.

22 2022년 기준으로 전 세계 휴대전화 대수는 160억 대이며, 세계 인구는 80억 명이다. Laricchia, F.(2023. 3. 10). "Forecast number of mobile devices worldview from 2020 t0 2025(in billions)". Statista. https://www.statista.com/statistics/245501/multiple-mobile-device-ownership-worldwide/.; UN. "World Population Prospects 2022". https://www.un.org/development/desa/pd/sites/www.un.org.development.desa.pd/files/wpp2022_summary_of_results.pdf.

|6장| 연결

1 Mayhew, F.(2020. 2. 26). "UK national newspaper sales slump by two-thirds in 20 years amid digital disruption". Pressgazette. https://pressgazette.co.uk/news/uk-national-newspaper-sales-slump-by-two-thirds-in-20-years-amid-digital-disruption/.

2 Telecoms(2023. 7. 14). "Unveiling the 5G Auto Factory from Geely's Zeekr in China". https://telecoms.com/interview/unveiling-the-5g-auto-factory-from-geelys-zeekr-in-china/.; Nash, M.(2023. 8. 29). "Zeekr VP and plant director discuss mass volume EV production". Automotive Manufacturing Solutions. https://www.automotivemanufacturingsolutions.com/

evs/zeekr-vp-and-plant-director-discuss-mass-volume-ev-produc-tion/44568.article.

3   Ovadia, D.. "A History of Pizza". 다음 책에서 참고했다. Edit by Grant M. Campbell, Martin G. Scanlon, D. Leo Pyle. Elsevier.(2016). *Bubbles in Health 2: Novelty, Health and Luxury*.

4   앞의 책. 39장

5   Sloane, J., and Monaghan, T.(2003. 9). "The Pioneering Pizza Delivery Chain I Started Almost Didn't Make It out of the Oven". *CNN Money*.

6   Jacobs, S.(2014). "Public accommodation, universal access, and technolo-gy". *GP Solo*, 31(2): 46-49.

7   온라인 음식 주문의 약 4분의 3은 휴대전화 앱을 통해 이루어진다. Market.us(2024. 7). "Global Online Food Delivery Market". https://market.us/report/on-line-food-delivery-market/.

8   Rolls-Royce(2019. 1. 29). "Intelligent Engine Health Monitoring". https://www.rolls-royce.com/media/our-stories/discover/2019/intelligent-en-gine-health-monitoring.aspx.; CIO(2021. 6. 10). "'Rolls-Royce turns to digital twins to improve jet engine efficiency". https://www.cio.com/arti-cle/188765/rolls-royce-turns-to-digital-twins-to-improve-jet-engine-efficiency.html.; Ingenia(2009. 6). "Engine Health Management". https://www.ingenia.org.uk/articles/engine-health-management/.

9   롤스로이스의 추정에 따르면, 신형 시스템을 활용한 결과 일부 엔진의 정비 간격을 최대 50퍼센트 늘릴 수 있었다. 이는 부품 재고를 줄일 뿐 아니라 연비 효율을 높여서 2,200만 톤의 탄소를 줄이는 데 도움을 주었다. CIO(2021. 6. 10). "Rolls-Royce turns to digital twins to improve jet engine efficiency". https://www.cio.com/article/188765/rolls-royce-turns-to-digital-twins-to-improve-jet-engine-efficiency.html

10   "오늘날 자동차에는 … 약 1억 줄의 코드가 탑재되어 있다. 많은 전문가는 2030년까지 대략 3억 줄의 소프트웨어 코드가 탑재될 것으로 전망한다." McKinsey & Co(2020. 3). "Cybersecurity in automotive". https://www.mckinsey.com/~/media/McKinsey/Industries/Automotive and Assembly/Our Insights/Cy-bersecurity in automotive Mastering the challenge/Cybersecurity-in-auto-motive-Mastering-the-challenge.pdf.

11   Edge. "The State of Informed Bewilderment". https://www.edge.org/con-versation/john_naughton-the-state-of-informed-bewilderment.

12   이 기술이 널리 퍼지자 1800년대 초 노팅엄에서 결성된 러다이트Luddite 같은 비밀 결

사 단체가 등장했다. 그들은 "밤에 산업 도시 주변 들판에 모인 다음 공장에 침입해 기계를 파괴하고, 불을 지르며, 때로는 경비원이나 군인과 총격전을 벌였다." Hauge, J.(2023). *The Future of the Factory*. Oxford University Press.69.

13 시대를 앞선 러브레이스의 놀라운 작업은 배비지의 발명품이 지닌 진정한 역량을 실현하도록 만들 수 있었다. 당시에 실제로 해석기관을 제작할 수만 있었다면 말이다. Swaine, Michael R. and Freiberger, Paul A., "Analytical Engine". *Encyclopedia Britannica*. https://www.britannica.com/technology/Analytical-Engine.

14 Standage, T.(1998). *The Victorian Internet: The Remarkable Story of the Telegraph and the Nineteenth Century"s On-Line Pioneers*. Walker Publishing Company. 7.

15 이 광학 기술을 응용한 수많은 기술이 개발되었다. "1830년대 중반에는 서유럽 대부분의 지방에 전신탑과 전신선이 설치되었다. 그에 따라 회전하는 신호용 암Arm과 깜박이는 셔터로 구성된 일종의 기계식 인터넷이 형성되었다." Standage, T.(1998). *The Victorian Internet: The Remarkable Story of the Telegraph and the Nineteenth Century's On-Line Pioneers*. Walker Publishing Company. 16.

16 영국 발명가 위트스톤과 쿡은 모스와 거의 같은 시기에 완전한 기능을 갖춘 전신 시스템을 개발했다. 이들의 시스템은 다이얼 위의 바늘이 보드에 적힌 문자와 숫자를 가리키는 방식이었다. 비록 결국에는 모스의 기술에 밀려났지만, 위트스톤과 쿡의 전신 시스템은 살인자 존 타웰John Tawell의 체포 및 유죄 판결에 활용된 최초의 통신 기술로 유명하다. Wikipedia, https://en.wikipedia.org/wiki/Cooke_and_Wheatstone_telegraph.

17 이 기술은 너무나 획기적이어서 1800년대 후반에 엄청난 영향력을 미쳤다. 그 파급력은 1990년대 후반에 인터넷이 지녔던 파급력에 비견될 정도였다. 다음 자료에서 이와 관련된 내용을 잘 정리한 글을 찾을 수 있다. Standage, T.(1998). *The Victorian Internet: The Remarkable Story of the Telegraph and the Nineteenth Century's On-Line Pioneers*. Walker Publishing Company. 전신 기술을 보급하려면 방대한 물리적 인프라를 구축해야 했다. 구체적으로는 전신선을 전신주에 매달거나, 도로 밑에 묻거나, 심지어 해저에 깔아야 했다. 특히 해저에 매설한 방법은 정말로 대단하다. 다음 자료를 참고하라. Cookson, G.(2012). *The Cable*. The History Press.

18 엘리샤 그레이Elisha Gray와 알렉산더 벨이 독립적으로 전화기를 개발했는지에 대한 논의가 있었다. 다음 자료를 참고하라. Wikipedia, https://en.wikipedia.org/wiki/Elisha_Gray_and_Alexander_Bell_telephone_controversy.

19 무선 전신 기술은 또한 지점 간 통신에서 방송용 라디오 송신도 가능하게 해주었다. Connelly, C.(2019). *Last Train to Hilversum: A Journey in Search of the*

Magic of Radio. Bloomsbury.

20 미국의 경우 산업 생산량이 사실상 2배로 늘어났다. Goodwin, D.(1992. 10. 1). "The Way We Won: America's Economic Breakthrough During World War Ⅱ". https://prospect.org/health/way-won-america-s-economic-break-through-world-war-ii/. 가령 항공기 생산 대수를 보면 1939년에는 2천 대 정도였으나 1944년에는 무려 9만 6천 대로 늘어났다. Wrynn, D. V.(1995). *Forge of Freedom: American Aircraft Production in World War Ⅱ*. Motorbooks International. 4-5. 철강 생산량도 100퍼센트 증가했다. 미국은 제2차 세계대전에 참여하기 전에는 10년 동안 23척의 선박을 건조했는데 전쟁 기간에는 그 수가 연간 거의 1천 척으로 늘어났다. National Park Service. "World War Ⅱ Shipbuilding in the San Franscisco Bay Area". https://www.nps.gov/articles/000/world-war-ii-shipbuilding-in-the-san-franscisco-bay-area.htm.

21 다음 자료에 이 특별한 이야기가 잘 정리되어 있다. Ferry, G.(2010). *A Computer Called LEO: Lyons Tea Shops and the world's first office computer*. Harper Perennial. '가상 레오'를 가지고 놀 수 있는 앱도 있다. https://www.leo1.co.uk/iOS.

22 Ferry, G.(2010). *A Computer Called LEO: Lyons Tea Shops and the world's first office computer*. Harper Perennial. 107-8.

23 초기 PC 산업의 기상천외한 사건들을 흥미롭게 풀어낸 역사서를 찾는다면 다음 책을 추천한다. Cringely, R. X.(1996). *Accidental Empires*. Penguin.

24 Reimer, J.(2012. 8. 14). "From Altair to iPad: 35 years of personal computer market share". https://jeremyreimer.com/uploads/notes-on-sources.txt.; https://arstechnica.com/information-technology/2012/08/from-altair-to-ipad-35-years-of-personal-computer-market-share/.

25 Diebild, J.(1955). "Automation". *Textile Research Journal*, 25(7).

26 다음 링크에서 동영상을 볼 수 있다. McFarlance, D.(2022. 2. 14). "Should we automate?". https://www.cambridgephilosophicalsociety.org/events/event/shold-we-automate.

27 BBC Tomorrow's World(2013. 2). "Home Computer Terminal(First broadcast: 20 September 1967)". https://www.bbc.co.uk/programmes/p0154g7b.

28 Naughton, J.(2000). A Brief History of the Future: The Origins of the Internet. Weidenfeld and Nicolson,; Ball, J.(2020). The System. Bloomsbury.

29 Kelso, T.S.. "Starlink". CelesTtrak. https://celestrak.org/NORAD/Elements/table.php?GROUP=starlink&FORMAT=csv.

30 Jasso, A.(2022. 10. 6). "Small Cells, Picocells, and Microcells: The Complete Guide". ttps://www.wilsonamplifiers.com/blog/small-cells-picocells-and-microcells-the-complete-guide.

31 Laricchia, F.(2024. 5. 21). "Number of smartphones sold to end users worldwide from 2007 to 2023". https://www.statista.com/statistics/263437/global-smartphone-sales-to-end-users-since-2007/. 세계 인구는 80억 명이다. 즉 해마다 6명 중 1명이 새 휴대전화를 사고 있다. 현재 전 세계에는 사람보다 2배나 많은 모바일 기기가 사용되고 있다. Laricchia, F.(2023. 3. 10). "Forecast number of mobile devices worldwide from 2020 to 2025(in billions)). Statista. https://www.statista.com/statistics/245501/multiple-mobile-device-ownership-worldwide/.

32 2022년 기준 가입자 수 83억 6천만 명이다. ITU(2024. 2. 12). "World Telecommunication/ICT Indicators Database". https://www.itu.int/en/ITU-D/Statistcs/Pages/publications/wtid.aspx. 수치는 다음 자료를 참고했다. World Bank Group. "Mobile cellular subscriptions". https://data.worldbank.org/indicator/IT.CEL.SETS.

33 World Economic Forum. "The Fourth Industrial Revolution, by Klaus Schwab". https://www.weforum.org/about/the-fourth-industrial-revolution-by-klaus-schwab.

34 Ashton, K.(2009. 6. 22). "That 'Internet of Things' Thing". https://www.rfidjournal.com/that-internet-of-things-thing.

35 World Economic Forum, "The Fourth Industrial Revolution, by Klaus Schwab". https://www.weforum.org/about/the-fourth-industrial-revolution-by-klaus-schwab.

36 Department for Business, Energy & Industrial Strategy(2022. 10. 6). "Business population estimates for the UK and regions 2022". https://www.gov.uk/government/statistics/business-population-estimates-2022/business-population-estimates-for-the-uk-and-regions-2022-statistical-release-html.

37 거기에는 현재 현장 노동자를 보조하고 있는 디지털 기술도 포함된다. 다음 자료를 참고하라. Netland T.(2024. 6. 8). "Smartwatches for job task allocation in manufacturing". https://better-operations.com/2024/06/08/smartwatches-in-manufacturing/,; https://augmenatedindustries.de/.

38 Ahuja, K. et al.(2021. 9. 22)."Ordering in: The rapid evolution of food delivery". https://www.mckinsey.com/industries/technology-media-and

-telecommunications/our-insights/ordering-in-the-rapid-evolution-of
-food-delivery.

39 Wallop, H.(2021. 6. 12). "We are democratising the right to laziness: the rise of on-demand grocery deliveries". https://www.theguardian.com/life-andstyle/2021/jun/12/the-rise-of-on-demand-grocery-deliveries.

40 《월스트리저널》기사에 인용된 도어대시 최고운영책임자(COO)인 크리스토퍼 페인Christopher Payne의 발언이다. 다음 자료에서 인용했다. Ahuja, K. et al.(2021. 9. 22). "Ordering in: The rapid evolution of food delivery". https://www.mckinsey.com/industries/technology-media-and-telecommunications/our-insights/ordering-in-the-rapid-evolution-of-food-delivery.

41 Marr, B.(2023. 5. 30). "10 Amazing Real-World Examples Of How Companies Are Using ChatGPT In 2023". https://www.forbes.com/sites/bernard-marr/2023/05/30/10-amazing-real-world-examples-of-how-companies-are-using-chatgpt-in-2023/?sh=2098f5411441.

42 Noy, S., and Zhang, W.(2023). "Experimental evidence on the productivity effects of generative artificial intelligence". *Science*, 381:187-92. https://www.science.org/doi/10.1126/science.adh2586.; Dell' Acqua, F. et al.(2023. 9. 15). "Navigating the Jagged Technological Frontier: Field Experimental Evidence of the Effects of AI on Knowledge Worker Productivity and Quality". Harvard Business School Technology & Operations Mgt. Unit Working Paper No. 24-013, the Wharton School Research Paper. http://dx.doi.org/10.2139/ssrn.4573321.; Brynjolfsson, E., Li, D., and Raymond, L. R.(2023). "Generative AI at Work". NBER Working Paper. 31161. https://www.nber.org/system/files/working_papers/w31161/w31161.pdf.

43 이 문제를 정말로 흥미롭게 설명한 자료로서 다음 책을 추천한다. Lawrence, N. (2024). *The Atomic Human: Understanding Ourselves in the Age of AI*. Allen Lane.

44 Curtis, S.(2023). "Undersea information sharing" Ingenia. https://www.ingenia.org.uk/articles/undersea-information-sharing/.

45 Ball, J.(2020). *The System: Who owns the internet and how it owns us*. Bloomsbury Publishing.

46 콘텐츠 및 애플리케이션 제공업체들은 해마다 인터넷 인프라에 1,200억 달러가 넘는 돈을 투자한다. Analysys Mason(2022. 10). "The Impact of Tech Companies' Network Investment on the Economics of Broadband ISPs". https://analysysmason.com/contentassets/b891ca583e084468baaob829ced38799/

main-report-infra-investment-2022.dpf.

47 2022년 기준으로 인터넷에 전력을 공급하기 위해 800테라와트시의 전기가 소모된 것으로 추정된다. Thunder Said Energy(2023. 4. 20). "What is the energy consumption of the internet?". https://thundersaidenergy.com/2023/04/20/what-is-the-energy-consumption-of-the-internet/. 태양광 에너지와 풍력 에너지를 활용할 수 있는 건조하고 바람이 센 지역의 경우 대개 물이 부족하다. 물 소비 규모가 어느 정도인지를 가늠해 보자면, 최신 '하이퍼스케일' 데이터센터는 매일 약 380만 리터의 물을 필요로 한다. 현재 전 세계에는 이런 데이터 센터가 약 6백 개나 가동되고 있다. Solon, O.(2021. 6. 19). "Drought stricken communities push back against data centers". https://www.nbcnews.com/tech/internet/drought-stricken-communities-push-back-against-data-centers-n1271344.; Synergy Research Group(2021. 1. 26). "Microsoft, Amazon and Google Account for Over Half of Today's 600 Hyperscale Data Centers". https://www.srgresaerch.com/articles/microsoft-amazon-and-google-account-for-over-half-of-todays-600-hyperscale-data-centers. 전 세계의 AI 수요를 충족하기 위한 취수량은 2027년에 42–66억 입방미터에 이를 것이다. 이는 영국 전체 소비량의 절반 이상이다. Li, P. et al.(2023. 4. 6). "Making AI Less "Thirsty": Uncovering and Addressing the Secret Water Footprint of AI Models". https://arxiv.org/abs/2304.03271.; CIA. "Total Water Withdrawal". https://www.cia.gov/the-world-factbook/field/total-water-withdrawal/.

48 최초 구상의 한 가지 목표는 네트워크에 속한 핵심 노드 중 1개 이상이 핵공격으로 파괴되어도 데이터가 계속 흘러가도록 만드는 것이었다. Naughton, J.(2000). *A Brief History of the Future: The Origins of the Internet*. Weidenfeld and Nicolson.

49 2017년 5월, 156개국에 걸쳐 20만 대의 PC가 워너크라이wannaCry 바이러스에 감염되었다. 거기에는 60개의 국민보건서비스(NHS) 신탁기관에서 쓰는 컴퓨터도 포함되었다. 바이러스를 퍼트린 조직은 감염된 컴퓨터를 복구하는 대가로 대당 300달러어치의 비트코인을 요구했다. 그들은 3일이 지나면 요금이 2배로 오를 것이며, 일주일 안에 지불하지 않으면 모든 데이터를 잃을 것이라고 위협했다. 보건복지부 보고서에 따르면, 업무 중단으로 인한 손실액만 2천만 파운드로 추정되었다. 거기에 더하여 데이터와 시스템을 복구하는 데 추가로 7,200만 파운드가 소요되었다. Department of Health and Social Care(2018). "Securing cyber resilience in health and care". https://assets.publishing.service.gov.uk/media/5b-be125oed915d732b99254c/securing-cyber-resilience-in-health-and-care-september-2018-update.pdf.

50 사실 이 글을 쓰는 시점에 마이크로프로세서에 들어간 최다 트랜지스터의 개수
    는 2조 6천억 개다. 하지만 이는 AI용 슈퍼컴퓨터에 들어가는 거대한 특수 칩의 경
    우다. Takahashi, D.(2021. 4. 20). "Cerebras launches new AI supercom-
    puting processor with 2.6 trillion transistors". https://venturebeat.com/
    ai/cerebras-systems-launches-new-ai-supercomputing-proces-
    sor-with-2-6-trillion-transistors/. 기이한 일이지만 이 책을 2030년대 이후에
    읽는 독자들은 '920억 개라고? 겨우 이 정도 숫자에 왜 호들갑이야?'라고 생각할지도
    모른다. 하지만 그때쯤에는 모든 것이 양자 기반 큐비트로 작동하여 이 부분은 아주
    고풍스런 역사적 각주처럼 보일 것이다.

51 Apple(2023. 10. 30). "Apple unveils M3, M3 Pro, and M3 Max, the most ad-
    vanced chips for a personal computer". https://www.apple.com/uk/news-
    room/2023/10/apple-unveils-m3-m3-pro-and-m3-max-the-most-
    advanced-chips-moores-law/.

52 Knight, W.(2021. 8. 30). "The $150 Million Machine Keeping Moore"s Law
    Alive". https://www.wired.com/story/asml-extreme-ultraviolet-lithogra-
    phy-chips-moores-law/.

53 Varas, A. et al.(2021. 4). "Strengthening the Global Semiconductor Supply
    Chain in an Uncertain Era". https://www.semiconductors.org/wp-content/
    uploads/2021/05/BCG-x-SIA-Strengthening-the-Global-Semiconductor-
    Value-Chain-April-2021_1.pdf.

54 Gartner(2023. 1. 17). "Gartner Says Worldwide Semiconductor Revenue
    Grew 1.1% in 2022". https://www.gartner.com/en/newsroom/press-re-
    leases/2023-01-17-gartner-says-worldwide-semiconductor-revenue-
    grew-one-percent-in-2022.

55 Varas, A. et al.(2021. 4). "Strengthening the Global Semiconductor Supply
    Chain in an Uncertain Era". https://www.semiconductors.org/wp-content/
    uploads/2021/05/BCG-x-SIA-Strengthening-the-Global-Semiconductor-
    Value-Chain-April-2021_1.pdf. 전 세계 모든 산업에 속한 기업들의 연구개발비
    를 모두 더하면, 신형 반도체 설계에 그 절반보다 약간 많은 비용이 소요된다.

56 Intel. "How a semiconductor factory works". https://download.intel.com/
    newsroom/2023/tech101/manufacturing-101-semicon/how-a-semicon-
    ductor-factory-works.pdf.

57 Varas, A. et al.(2021. 4). "Strengthening the Global Semiconductor Supply
    Chain in an Uncertain Era". https://www.semiconductors.org/wp-content/
    uploads/2021/05/BCG-x-SIA-Strengthening-the-Global-Semiconductor-

Value-Chain-April-2021_1.pdf.

58 다음 글들에서 실리콘 광산에 대한 흥미로운 이야기를 읽을 수 있다. Beiser, V.(2018. 8. 7). "The Ultra-Pure, Super-Secret Sand That Makes Your Phone Possible". *Wired*. https://www.wired.com/story/book-excerpt-science-of-ultra-pure-silicon/.; Heaven, D.. "The humble mineral that transformed the world". BBC. https://www.bbc.com/future/bespoke/made-on-earth/how-the-chip-changed-everything/.

59 Heaven, D.. "The humble mineral that transformed the world". BBC. https://www.bbc.com/future/bespoke/made-on-earth/how-the-chip-changed-everything/. 내 생각에 이 글은 반드시 읽어봐야 한다.

60 Alsop, T.(2022. 6. 29). "Number of companies in the semiconductor ecosystem 2021, by stage". Statista. https://www.statista.com/statistics/1287789/semiconductor-companies-by-stage/.

61 De Vynck, G.(2023. 5. 30). "Why Nvidia is suddenly one of the most valuable companies in the world". *Washingtonpost*. https://www.washingtonpost.com/technology/2023/05/25/nvidia-ai-stock-gpu-chatbots/.

62 Corbyn, Z. and Morris, B.(2023. 5. 30). "Nvidia: The chip maker that became an AI superpower". BBC. https://www.bbc.co.uk/news/business-65675027.

63 Göke, S., Staight, K., and Vrijen, R.(2021. 4. 2). "Scaling AI in the sector that enables it: Lessons for semiconductor-device makers". Mckinsey & Co.. https://www.mckinsey.com/industries/semiconductors/our-insights/scaling-ai-in-the-sector-that-enables-it-lessons-for-semiconductor-device-makers.

64 Cambridgeshire City Council(2022. 11. 15). "Delivery robots now available to Cambridge residents under new pilot scheme". https://www.cambridgeshire.gov.uk/news/delivery-robots-now-available-to-cambridge-residents-under-new-pilot-scheme.

|7장| 결합

1 해마다 거의 4천억 달러어치의 의료기기가 판매된다. Statista(2024. 1). "Medical Devices: market data & analysis". https://www.statista.com/study/107264/medical-devices-report/.

2 OECD(2022). "OECD: Health spending". https://data.oecd.org/healthres/

health-spending.html.

3   Hingorani, A. D. et al.(2019). "Improving the odds of drug development success through human genomics: modelling study". *Sci Rep 9*, 18911. https://doi.org/10.1038/s41598-019-54849-w.

4   GMP와 GDP에 대한 모든 내용은 다음 자료에서 읽을 수 있다. Medicines and Healthcare products Regulatory Agency and Department of Health and Social Care(2024. 12. 18). "Good manufacturing practice and good distribution practice". https://www.gov.uk/guidance/good-manufacturing-practice-and-good-distribution-practice.

5   Collins, B.(2020. 10. 28). "Access to new medicines in the English NHS". https://www.kingsfund.org.uk/publications/access-new-medicines-english-nhs.

6   Gallagher, J. and Triggle, N.(2020. 12. 30). "Covid-19: Oxford-AstraZeneca vaccine approved for use in UK". BBC. https://www.bbc.co.uk/news/health-55280671.

7   CEPI. "CEPI 2.0 and the 100 Days Mission". https://cepi.net/cepi-20-and-100-days-mission.

8   Goodier, R.(2015). "What startups and governments can learn from Coca-Cola". Appropriate Technology, 42(3): 59-61. https://www.engineeringforchange.org/news/what-startups-and-governments-can-learn-from-coca-cola/. 이는 소위 '업혀 가기 전략piggyback strategy'의 사례에 해당한다. Savaget, P.(2023). *The Four Workarounds: How the world"s scrappiest organizations tackle complex problems*. John Murray Press.

9   *The Economist*(2022. 2. 19). "BioNTech plans to make vaccines in shipping containers". https://www.economist.com/science-and-technology/biontech-plans-to-make-vaccines-in-shipping-containers/21807708.

10   BBC(2003. 12. 8). "Drugs 'don't work on many people'". https://news.bbc.co.uk/1/hi/health/3299945.stm.

11   Smith, R.(2003). "The drugs don't work". BMJ, 327. https://doi.org/10.1136/bmj.327.7428.o-h.

12   NHS(2016). "Improving outcomes through personalised medicine: Working at the cutting edge of science to improve patients lives". https://www.england.nhs.uk/wp-content/uploads/2016/09/improving-outcomes-personalised-medicine.pdf.

13   Srai, J. S., et al.(2015). "Future Supply Chains Enabled by Continuous Pro-

cessing". *Journal of Pharmaceutical Sciences*, 104:840-849. https://doi.org/10.1002/jps.24343.

14 NHS. "Personalised Medicine". https://www.england.nhs.uk/health-care-science/personalisedmedicine/.

15 Erdmann, A., Rehmann-Sutter, C., and Bozzaro, C.(2021). "Patients' and professionals' views related to ethical issues in precision medicine: a mixed research synthesis". *BMC Med Ethics*, 22(116). https://doi.org/10.1186/s12910-021-00682-8.

16 World Health Organization(2020. 3. 3). "Shortage of personal protective equipment endangering health workers worldwide". https://www.who.int/news/item/03-03-2020-shrotage-of-personal-protective-equipment-endangering-health-workers-worldwide.

17 앞의 자료.

18 The Nobel Prize. "Information for the Public". https://www.nobelprize.org/prizes/economic-sciences/2001/popular-information/.

19 다음 자료에서 코로나19 팬데믹 와중에 이루어진 용도 변경 사례들을 추가로 확인할 수 있다. Institute for Manufacturing(2020. 12. 16). "The power of repurposing: Case studies". https://medium.com/ifm-insights/the-power-of-repurposing-case-studies-820840658dd5.

20 Boulton, C., Minshall, T., and Naselli, J.(2020). "The power of repurposing: How smaller manufacturers helped the UK withstand COVID-19's first wave". Institute for Manufacturing. https://medium.com/ifm-insights/the-power-of-repurposing-how-smaller-manufacturers-helped-the-uk-withstand-covid-19s-first-wave-2ebc2419dadd.

21 National Audit Office(2020. 9. 30). "Investigation into how government increased the number of ventilators available to the NHS in response to COVID-19". https://www.nao.org.uk/wp-content/uploads/2020/09/Investigation-into-how-the-Government-increased-the-number-of-ventilators-Summary.pdf.

22 코로나 사태 같은 일을 현명하게 대비한 일부 다른 나라들은 여유분을 갖고 있었다. 영국은 약간 창피하게도 독일군이 보유하고 있던 여유분을 일부 기증받았다. 독일군은 '만약의 사태에 대비하여' 아주 많은 인공호흡기를 보유하고 있었다. Oltermann P. and Sabbagh, D.(2020. 4. 9). "German army donates 60 ventilators as UK scrambles for equipment". https://www.theguardian.com/world/2020/apr/09/german-army-donates-60-mobile-ventilators-uk-coronavi-

rus-nhs.

23 Corsini, L., Dammicco, V., and Moultrie, J.(2021). "Frugal innovation in a crisis: The digital fabrication maker response to COVID-19. R&D Management". 51(2): 195-210. https://doi.org/10.1111/radm.12446,; Corsini, L., Dammicco, V., & Moultrie. J.(2020). "Critical Factors for Implementing Open-Source Hardware in a Crisis: Lessons Learned from the COVID-19 Pandemic". *Journal of Open Hardware*, 4(1): 8. https://doi.org/10.5334/joh.24.

24 Ulrich, B. et al.(2022). "Potential solutions for manufacture of CAR T cells in cancer immunotherapy". *Nature Communications*, 13:5225. https://doi.org/10.1038/s41467-022-32866-0.; Nam, S., Smith, J., and Yang, G.(2019. 12. 13). "Driving the next wave of innovation in CAR T-cell therapies". Mckinsey. & Co.. https://www.mckinsey.com/industries/life-sciences/our-insights/driving-the-next-wave-of-innovation-in-car-t-cell-therapies.

25 NHS. "What is a Virtual Ward?". https://www.england.nhs.uk/virtual-wards/what-is-a-virtual-ward/.

|8장| 생존

1 Maslow, A. H.(1943). "A Theory of Human Motivation". *Psychological Review*, 50(4): 370-396.

2 Panagiotopoulou, V. C., Stavropoulos, P., and Chryssolouris, G.(2022). "A critical review on the environmental impact of manufacturing: a holistic perspective". *Int J Adv Manuf Technol*, 118, 603-625. https://doi.org/10.1007/s00170-021-07980-w.; International Energy Agency(2023. 3. 2). "Global CO_2 emissions by sector, 2019-2022". https://www.iea.org/data-and-statistics/charts/global-co2-emissions-by-sector-2019-2022.; Ritchie, H., Rosado, P., and Roser, M.(2024. 1). "Breakdown of carbon dioxide, methane and nitrous oxide emissions by sector". https://ourworldindata.org/emissions-by-sector.

3 Conway, E.(2023). *Material World: A Substantial Story of our Past and Future*. WH Allen.

4 *The Economist*(2023. 4. 29) "Back in the mix".

5 Global Cement and Concrete Association. "Cement and Concrete around

the World". https://gccassociation.org/concretefuture/cement-concrete-around-the-world/.; Lehne, J. and Preston, F.(2018. 6. 13). "Making Concrete Change: Innovation in Low-carbon Cement and Concrete". https://www.chathamhouse.org/2018/06/making-concrete-change-innovation-low-carbon-cement-and-concrete.

6 2022년 기준으로 전 세계 시멘트 시장의 규모는 3,636억 7천만 달러이며, 2023년에는 4,059억 9천만 달러, 2030년에는 5,445억 5천만 달러까지 성장할 것으로 예상된다. 중국은 세계 최대 시멘트 생산국이자 소비국이다. *Fortune*(2024. 6. 24). "Cement Market Size, Share & Industry Analysis, By Type(Portland, Blended, and Others), By Application(Residential and Non-Residential), and Regional Forecast, 2024-2032". https://www.fortunebusinessinsights.com/industry-reports/cement-market-101825. 지난 25년 동안 중국의 월간 시멘트 생산량을 보면 1984년 1월에는 781만 5천 톤이었다가 2023년 11월에는 1억 8,978만 5,800톤으로 늘어났다. Trading Economics. "China Cement Production". https://tradingeconomics.com/china/cement-production. 이는 2,300퍼센트가 넘는 증가량이다.

7 Food and Agriculture Organization of the United Nations(2011). "Global Food Losses and Food Waste- Extent, Causes and Prevention". https://www.fao.org/sustainable-food-value-chains/library/details/en/c/266053/.

8 WWF(2021. 8. 19). "Driven to Waste: The Global Impact of Food Loss and Waste on Farms". https://www.worldwildlife.org/publications/driven-to-waste-the-global-impact-of-food-loss-and-waste-on-farms.

9 구체적으로는 온실가스의 26퍼센트가 생성된다. 다만 식품 유형에 따라 배출량에 큰 차이가 있다. 가령 소고기의 경우 동일한 무게의 콩보다 60배나 많은 이산화탄소를 생성한다. Ritchie, H., Rosado, P., and Roser, M.(2022). "Environmental Impacts of Food Production". https://ourworldindata.org/environmental-impacts-of-food.; Mike Bernenrs-Lee. *How Bad are Bananas?*; S. L. Bridle. *Food and Climate- Without the Hot Air*.

10 Porter, Stephen D., et al. "Avoidable food losses and associated production phase greenhouse gas emissions arising from application of cosmetic standards to fresh fruit and vegetables in Europe and the UK". *Journal of Cleaner Production*, 201: 869-878. https://doi.org/10.1016/j.jclepro.2018.08.079.

11 Food and Agriculture Organization of the United Nations(2011). "Global

Food Losses and Food Waste". https://www.fao.org/3/i2697e/i2697e.pdf.

12 앞의 자료.

13 FAO, IFAD, UNICEF, WFP and WHO(2019). "The State of Food Security and Nutrition in the World 2019. Safeguarding against economic slowdowns and downturns". https://www.fao.org/publications/home/fao-flagship-publications/the-state-of-food-security-and-nutrition-in-the-world/2021/en.

14 Global United. "Global Fashion Industry Statistics". https://fashionunited.com/global-fashion-industry-statistics.

15 UN Alliance for Sustainable Fashion. "The Clothing and Textile Industry Today". https://unfashionalliance.org/.

16 "GDP by Country". https://www.worldometers.info/gdp/gdp-by-country/.

17 Ellen MacArthur Foundation(2017). "A new textiles economy: Redesigning fashion"s future". https://www.ellenmacarthurfoundation.org/a-new-textiles-economy.

18 Greylockglass(2017). "Pulse of the Fashion Industry". https://www.greylockglass.com/wp-content/uploads/2021/08/Pulse-of-the-Fashion-Industry_2017.pdf.

19 Jeanologia. https://www.jeanologia.com/.

20 "WGSN x OC&C Report: Doing more with less". https://lp.wgsn.com/WGSN-OCC-Report.html.

21 Ellen MacArthur Foundation(2017). "A new textiles economy: Redesigning fashion"s future". https://www.ellenmacarthurfoundation.org/a-new-textiles-economy.

22 UNECE(2018. 7. 12). "UN Alliance aims to put fashion on path to sustainability". https://unece.org/forestry/press/un-alliance-aims-put-fashion-path-sustainability.

23 Ellen MacArthur Foundation(2017). "A new textiles economy: Redesigning fashion"s future". https://www.ellenmacarthurfoundation.org/a-new-textiles-economy.

24 MacAskill, W.(2022). *What We Owe the Future: A million-year view*. Oneworld.

25 Brundtland, G. H.(1987). *Our Common Future: report of the world commission on environment and development*. https://sustainabledevelopment.un.org/content/documents/5987our-common-future.pdf.

26 Meades, J.(1996). *Double Dutch*, BBC.

27 Lehne, J. and Preston, F.(2018. 6. 13). "Making Concrete Change: Innovation in Low-carbon Cement and Concrete". https://www.chathamhouse.org/2018/06/making-concrete-change-innovation-low-carbon-cement-and-concrete.

28 Collins, S.(2024. 5. 22). "Cement recycling method could help solve one of the world"s biggest climate challenge". https://www.cam.ac.uk/stories/cement-recycling.

29 Tkachenko, N. et al.(2023). "Global database of cement production assets and upstream suppliers". *Sci Data*, 10:696. https://doi.org/10.1038/s41597-023-02599-w.

30 CarbonRe. https://carbonre.com/delta-zero/.

31 가령 패션팩트Fashion Pact는 H&M부터 샤넬까지 주요 패션 기업 대표들을 모아서 친환경적인 넷제로 목표를 추구한다. https://www.thefashionpact.org/.; 엘런맥아더재단Ellen MacArthur Foundation은 패션의 미래를 재설계하기 위한 다양한 프로그램을 운영한다. https://www.ellenmacarthurfoundation.org/topics/fashion/overview.

32 Thomas, D.(2019). *Fashionopolis: The Price of Fast Fashion and the Future of Clothes*. Head of Zeus/Apollo.

33 Smith, P.(2023. 8. 29). "Value of the denim jeans market worldwide from 2022 to 2030". Statista. https://www.statista.com/statistics/734419/global-denim-jeans-market-retail-sales-value/.

34 United Nations(2019. 3. 25). "UN launches drive to highlight environmental cost of staying fashionable". https://news.un.org/en/story/2019/03/1035161.

35 Maesk(2021. 2. 19). "[Infographic] Denim chronicles: The journey of Jeans". https://www.maersk.com/news/articles/2021/02/19/the-journey-of-jeans.

36 Jeanologia. https://www.jeanologia.com/.

37 '현대 건설 공법' 항목에 포함된 공법 중 하나이다. https://assets.publishing.service.gov.uk/media/631222468fa8f5423fboc7co/20220901-MMC-Guidance-Note.pdf.

38 Osborne Clarke(2023. 4. 27). "Are modern methods of construction in the UK more sustainable?". https://www.osborneclarke.com/insights/are-modern-methods-construction-uk-more-sustainable.

39 Ritchie, H., Samborska, V., and Roser, M.(2024. 2). "Urbanization". https://

ourworldindata.org/urbanization.

40 Shahbandeh, M.(2023. 5. 12). "Projected vertical farming market world-wide from 2022 to 2032". https://www.statista.com/statista.com/statis-tics/487666/projection-vertical-farming-market-worldwide/.

41 FlyZero. https://www.ati.org.uk/flyzero.; Global Maritime Forum."Getting to Zero Coalition". https://www.globalmaritimeforum.org/getting-to-ze-ro-coalition.

42 Berners-Lee, M.. *How Bad are Bananas? The Carbon Footprint of Ev-erything.*; Thomas, D.. *Fashionopolis*. Without the Hot Air 시리즈(MacKay, D.. *Sustainable Energy Without the Hot Air.*; Bridle, S.. *Food and Climate Change Without the Hot Air.*; Allwood, J. and Cullen, J.. *Sustainable Materi-als Without the Hot Air*).

43 Ellen MacArtur Foundation. "Ellen's Story". https://www.ellenmacarthur-foundation.org/about-us/ellens-story.

44 앞의 자료.

45 Ellen MacArthur Foundation. "What is a circular economy?". https://www.ellenmacarthurfoundation.org/topics/circular-economy-introduction/overview.

46 Adam, R.(2019. 9. 24). "The greenest building is the one that already ex-ists". https://www.architectectsjournal.co.uk/news/opinion/the-greenest-building-is-the-one-that-already-exists.

47 다만 이 부분도 바뀌고 있다. 다음 자료를 참고하라. Lehne, J. and Preston. F.(2018. 6. 13). "Making Concrete Change: Innovation in Low-carbon Ce-ment and Concrete". https://www.chathamhouse.org/2018/06/mak-ing-concrete-change-innovation-low-carbon-cement-and-concrete.; Concretene. https://www.concretene.co.uk/.; University of Cambridge Department of Engineering(2022. 5. 23). "Cambridge engineers invent world"s first zero emissions cement". http://www.eng.cam.ac.uk/news/cambridge-engineers-invent-world-s-first-zero-emission-cement.

48 Hurst, W.(2019. 9. 12). "Introducing RetroFirst: a new AJ campaign cham-pioning reuse in the built environment". *Architects' Journal* campaign 'Retrofirst'. https://www.architectsjournal.co.uk/news/introducing-retro-first-a-new-aj-campaign-championing-reuse-in-the-built-environment.

49 앞의 자료.

50 "The Greenest Building: Quantifying the Environmental Value of Building

Reuse". https://cdn.savingplaces.org/2023/05/24/11/14/36/697/The_Greenest_Building_Full.pdf.

51 Hurst, W.(2019. 9. 12). "Introducing RetroFirst: a new AJ campaign championing reuse in the built environment". *Architects' Journal* campaign 'Retrofirst'. https://www.architectsjournal.co.uk/news/introducing-retrofirst-a-new-aj-campaign-championing-reuse-in-the-built-environment.

52 University of Cambridge(2024). "Building Entopia: An inside look at the new headquarters of the Cambridge Institute for Sustainability Leadership with Open Cambridge". https://cam.ac.uk/stories/open-cambridge-building-entopia. 이 프로젝트에 관한 보다 자세한 내용은 다음 링크에서 확인할 수 있다. https://www.cisl.cam.ac.uk/about/entopia-building.

53 Perzanowski, A.(2022). "The History of Repair". 다음 자료를 참고하라. *The Right to Repair: Reclaiming the Things We Own*. Cambridge University Press, 49-71.

54 다음 자료를 참고하라. "Right to Repair Regulations: Research Briefing for the House of Commons". 2021. 9. 24. https://researchbriefings.files.parliament.uk/documents/CBP-9302/CBP-9302.pdf. 유럽연합집행위원회는 2020년 3월에 새로운 '순환경제행동계획Circular Economy Action Plan'을 채택했다(https://eur-lex.europa.eu/legal-content/EN/TXT/?qid=1583933814386&uri=COM:2020:98:FIN). EU는 2021년 3월에 새로운 수리권 기준을 도입했다(Harrabin, R.(2019. 10. 1). "EU brings in "right to repair" rules for appliances". https://www.bbc.cou.uk/news/business-49884827). 새로운 기준에 따르면, 제조업체는 특정 가전기기에 대해 최대 10년까지 수리용 부품을 공급해야 한다. 다만 제조업체의 지원을 받아 수리를 수행할 수 있는 대상은 전문 수리업자에 한정된다. 현재 이 기준은 세탁기·건조기, 냉장고, 식기세척기, 텔레비전 등 일부 가전제품에만 적용된다. 그러나 EU는 노트북과 스마트폰을 포함한 더 많은 제품으로 수리권을 확대하는 방안을 검토 중이다. 다음 자료를 참고하라. Perzanowski, A.(2022). *The Right to Repair: Reclaiming the Things We Own*. Cambridge University Press.

55 Perzanowski, A.(2022). *The Right to Repair: Reclaiming the Things We Own*. Cambridge University Press. p. 57.

56 London, B.(1932). *Ending the Depression Through Planned Obsolescence*. https://upload.wikimedia.org/wikipedia/commons/2/27/London_%281932%29_Ending_the_depression_through_planned_obsolescence.pdf.

57 여러 사람이 이 말을 한 것으로 알려져 있다. 그 명단은 다음 링크에 나온다. https://

quoteinvestigator.com/2019/03/23/drill/#r+22083+1+3.

58 CoMoUK(2020). "Car Club Annual Report London". https://www.como.org.
    uk/documents/car-club-annual-report-london-2020-summary.; Nagler,
    E.(2021. 7). "Standing Still". https://www.racfoundation.org/wp-content/
    uploads/standing-sill-Nagler-June-2021.pdf.

59 Chan, E.(2021. 9. 20). "Is Renting Your Clothes Really More Sustainable?".
    https://www.vogue.co.uk/fashion/article/is-renting-your-clothes-really-
    more-sustainable.

60 영국의 경우 2010년에서 2022년 사이에 제조업 부문 탄소 배출량이 17퍼센트 감
    소했다. ONS(2023. 6. 5). "UK Enviromental Accounts: 2023". https://www.
    ons.gov.uk/economy/environmentalaccounts/bulletins/ukenvironmen-
    talaccounts/202 프랑스의 경우 1990년에서 2020년 사이에 제조업 부문 탄소 배
    출량이 47퍼센트 감소했다. "Greenhouse Gas Emissions and Carbon Foot-
    print"(2021). https://www.statistiques.developpement-durable.gouv.fr/
    media/5653/download?inline.

61 Deloitte(2021. 5. 12). "Zero in on... Scope 1, 2 and 3 emissions". https://
    www2.deloitte.com/uk/en/focus/climate-change/zero-in-on-scope-1-
    2-and-3-emissions.html.

62 Carbon Trust. "An introductory guide to Scope 3 emissions". https://www.
    carbontrust.com/our-work-and-impact/guides-reports-and-tools/
    an-introductory-guide-to-scope-3-emissions.; Cambridge Industrial
    Innovation Policy(2024. 1. 3). "'No-Excuse' strategies announced for con-
    fronting Scope 3 emissions in manufacturing and value chains". https://
    www.ciip.group.cam.ac.uk/reports-and-articles/no-excuses-strate-
    gies-announced-for-confronting-scope-3-emissions-in-manufactur-
    ing-and-value-chains.

63 Catapult(2022. 10). "Drive to net zero at risk from 'almost useless' myriad
    of data, UK manufacturing's strategic research group warns". https://hvm.
    catapult.org.uk/news/drive-to-net-zero-at-risk-from-almost-useless-
    myriad-of-data/.

64 Cambridge Industrial Innovation Policy(2024. 1. 3). "'No-Excuse' strate-
    gies announced for confronting Scope 3 emissions in manufacturing and
    value chains". https://www.ciip.group.cam.ac.uk/reports-and-articles/
    no-excuses-strategies-announced-for-confronting-scope-3-emis-
    sions-in-manufacturing-and-value-chains.

65 Office for Product Safety and Standards and Department for Environment, Food & Rural Affairs(2018. 1. 8). "Regulations: Waste Electrical and Electronic Equipment(WEEE): Guidance for manufacturers, importers and distributors(including retailers)". https://www.gov.uk/guidance/regulations-waste-electrical-and-electronic-equipment.

66 Better Cotton. https://bettercotton.org/.

67 Machiavelli, Noccolò.(2003). *The Prince*. 번역: George Bull. Penguin Classics.(원전 발행: 1532).

68 World Economic Forum(2024. 1. 17). "Circular Transformation of Industries: The Role of Partnerships". https://www.weforum.org/publications/circular-transformation-of-industries-the-role-of-partnerships/.

69 Cardwell, M.K.(2013. 10. 16). "David Attenborough: someone who believes in infinite growth is 'either a madman or an economist'". https://news.mongabay.com/2013/10/david-attenborough-someone-who-believes-in-infinite-growth-is-either-a-madman-or-an-economist/.

70 Bank of England(2019. 1. 10). "What is GDP?". https://www.bankofengland.co.uk/explainers/what-is-gdp.

71 Coyle, D., and Mitra-Kahn, B.(2019). "Making the Future Count". Indigo Prize Essay. http://enlightenmenteconomics.com/beta/wp-content/uploads/2021/12/CoyleMitrKahnIndogo.pdf.

72 Bennett Institute for Public Policy(2022. 5. 3). "Beyond GDP". https://www.bennettinstitute.cam.ac.uk/blog/beyond-gdp-impact/.

73 Braungart, M., and McDonough, W.(2009). *Cradle to Cradle: Re-making the way we make things. Vintage*. p. 36.

74 Wasley, A. et al.(2023. 6. 2)."More than 800m Amazon trees felled in six years to meet beef demand". *The Guardian*. https://www.theguardian.com/environment/2023/jun/02/more-than-800m-amazon-trees-felled-in-six-years-to-meet-beef-demand.

75 보다 유익한 척도를 개발하려는 여러 시도가 있다. 다음 자료를 참고하라. Bennett Institute for Public Policy(2022. 5. 3). "Beyond GDP". https://www.bennettinstitute.cam.ac.uk/blog/beyond-gdp-impact/.

76 Vadén, T. et al.(2020). "Decoupling for ecological sustainability: A categorisation and review of research literature". *Environmental Science & Policy*, 112:236-44, https://doi.org/10.1016/j.envsci.2020.06.016.

77 Ritchie, H.(2021. 12. 1). "Many countries have decoupled economic growth

from CO$_2$ emissions, even if we take offshored production into account". https://ourworldindata.org/co2-gdp-decoupling.

78 Institute for Manufacturing. "the Regenerative Laboratory". https://www.ifm.eng.cam.ac.uk/research/industrial-sustainability/the-regenerative-laboratory/.

79 Masterson, V.(2022. 10. 11). "What is regenerative agriculture?". https://www.weforum.org/agenda/2022/10/what-is-regenerative-agriculture/.

80 Tennant, M.(2013. 10). "Sustainability and Manufacturing". https://assets.publishing.service.gov.uk/government/uploads/system/uploads/attachment_data/file/283909/ep35-sustainability-and-manufacturing.pdf.

81 Marsh, P.(2012). *The New Industrial Revolution: Consumers Globalization and the End of Mass Production*. Yale University Press, p. 216.

82 Farrar, J. and Galvin, M.(2022). "Major Reforms Have Been Driven by Crisis". https://issues.org/jeremy-farrar-interview-wellcome-covid/.

83 MakeUK(2023). "Manufacturing Fact Card 2023 Report". https://www.makeuk.org/insights/reports/manufacturing-fact-card-report-2023.

84 다음 자료를 참고하라. Crawford, M.(2009). *The Case for Working with Your Hands: Or Why Office Work Is Bad for Us and Fixing Things Feels Good*. Penguin.; Goodhart, D.(2020). *Head, Hand, Heart: The Struggle for Dignity and Status in the 21st Century*. Penguin.

85 Braungart, M., and McDonough, W.(2009). *Cradle to Cradle: Re-making the way we make things*. Vintage. p.11.

후기

1 이 주장은 다음 책에 잘 정리되어 있다. Crawford, M.(2010). *The Case for Working with Your Hands: or Why Office Work Is Bad for Us and Fixing Things Feels Good*. Penguin.

옮긴이_ 김태훈

전문 번역가로서 인문교양, 경제경영 등 다양한 분야의 책들을 번역한다.
옮긴 책으로『티핑 포인트의 설계자들』,『가난한 찰리의 연감』,『어떻게 원
하는 것을 얻는가』,『최선의 고통』외 다수가 있다.

상품을 만들고, 배송하고, 소비하기까지

우리의 삶은 제조된다

1판 1쇄 인쇄 2026년 2월 20일
1판 1쇄 발행 2026년 3월 5일

지은이 팀 민셜
옮긴이 김태훈

발행인 양원석 **편집장** 최두은
디자인 강소정, 김미선 **영업마케팅** 윤송, 김지현, 최현윤, 유민경, 김수윤
해외저작권 임이안, 안효주

펴낸 곳 ㈜알에이치코리아
주소 서울시 금천구 가산디지털2로 53, 20층(가산동, 한라시그마밸리)
편집문의 02-6443-8844 **도서문의** 02-6443-8800
홈페이지 http://rhk.co.kr
등록 2004년 1월 15일 제2-3726호

ISBN 978-89-255-6969-7 (03320)